安倍談話と歴史・公民教科書

小山常実

はじめに

平成27（2015）年は、平成26年度検定に臨んで新しく書き換えられた中学校歴史教科書と公民教科書の採択年であった。また、「南京大虐殺」関係資料のユネスコの世界記憶遺産登録、戦後70年に際して出された安倍談話などが話題になった歴史戦の年でもあった。更に言えば、安保法と「日本国憲法」第9条との関係をめぐって激しいやりとりが行われた憲法論戦の年でもあった。言うまでもなく、歴史戦と歴史教科書、憲法論戦と公民教科書とは密接な関係性を有する。

前に筆者は、『歴史教科書の歴史』（草思社、2001年）の中で、近代史に関する中学校歴史教科書の記述が占領期から平成9～13年度版（年度は使用年度を指す、以下同じ）までどのように変遷してきたか、追いかけた。また、『歴史教科書が隠してきたもの』（展転社、2009年）を著し、平成18～23年度版の中学校歴史教科書について、原始古代史から戦後史までの各社の記述を比較検討し、歴史教科書の思想とはどういうものかまとめた。

公民教科書についても、筆者は、『公民教科書は何を教えてきたのか』（展転社、2005年）と『公民教育が抱える大問題』（自由社、2010年）を著し、政治編を中心にした中学校公民教科書の記述が、占領期から平成18～23年度版までどのように変遷してきたか、各社記述を比較検討しながら追いかけた（公民教科書とは、基本的には、系統学習の考え方に基づき、昭和30年度に登場した［政治的・経済的・社会的分野を主とするもの］の教科書、32年度以降の［丙］の教科書、37年度以降の［政治・経済・社会的分野］の教科書、47年度以降の［公民的分野］の教科書のことを指す。ただし、本書では、問題解決学習の考え方に基づき作られ36年度まで使用された教科書のうち、公民的分野関係の事柄について記したものも公民教科書の中に含めている）。

その後、平成24～27年度版の歴史教科書と公民教科書が検定合格した際にも、筆者は各社記述を比較検証する作業を行っていた。そこで、今回も、平成26年度検定で合格した中学校歴史教科書と公民教科書について、各社の記述を比較検証する作業を行った。その際、歴史教科書については、50項目の分析項目を設定して比較検証し、各社の記述に対して五段階評価を行った。公民教科書についても、26項目の分析項目を設定して比較検証し、同じく、各社の記述に対して五段階評価を行った。更に教科書が改善されたのか否かを判断するために、平成18～23年度版と平成24～27年度版の歴史教科書と公民教科書についても、同じ分析項目を対象に同じ基準で五段階評価を行った。巻末に3回分の歴史教科書と公民教科書の五段階評価表を掲げたので、参照されたい。

以下、歴史教科書については8社の教科書を、公民教科書については7社の教科書を、比較検討していく。その上で、平成28年度から使用される教科書とはどのような教科書なのか、果たして、最近10年間乃至20年間で教科書は改善されたのか否か、といったことについて明らかにしていきたい。

教科書会社については、以下の略語を用いることとする。

日本書籍＝日書、東京書籍＝東書、大阪書籍＝大書、教育出版＝教出、清水書院＝清水、帝国書院＝帝国、日本文教出版＝日文

なお、平成28～31年度版教科書の検討は、検定合格本を対象に行っている。28年度使用の段階で多少変更があると思われる。これに対して、平成18～23年度版と平成24～27年度版教科書の検討は、当然ながら使用本を対象に行っている。

また、自由社の公民教科書は、7社の中で唯一、平成26年度には検定申請を行わず、22年度検定済教科書の訂正申請を行った。訂正申請と言っても、4年間の時間の経過に伴う訂正の必要性からかなりの修正が行われている。

安倍談話と歴史・公民教科書

目次

第六章　各社公民教科書の総合評価……319

第二章 歴史戦と歴史教科書

平成27年は歴史戦の年だった。7月5日には、「明治日本の産業革命遺産」が世界遺産登録されたことと引き換えに、日本のユネスコ大使が、朝鮮人徴用が強制労働であったかのように読める声明を行う事態が発生した。8月14日には、安倍首相による戦後70年談話が出された。安倍談話は、満州事変以降の戦いを直接的に「侵略」と規定することはなかったが、「侵略」と「お詫び」という言葉を用い、日本が進んだ道について「進むべき針路を誤り、戦争への道を進んで行きました」と断罪した。そして、11月9日（日本時間10日未明）、ユネスコは、「南京大虐殺」関係資料を世界記憶遺産として登録決定した。

この一連の過程を見て、筆者は、歴史戦が特に歴史教科書の記述内容や思想と密接な関連性をもっていると感じざるを得なかった。一連の事態は、日本の教科書の多数派が、過去30年以上にわたって、「徴用」を「強制連行」と歪曲し、虚構の「南京大虐殺」を創り上げ、日本の戦争を「侵略」と歪曲し続けてきた結果なのである。

第一節　徴用を「強制連行」と歪曲してきた教科書

朝鮮人強制連行説が全社に登場——昭和62年度

まず、徴用の問題から見ていこう。かつて、中学校歴史教科書では、朝鮮人徴用の記述は存在しなかった。徴用令を当時日本国籍であった朝鮮人に適用することは、国家として当たり前のことだったからである。徴用の記述が最初に教科書に掲載されたのは、昭和41（1966）〜43年度版の日書である。だが、日書は徴用と位置づけていたし、徴用を掲載するのは44〜46年度版でも、47〜49年度版でも日書だけであった。

しかし、北朝鮮への帰還事業に失敗した朝鮮総連は、日本に在留し続ける理論構築に迫られて、徴用は強制連行だと言い出した。そして、昭和40（1965）年、朴慶植が『朝鮮人強制連行の記録』（未来社）を著し、朝鮮人強制連行説が本格的に展開されるようになった。強制連行説は、民団によっても支持されたため、ほとんど批判を受けることなく、世の中に流布されていく。

当然ながら、その影響は教科書にもおよび、昭和50〜52年度版では日書等3社が、53〜55年度版では一挙に大書以外の全7社が、56～58年度版には全7社が徴用を取り上げるに至る。そして、昭和57（1982）年の教科書誤報事件の渦中に検定が行われた59～61年度版では全社が、強制連行としないまでも日本の「悪行」との位置付けで記すようになり、誤報事件後に執筆された昭和62～平成元年度版では全社が朝鮮人強制連行説を採るに至るのである（前掲『歴史教科書の歴史』136～139頁、169～170頁、参照。前掲『公民教育が抱える大問題』では、昭和59～61年度版で全社が強制連行説に立ったと記したが訂正する）。

全社が強制連行説を採る状態は、平成9～13年度版まで続く。平成9～13年度版に焦点を合わせると、7社中5社が「強制連行」の言葉を使い、日書と帝国も「強制的に連れてきて」と記している。全社が強制連行の位置付けをしていたと言えよう。

しかも、かなりの教科書が「強制連行」を特別に取り上げるコラムを設けていた。東書は「朝鮮人強制連行」というタイトルの1頁コラムを設けていた。大書は「強制連行のようす」という小コラムを設け、前掲『朝鮮人強制連行の記録』から「町を歩いている者や、田んぼで仕事をしている者など手あたりしだい、役にたちそうな人はかたっぱしから、そのままトラックに乗せて船まで送り、日本に連れてきた。徴用というが、人さらいですよ」（260頁）という文言を引用していた。教出も「朝鮮・中国から強制連行された人々」という2頁コラムを設けていた。

「強制連行」から「意思に反して連れてこられ」への変化

ところが、平成14〜17年度版で初登場の『新しい歴史教科書』が「徴用」という位置付けを明確に出すようになると、平成18〜23年度版では、一挙に、強制連行と位置づける教科書が日本書籍新社、大書、清水の3社に減少する。そして、強制連行説の教科書は、平成24〜27年度版では日本書籍新社の撤退とともに清水1社に、今回の平成28〜31年度版では、新たに登場した学び舎と清水の2社となるのである。

敢えて、教科書の平均的な所を探れば、採択率一位の東書の記述が該当する。東書は、平成18〜23年度版では、「日本に連れてこられて、意思に反して働かされた朝鮮人、中国人などもおり（傍線部は引用者、以下同一）、その労働条件は過酷で、賃金も低く、きわめてきびしい生活をしいるものでした」（193頁）と記していた。「意思に反して働かされた」という部分が焦点であるが、これは「強制労働」を認めたとも認めていないともとれる書き方である。

また、今回の平成28〜31年度版では、「多数の朝鮮人や中国人が、意思に反して日本に連れてこられ、鉱山や工場などで劣悪な条件下で労働を強いられました」（227頁）と記している。「意思に反して日本に連れてこられ」が焦点であるが、これは「強制連行」を認めたとも認めていないともとれる書き方である。

世界遺産登録問題と教科書記述の関連

ここまでの徴用の記述をめぐる変遷史を振り返ると、「明治日本の産業革命遺産」の世界遺産登録問題で、日本側が押し負けて（騙されて）韓国との間で合意してしまった背景がよく分かる。「明治日本の産業革命遺産」の世界遺産登録について韓国が異議を唱えたため、6月には日韓の間で朝鮮人「徴用工」に言及する合意ができていた。にもかかわらず、韓国政府は、ユネスコの会議の直前になって朝鮮人徴用は「強制労働」（forced labor）だったと会議で発言すると言い出した。そのため、日韓両政府代表の協議が行われ出来あがった文章は、"there were a large number of Koreans and others who were brought against their will and forced to work under harsh conditions"（その意思に反して連れてこられ、厳しい環境の下で働かされた多くの朝鮮半島出身者等がいた――外務省訳）というものだという。ちょうど右に引用した二つの東書の記述、特に平成28～31年度版の記述と同じような文章となっている。つまり、平成18～23年度版以降の平均的な中学校歴史教科書の立場を表した表現となっている。

もしも、10年以上前の時代だったら、日本側はすぐに強制労働（forced labor）にせよという韓国の要求を受け入れていただろう。そう思うと、強制連行という位置付けの教科書が少数派になっていて良かったとも言える。

しかし、同時に、強制連行と位置づける教科書も、「意に反して働かされた」「意に反して連れてこられて」とする教科書も追放できていないからこそ、今回の世界遺産問題における日本側敗北を招いたとも言えよう。基本的には、日本外交の意気地の無さが招いた敗北ではあるが、教科書改善運動の不十分さが招いた結果だとも言える。自由社や育鵬社の記述にしても、合法的な徴用という位置付けではあるが、日韓合意の文章の後半部分「厳しい環境の下で働かされた多くの朝鮮半島出身者等がいた」と同じ内容のことを記している。つまり、両社の記述にしても、朝鮮人徴用が一種の日本の「悪行」のように読めるものになっているのである。

第二節 「南京事件」を虚構してきた教科書

「南京事件」はWGIPの一環

「南京大虐殺」関係資料が世界記憶遺産に登録されてしまったのも、ほとんど全ての歴史教科書が「南京事件」又は「南京大虐殺」を記している現状から生まれたものである。

そもそも、占領期から振り返るならば、占領軍はＷＧＩＰ（ウォー・ギルト・インフォメーション・プログラム＝戦争犯罪の意識を日本人に対して植えつけるための情報宣伝計画）の一環として、「南京事件」を史実として日本国民に植え付けようとしていた。それゆえ、中学校歴史教育では、『日本の歴史』（昭和21年10月）と『日本歴史』（上巻は昭和21年12月、下巻は22年1月）という二つの国定教科書で、「南京事件」のことが登場する。すなわち、『日本の歴史』は「わが軍が南京を占領したとき同地で行つた残虐行為が、一そう中華民国を徹底抗戦に導く結果をもたらした」（下巻、104頁）と記し、『日本歴史』は「中国側の抗戦は南京における日本軍の残虐行為を契機にさらに激化され、中国政府は重慶に移り長期戦の兆を呈するにいたつた」（下巻、204頁）と記した。「南京事件」という名称はないが、「南京事件」が書き込まれていることに注目しておきたい。

しかし、当時の日本人知識層にとって、「南京事件」が虚構であることは共産党系知識人を含めて常識であった。それゆえ、占領解除後の検定教科書時代になると、「南京事件」は教科書から完全に消えていくのである。

昭和50年度以降、再登場

せっかく消えた「南京事件」であるが、中学校教科書においては、昭和50（1975）〜52年度版では、教出と日書が「4万2千殺害」と記しだす。ただし、この時点では、日書の場合は、「それまでに戦線外で平服銃撃する者があったので」（例えば昭和59〜61年度版）というふうに殺害理由を記していた。以後、「南京事件」を取り上げる教科書は増え続け、昭和59〜61年度版では全社が記述するようになる。そして、教科書誤報事件でつくられた近隣諸国条項が適用された結果、62〜平成元（1989）年度版では、「南京事件」を記す際に日本側の理が書けなくなり、日書のように殺害理由を記すことは出来なくなるとともに、20万虐殺とか10数万虐殺と書く教科書が多数派となった。端的に言えば、「南京事件」から「南京大虐殺」への転換が行われたのである。

「南京事件」を広めたのは朝日新聞

では、検定教科書になって消えていた「南京事件」が、なぜ再登場したのか。大きく言えば、日中国交正常化の流れの中で中国共産党が仕組んだ間接侵略戦略に日本が見事にはまっていったということだろう。間接侵略戦略の核心は日本犯罪国家論の流布拡大であり、まさしくかつて米軍が進めたＷＧＩＰを中国が受けついだことを意味する。この中国が進めるＷＧＩＰの中心には、「南京大虐殺」の流布拡大が据えられていた。ちなみに、最近は「従軍慰安婦」問題も中心に据えられている。

「南京事件」の流布拡大の先兵の役割を担ったのが、朝日新聞であり、本多勝一記者であった。昭和46（1971）年に本多記者が記した「中国の旅」は虚構の「南京事件」を流布拡大させ、日本犯罪国家観を日本国民の中に浸透させていった。また、前年の昭和45年に出た家永裁判第二次訴訟（昭和41年度検定で家永三郎が執筆した『新日本史』の検定不合格取り消しを求めた裁判）の一審判決で家永側が勝利した結果、文部省側は、自虐史観的な教科書に検定意見をきちんと付けることに及び腰になっていった。その結果、「南京事件」が昭和50～52年度版教科書に再登場し、62～平成元年度版では、10数万から20万人の「南京大虐殺」が行われたという、更に巨大な虚構の物語が、ほとんどの中学生に対して教えられるようになったのである。

「南京事件」を書かぬ教科書の再登場

しかし、「南京大虐殺」という虚構の物語は、「南京学会」及び「つくる会」の闘いによって崩されていく。「つくる会」の教科書が初めて登場した平成14～17年度版になると、一挙に半数ほどが「南京大虐殺」とも言わず、10数万或いは20万の虐殺があったとも記さなくなり、単に「南京事件」と称するようになる。いわば、大虐殺派の立場を捨て、いわゆる中虐殺派又は小虐殺派の立場に転換したのである。

平成18～23年度版でも同様の状態が続くが、日本書籍新社が撤退したこともあり、平成24～27年度版では、「南京事件」とする教科書が7社中4社となり、多数派となる。

そして今回、昭和56～58年度版以来30年ぶりに「南京事件」を書かない教科書が誕生した。その結果、後述のように、中学校歴史教科書では、南京大虐殺とする2社、南京事件とする5社、「南京事件」を書かない「つくる会」の教科書、という三すくみの構造となった。数年前までの状況から言えば、「南京事件」を書かずに検定合格することは考えられなかった。教科書をめぐる国内状況はかなり好転したとは言えよう。こういう国内状況と関連するのか、「南京大虐殺」関係資料世界記憶遺産登録に対して、日本政府は猛然と抗議した。極めて珍しいことである。

とはいえ、「南京事件」を書かない教科書は、ただ1社である。他社は全て南京大虐殺又は南京事件と位置づける立場である。そして何よりも、政府見解からして、「南京事件」の存在を肯定してしまっている。このような日本国内の状況からすれば、中国による「南京大虐殺」関係資料世界記憶遺産登録を阻止できなかったことも当然であろう。

第三節　満洲事変・支那事変を侵略としてきた教科書

最後に安倍談話で一番の焦点となった「侵略」という用語であるが、中学校歴史教科書は、日本の戦争を「侵略」と位置づけてきたであろうか。特に満州事変と支那事変（日中戦争）を「侵略」と位置づけてきたかどうか、ということに焦点を当てて、教科書の変遷をみておこう。この問題については、おおよそ中学校歴史教科書の記述は、以下の四期に分けて捉えることができる。

第一期　昭和36年度まで
　3分の1強の教科書で侵略
第二期　昭和58年度まで
　侵略表記の無い時代
第三期　昭和59年度から平成27年度まで
　侵略表記が多数派の時代
第四期　平成28年度以降

侵略表記が少数派になる時代

3分の1強の教科書が侵略表記の第一期

第一期から説明すれば、一般的な理解とは異なり、満州事変と支那事変を侵略と位置づける歴史教科書は、決して多数派ではなかった。昭和36年度までの歴史教科書は、少なくとも最近30年間の教科書よりは自虐的ではなかったということを指摘しておこう。ただし、中学校教育全般がそれほど自虐的ではなかったということではない。昭和20年代には、ほとんどの公民教科書が、アジアに対する侵略戦争だったと位置づけた上で、だから「日本国憲法」第9条で戦争と戦力を放棄しなければならないのだと述べていた。すさまじい強烈さで、侵略戦争史観を公民教科書は展開していたのである。（前掲『公民教科書は何を教えてきたのか』65〜72頁）。ちなみに、河野洋平氏や福田康夫氏、細川護熙氏等の世代の媚中派ないし自虐史観派は、ほとんど昭和20年代の公民教育によって侵略戦争史観を身に付けたと推測できよう。

教科書誤報事件以降、一斉に侵略表記

さて、昭和37年度以降の第二期になると、例外は少しあるけれども、歴史教科書から侵略表

記は消滅してしまう。しかし、教科書誤報事件が昭和57（１９８２）年6月に起きると、そのあおりで、ちょうど昭和57年度検定にかかっていた歴史教科書は、一斉に侵略表記を行うようになる。第三期の始まりである。この侵略戦争史観は、近代日本の戦争全体に拡大していき、平成９～13年度版では、満州事変以降の戦いだけではなく、日清・日露戦争さえも侵略戦争と位置づける教科書が多数派となったのである。

侵略表記の大減少

ところが、『新しい歴史教科書』が登場するや、すぐに平成14（２００２）～17年度版では、日清・日露戦争を侵略とする教科書は日書だけとなる。そして、満州事変以降の戦いについても、改訂ごとに、侵略とする教科書は少しずつ減少していく。満州事変と支那事変に焦点を合わせれば、平成14～17年度版でこそ扶桑社以外の全社が「侵略」としていたが、18～23年度版では「侵略」とする教科書は半減し、平成28～31年度版では、ついに8社中３社となる。３社とは東書、清水、学び舎である。

この3社のうち、大東亜戦争をも侵略とするのは東書1社である。これに対して、清水も学び舎も、「侵略」との言葉を使っていない。学び舎は、後述のように有ること無いこと「日本の悪行」を書き立てている反日資料集のような教科書であるが、大東亜戦争を侵略戦争とは捉えていないようである。

ともあれ、教科書誤報事件以降、日本の教科書は、当たり前のように、満州事変以降を侵略戦争と位置づけてきたわけであるが、この状態が大転換したのである。安倍談話は、「侵略」という用語を使いながらも、直接には満州事変以降の戦いを「侵略」と規定せずに済ませることができた。背景には、『新しい歴史教科書』登場以降の「侵略」記述の大減少という事態があったのである。

歴史教科書の4つの特徴

以上見てきたように、歴史教科書と歴史戦との関係には、極めて深いものがある。その意味でも、中学校歴史教科書の展開する思想について検討することには意義深いものがある。

筆者は、前掲『歴史教科書が隠してきたもので、教科書誤報事件以降の30年間の歴史教科書の特徴について、以下の4点でまとめた。第一の特徴は、日本歴史の中心部分（いわばメインストリート）の流れが分からないということである。教科書が、日本国家の中心であり続けた天皇という権威を無視し、対外防衛の観点を持たないからであろう。天皇を無視する背景には

「日本国憲法」第1条の存在が、対外防衛の観点の欠如の背景には同第9条の存在があることは、余りにも明白である。

第二の特徴は対中韓隷属史観である。最近30年間の教科書は、「強制連行」という歴史歪曲を行ってでも韓国・北朝鮮に対する贖罪意識を植え付けようとしてきたし、「南京事件」という歴史偽造を行ってでも中国に対する贖罪意識を植え付けようとしてきた。この背景には、中国を「華」、周辺諸国を「夷」とする伝統的な華夷秩序体制の思想が存在する。

第三の特徴は、共産主義思想である。周知のように、戦後の歴史学も歴史教育も、共産党系の学者や教師が領導してきた。したがって、歴史教科書は、共産主義的な価値観から、百姓一揆やロシア革命などを賛美してきた。

第四の特徴は東京裁判史観あるいは欧米追随史観である。教科書は、明確に、西欧・米国を日本より価値的に上位に置いている。それゆえ、欧米の政治理念の高みから帝国憲法体制を冷笑し、非民主的、人権無視的な体制として断罪してきた。また、教科書は、非民主国たる悪玉日本が一方的にアジアを侵略したから、民主国たる善玉米国がその侵略を阻止し悪玉日本を懲らしめたという構図を採用し続けている。

では、平成28～31年度版歴史教科書では、四つの否定的特徴はどのように現れているだろうか。第二章と第三章で検討していくこととしよう。

第二章　各社歴史教科書テーマ別比較

第一節　原始・古代編……中国↓朝鮮半島↓日本の三層世界観

今日の歴史教科書で最も目立つ特徴は、明らかに対中韓隷属史観である。歴史教科書には、中国を最上位、韓国・北朝鮮を中位、日本を最下位に位置づけたいという意図が強烈にうかがえる。この三層世界観を生徒に教え込むためには、古代史が一番のポイントとなる。まず中国を最上位に位置づけるために、最近の歴史教科書は、「黄河文明」ではなく、「中国文明」と表記して、中国国家の歴史を実際よりも古く見せかけようとする（テーマ2）。更には、聖徳太子以降の日本も、中国から王を任命してもらう国であったかのように偽装する（テーマ3、4）。

次いで、韓国・朝鮮を日本の上位に位置づけるために、全ての文化が中国↓朝鮮半島↓日本という経路で入ってきたように偽装する。例えば、歴史教科書は、稲作が朝鮮半島から伝来したとする古い学説を未だに採用している。そして、実際に中国文化を日本に伝えたのは朝鮮半島からの「渡来人」であるということを異様なほどに強調する。朝鮮半島からの「渡来人」を文化を伝えてくれた恩人に偽装するために、彼らが戦乱を逃れて日本に亡命してきた事実を隠してしまう（テーマ2）。

こうして歴史教科書は、古代史の学習を通じて、三層世界観を生徒に植え付けていく。そして、日本は中国や韓国・北朝鮮に文化を教えてもらった恩義を感じ、これらの国に従わなければならないというメッセージを送り続けている。

1　国家起源論――階級国家論と土木国家論

まず歴史教科書における国家論からみていこう。四大文明における都市国家成立と古代日本における「くに」の成立に関する記述を通じてみていくと、大きく階級国家論と土木国家論に分けて捉えることができる。階級国家論は東書、日文、教出の3社であるが、いずれも採択率上位であり、3社で優に過半数を越えている。これに対して、土木国家論は自由社、育鵬社、帝国、学び舎の4社であるが、数では多数とはいえ、採択率で言うと少数派である。階級国家論と土木国家論とが対立する構図は、筆者が国家成立論を検討し出した平成18～23年度版以来、常にみられる構図である。

東書の階級国家論、教出の泥棒国家論

階級国家論からみていくと、例えば東書は、四大文明における国家の成立について、「たく

■教育出版の泥棒国家論

むらから くに(国)へ

人々が稲作によって蓄え(富)をもつようになると，むらのなかに，貧富《ひんぷ》の差とともに身分の区別が生まれてきました。さらに，土地や水の利用をめぐる争いから，むらどうしの戦いも起こり始めました。

むらの指導者は，人々を指揮《しき》して水を引き，田をつくり，むらの祭りを行ううちに，人々を支配するようになりました。やがて，そのなかには，むらの財産を自分のものにし，戦いで周りのむらを従《したが》えて，各地に小さなくに(国)をつくる者も現れました。中国の古い歴史書には，紀元前後のころ，倭《わ》❸には100余りの国々があったと記されています。

われた食料をめぐる争いが増え、やがて強い集団が弱い集団を従えて、国家ができました」(24頁)と記すとともに、「初めは、人々から選ばれて、戦争や祭り、用水路の工事などを指揮していた人が、次第に人々を支配する者（王や神官、貴族）になり、支配される者（農民や奴隷）との間の区別ができました」（同）とする。国家成立の契機としては征服国家論的なものを取り上げているが、傍線部から知られるように、国家の本質的特徴を支配者と被支配者との分化に求めていることは明らかである。つまり、東書は、支配階級が被支配階級から搾取するための道具として国家を捉えるマルクス主義的な階級国家論の立場に立っているのである。

階級国家論からは、国家が国民全体の利益を追求するという公的性格は説明できない。ともすれば、国家は、支配者の私的利益追求機関に貶められることになる。その点をストレートに表現しているのが、教出の古代日本における「くに」の成立に関する記述である。教出は、稲作開始に伴い、貧富と身分が生まれたとした上で、「むらの指導者は、人々を指揮して水を引き、田をつくり、むらの祭りを行ううちに、人々を支配するようになりました。やがて、そのなかには、むらの財産を自分のものにし、戦いで周りのむらを従えて、各地に小さなくに（国）をつくる者も現れました」（27頁）と述べる。東書と同じく征服国家論を加味した階級国家論であるが、傍線部に注目されたい。国家とは、「むらの財産を自分のものにし」た者が作ったものだというのである。まさしく泥棒国家論であるが、これでは、国家の公共性を説明することは出来ない。教出は、国家を極めて私的な存在に矮小化してしまっているので、

自由社等の土木国家論

国家の公共性を説明するには、自由社等4社のように、土木国家論や防衛国家論、特に土木国家論に立つ必要がある。例えば自由社は、四大文明における国家成立について、主として土木国家論に基づき、「多数の人々を動かす大規模な灌漑工事には、工事を指揮する指導者が必要だった。指導者は人々から租税を徴収し、共同の事務を管理する書記（役人）を雇った。書

記は文字を使って記録した。また、指導者は、暦を制定し、神を祭り、戦いなどを指揮して人々の尊敬を集め、広い地域を統合するなかで、多くは世襲の王となった。このように、金属器、都市、文字などを備えた社会の状態を文明とよぶ。また、広い地域にわたる人々を統合し、共同生活を行うしくみを国家という」(34頁)と述べている。

最後に残る清水は、四大文明の箇所で独特の記述を行っている。引用しよう。

「土地ごとの文化のちがいをこえて人びとが交流するなかで、ものを取り引きする場所、神々をまつる場所などを中心として、人びとが集まり住んで都市が生まれた。金属(青銅器)がつくられたり、文字や暦が工夫されたりした。異なる文化をもつ人びとのあいだの争いごとを解決するために、儀礼や法律も整備された。いくつかの大河のほとりでは、大規模なかんがいがおこなわれて、豊かな農業生産が可能となった。こうして特色のある文明が世界各地に発達して、のちの歴史の出発点となった」(14頁)。

直接には国家論を展開しているわけではないが、類推すれば、土木国家論とともに、それ以上に異文化調整国家論とでもいうべき立場に立っているようである。振り返れば、社会が広域化して異なる文化を持つ人たちが統合されるようになると、道徳や慣習では秩序を保てなくなり、政治権力によって担保される法を通じて秩序が保たれるようになった。この異文化の統合という面に着目した所が清水の特色と言えよう。

2　稲作開始　付属……縄文時代、黄河文明、帰化人

縄文土器の起源が1万年前から1万数千年前に

中学校歴史教科書には、三層世界観が強烈に存在する。三層世界観を守るためには、中国は最古で且つ最も優れた文明・文化を持つ最古の国家であり、韓国・朝鮮はその次に古く優れた文明・文化を持つ国家であり、日本は最も新しく且つ劣った文明・文化を持つ国家でなければならない。

そこで、歴史教科書は、中国が東アジアで最古の文明・文化を持つとするために、縄文土器の制作年代、縄文時代の開始年代を出来るだけ新しい年代に設定してきた。昔から、縄文土器の制作年代は紀元前1万年前、すなわち1万2千年前とされてきた（『国史大辞典』吉川弘文館、昭和61年）。そして、平成10（１９９８）年に1万６５００年前の縄文土器が発見され、縄文時代の開始年代は1万6千年前とされるようになっていった。にもかかわらず、平成９～13年度版では全7社が、14～17年度版と18～23年度版では7社中４社が、開始年代を１万年前と記

していたのである。

これを打ち破ったのが、『新しい歴史教科書』であった。この教科書は、初めて登場した平成14〜17年度版で、新しい学説に基づき、縄文土器が1万6500年前から作られ始めたと記した。この影響が徐々に現れて、今回の平成28〜31年度版では、1万5千年前乃至6千年前とする教科書が一挙に多数派となった。各社の記す縄文土器制作年代を掲げれば、自由社＝1万6千年前、育鵬社＝1万5千年前、東書＝1万2千年前、日文＝1万6千年前、教出＝1万数千年前、清水＝1万3千年前、帝国＝1万年前、学び舎＝1万5千年前となった。

黄河文明から中国文明へ

このように縄文土器の制作年代については正確なことが語られるようになったが、しかし、歴史教科書は、三層世界観を強固にするために、「黄河文明」という表記を「中国文明」という表記に転換していく。平成9〜13年度版では「中国文明」と表記する教科書は存在しなかったが、14〜17年度版から登場し、24〜27年度版では全7社中、自由社を除く東書等6社となる。28〜31年度版でも東書等6社は「中国文明」と表記するが、新しく登場した学び舎は、そもそも「四大文明」という捉え方をせず、「黄河文明」とも「中国文明」とも言わない。

「中国文明」という表記は、長江文明の存在がクローズアップされてきたから出て来たという側面はある。しかし、「中国」という名称は20世紀の産物であるし、実体としての中国という国家は秦漢帝国以降であるから、「中国文明」という表記はおかしいと言わねばならない。「黄河文明・長江文明」と記すか、「黄河・長江流域の文明」と記すべきであろう。多数派教科書の歴史認識における事大主義的な歪みを感じざるを得ない。

未だに多数派である稲作朝鮮半島伝来説

しかし、稲作伝来の記述をめぐる歪みから見れば、「黄河文明」をめぐる歪みなど微々たるものである。今日では、日本の稲作は揚子江流域から直接伝播したものだという学説が有力となっている。にもかかわらず、中学校歴史教科書では、一貫して、朝鮮半島からの伝来を肯定するものが多数派である。今回の教科書を分類すれば、おおよそ三説に分かれる。一は、大陸から伝えられたとするもので、自由社と清水の2社である。二は、大陸及び朝鮮半島から伝えられたとするもので育鵬社、東書、日文、帝国の4社存在し、明らかに主流派の立場である。三は、朝鮮半島から伝わったとするもので教出と学び舎の2社存在する。二と三を併せれば6社となる。すなわち、今日に至るも、学界ではすたれてしまった朝鮮半島伝来説が教科書では主流派である。

帰化人（渡来人）が亡命者であることを記さない

では、なぜ、未だに、歴史教科書は少数学説の稲作朝鮮半島伝来説にすがるのであろうか。戦後歴史学は、いつのころからか、日本文化の基はすべて中国文化にあり、その中国文化はすべて日本より先進国であった朝鮮半島の諸国が伝えてくれたものである、あるいは朝鮮半島から移住してきた人たちが伝えてくれたものであるという歴史認識を持つようになった。そして、朝鮮半島から移住してきた人たちが最初に伝えた文化が稲作文化を中心とした弥生文化である、というシェーマが築かれるようになった。このシェーマからすれば、生物学的に成り立たなくても、朝鮮半島伝来説にすがるしかなくなるのであろう。

更に続ければ、以上のような歴史認識を持つと、朝鮮半島の諸国は恩人の国々であると理解されるようになり、移住してきた恩人を「帰化人」と称するのは失礼であると考えるようになる。その結果、「帰化人」を「渡来人」と呼び換える学説が生まれ、拡大していくことになった。とはいえ、学説上では「渡来人」という名称は定説とはならなかったが、教科書の世界では、平成14~17年度版の扶桑社が「帰化人（渡来人）」と記すまでは、長らく、全社が「渡来人」

という名称をもっぱら用い続けてきた。そして、単に「渡来人」と称するだけではなく、「渡来人」を恩人として推し出すために、4世紀から6世紀の「渡来人」が日本への亡命者が多数であったことを隠し続けてきた。

今回の教科書を検討してみると、「帰化人（渡来人）」と表記するのは自由社と育鵬社の2社のみであり、他の6社は全て「渡来人」とのみ表記している。また、帰化人が難民であることを明記するのは自由社のみである。自由社は「東アジアの戦乱をのがれて、多くの難民が一族や集団で日本に移り住んだ。これを帰化人（または渡来人）という」（51頁）と述べている。

以上、今回の検定教科書では、縄文土器に関する歪みこそようやく解消されたが、黄河文明、稲作伝来、帰化人の三項目に関する記述については、対中韓隷属史観とでもいうべき歴史認識の歪みが見られることを強調しておきたい。

3　聖徳太子の対等外交

対等外交の位置付けをせぬ東書

6世紀末の隋の出現は、東アジアの諸国にとって脅威であり、隋との間でどういう関係を切り結ぶかは大きな課題となった。聖徳太子は、朝鮮半島の諸国とは異なり、隋との間で対等な外交関係を切り結ぼうとした。

ところが、いつの頃からか、中学校歴史教科書の多数派は、隋の脅威を記さないどころか、聖徳太子の外交を対等外交と位置づけることさえもしなくなった。多数派を代表する東書は、平成9～13年度版では、注ではあったが「対等の立場で国交を結ぼうとした」（41頁）と記していた。しかし、14～17年度版以降、この記述を削除してしまう。今回も、「東アジアでの立場を有利にし、隋の進んだ制度や文化を取り入れようと、607年に小野妹子などを送り、この後数回にわたって隋に使者を送りました」（38～39頁）と記すだけである。

なぜ、東書は対等外交のことを隠してしまうのか。後述のように、東書は、古代日本、そして近世までの日本が中国の被冊封国であり続けたという誤った歴史認識を生徒に植え付けようとしている。対等外交について書いてしまうと、中国から国王として任命される被冊封国であったとする観念と余りにも矛盾することになる。そこで東書は、対等外交を隠蔽してしまうことにしたのである。

学び舎は聖徳太子の外交を冷笑する

他にも教出と帝国、学び舎は、対等外交という位置付けをしていない。３社のうち詳しく聖徳太子の外交について記しながらも、いわば《無礼外交》と位置付けて冷笑するのが学び舎である。まず学び舎は、【蘇我氏と二人の皇子―飛鳥時代―】という単元の本文では、次のように記す。

「５８９年に隋が中国を統一すると、朝鮮の百済・新羅・高句麗は、すぐに隋の皇帝に使者を送りました。蘇我馬子と厩戸皇子は、この動きを見て、６００年に隋に使者を送りました（遣隋使）。このとき、隋から政治に対する考えを改めるように助言されました。こののち倭国では、冠位十二階を制定しました」（38〜39頁）。

聖徳太子のことを「厩戸皇子」と記すだけでなく、「蘇我馬子と厩戸皇子は」とあるように、蘇我馬子を先に記して、むしろ蘇我氏を政治の主体として捉えている点も、この教科書の特色である。反皇室の思想傾向が如実にうかがわれる教科書である。そして、小コラム【遣隋使と中国皇帝は何を語ったか】の中で次のように記している。

「二度目の遣隋使・小野妹子がもっていった国書には、『日がのぼる国の天子が、日が没する国の天子に書を送ります。ご機嫌いかがですか』とあった。これを見た皇帝は、『蛮夷の書は無礼である。もうとりつぐな』と命じた。これらのことは中国の歴史書『隋書』に書かれている。このころ、中国を中心とする東アジアでは、天子はこの世界に一人しかいないとするのが常識だった」(39頁)。

単元本文と小コラムを総合的に読むと、野蛮な「倭国」＝日本が、東アジア世界の中心である隋に対して非常識で無礼な外交を行っているという否定的イメージが浮かび上がってくる。徹底して、学び舎は聖徳太子の外交を冷笑しているのである。

対等外交の背景を記した自由社と育鵬社

以上の4社に対して、残る4社はいずれも、聖徳太子の外交を対等外交と位置づけてはいる。だが、清水と日文は、対等外交の背景や意味について全く記さない。隋の出現が日本にとって脅威であったことさえも記さない。

これに対して、自由社と育鵬社は、隋の脅威を説いた上で、対等外交の背景について記している。より論理が鮮明な自由社から引用しよう。自由社は、まず、隋の脅威と第1回遣隋使、そして隋の脅威に対抗するために大陸に学んで行われた国内改革を記す。

次いで、第2回目の607年の遣隋使で隋の皇帝にあてた国書の「日出づる処の天子、書を日没する処の天子に致す。恙無きや」という文言が皇帝の怒りを買ったことにふれた上で、

608年の第3回目の遣隋使の時に、何故に「天皇」という称号を用いたのか、記している。

「翌年の608年、3回目の遣隋使を派遣することになった。そのとき、国書に記す君主の称号をどうするかが問題となった。中国の皇帝の怒りをかった以上、中国の君主と同じ称号をとなえることはできない。しかし、再び『王』と称し、中国に冊封される道を選びたくはなかった。そこで、このときの手紙には、『東の天皇つつしみて、西の皇帝にもうす』と書かれた。皇帝の文字をさけることで隋の立場に配慮しつつも、「皇」の文字をみずからの称号に使うことで、両国が対等であることを表明したのである。これが、天皇という称号が使われた始まりだった。日本の自立の姿勢を示す天皇の称号は、その後も使われつづけ、とぎれることなく今日にいたっている」(54~55頁)。

このように、冊封体制との関連で記されていれば、対等外交の背景も意味も分かるというものである。簡単に言ってしまえば、東書等の多数派は日本を中国に隷属する被冊封国と捉えるのに対して、少なくとも自由社と育鵬社はそうは捉えないのである。

4 華夷秩序体制

19世紀まで日本を華夷秩序体制の一員とする東書他

中学校歴史教科書の最大の特徴は、対中韓隷属史観である。対中韓隷属史観を根拠づけるために、多数派教科書は、華夷秩序体制について誤った記述をしてきた。その最たる教科書が東書、日文、清水の3社である。東書からみると、大コラム【東アジア世界の朝貢体制と琉球王国】の箇所で、「朝貢って何?」という小見出しを置き、以下のように記している。

「朝貢とは、周辺諸国の支配者が中国に使節を送り、皇帝に貢ぎ物を差し出す制度です。中国では、文明の進んだ中国が世界の中心であり、周辺の国々が皇帝の徳をしたって貢ぎ物をおくるのは当然だと考えられていました。周辺諸国も、支配者としての地位を中国の皇帝から認めてもらうほか、貢ぎ物のお返しに絹や銅銭などを得ることができたので、朝貢は有利な制度でした。朝貢制度は漢の時代に始まり、欧米の勢力が東アジアに入ってくる19世紀まで、約2000年続きました」(92頁)。

このように東書は、2千年間朝貢体制(華夷秩序体制)が東アジアで続いたと記したうえで、古代日本と義満の例を引き、日本が19世紀まで華夷秩序体制の中に存在し、冊封を受ける国であったかのように記している。しかも、朝貢国にとって「朝貢は有利な制度でした」とまで記している。有利な場合があったことも確かだが、朝鮮の場合は著しく搾取されていたし、朝貢国になることは、原則的には法律や年号なども中国のものを採用しなければならず、中国の従属国になることを意味していた。朝貢体制を美化していると言えよう。

清水も、「朝貢のしくみ」という小コラムで、19世紀まで日本が華夷秩序体制の中で冊封を受け続けたかのように記すとともに、「周辺国（朝貢国）は中国と対等な立場ではありませんが、中国に服従するわけではありません」（24頁）と朝貢体制を美化している。

日文は、東書や清水のように朝貢体制を美化することはないが、やはり、19世紀まで日本が華夷秩序体制の中で冊封を受け続けたかのように記している。

最も華夷秩序体制を美化する学び舎

19世紀まで日本が華夷秩序体制の中にあったとまではしないが、華夷秩序体制を最も美化するのが学び舎である。学び舎は、「朝貢」という用語について、「中国周辺の国々の支配者が、中国皇帝に使節を送り、貢ぎ物を差し出す。皇帝は、その地域の支配者として認め、何倍もの価値をもつ品をあたえた」（73頁）と説明している。「何倍もの価値をもつ品をあたえた」と書いているのには驚かされた。東書以上に一方的に美化していると言えよう。

華夷秩序体制と日本の関係について正確に記す自由社

以上の4社と異なり、残る4社は、華夷秩序体制について歪曲することはない。だが、教出と帝国は、正面から華夷秩序体制について論じない。華夷秩序体制について歪曲美化せず正面から論じているのは、自由社と育鵬社のみである。2社のうち、より正確に詳しく論じているのは自由社である。自由社は、華夷秩序体制と古代日本の関係について次のように記している。

「中国には、自国が唯一の文明国で、周辺諸国を蛮夷（野蛮人）とする中華思想があった。邪馬台国や卑弥呼といった卑しい漢字で表記したこともそれをあらわしている。皇帝は、朝貢してくる蛮夷の支配者を臣下として『王』の称号をあたえ、『冊書』（任命書）によってその国の支配権を認めた。王に封じられた統治者の国は臣下の朝貢国となった。これを『冊封体制』といい、こうした東アジアの秩序を『華夷秩序』という。

倭国は多くの小国に分立していたので、金印に刻まれた『漢委奴国王』や『親魏倭王』の称号は、大国の後ろ盾を示して他を威圧する意味をもった。600年前後になって国内政治が安定すると、日本は大陸文化の吸収のために朝貢はしても、冊封されない国（これを『不臣の朝貢国』という）となった」（41頁）。

右のように、倭の五王の時代までは、日本は、通常の朝貢国であり、「臣下の朝貢国」すなわち服属国であった。しかし、隋の出現とともに120年ぶりに中国と外交関係を結ぶにあたり、聖徳太子は対等外交を試みた。その結果、日本は、通常の朝貢国と異なり、朝貢はすれども冊封されない国、すなわち「不臣の朝貢国」となり、隋及び唐に服属しない国となった。以後、9世紀末に遣唐使を廃止し、中国との外交関係を断つまで、「不臣の朝貢国」という特殊な朝貢国であり続ける。

「不臣の朝貢国」である日本は、他の朝貢国とは異なり、中国の年号ではなく、日本独自の年号を制定し使い続けた。それゆえ、自由社は「東アジアで中国の王朝が定めたものとは異なる、独自の年号を制定して使用しつづけた国は、日本だけであった」（57頁）と記す。また日本は、唐の律令をそのまま取り入れた他の朝貢国とは異なり、唐の律令に学びながらも独自の律令を作り上げた。その点を「大宝律令では、律は唐にほぼならったものであったが、令は日本の実情に合わせてつくられた。たとえば、国政全般をつかさどる太政官のほかに、神々の祭りをつかさどる神祇官が特別に置かれた。新羅は唐の律令が適用され、独自の律令をもたなかったのに対し、日本は、中国に学びながらも、独自の律令をつくりあげた」（62頁）と記している。このように記されれば、日本が中国から学びながらも呑みこまれずに自主独立の道を歩んる。

でいったことがよく理解できよう。

5　天皇論

天皇の存在意義とは何か。第一に、最も重要な存在意義は、天皇号が東アジアの中心に位置した中国に対して自主独立の姿勢を示しているということである。第二に、日本の政治体制は、摂関政治以降、基本的に権威と権力が分離する体制であったが、天皇は時々に移りかわる政治権力に対して正統性を与える政治的権威の役割を果たしてきたということである。天皇号に自主独立の意義があるからこそ、戦後期こそ疑わしいが、日本は7世紀以来、基本的に独立国であり続けた。また、天皇の役割が権力ではなく権威であるからこそ、国家最高の地位が揺るぎなく存在し続け、日本という国号が一貫して使われ続けてきたのである。

天皇の二つの意義について記す自由社と育鵬社

その意味で、天皇の存在意義とは何かという問題意識をもち、存在意義をきちんと捉えた上で歴史記述を行わなければ、歴史の系統的把握はできないであろう。ところが、天皇の存在意義について問題意識をもっている教科書は自由社と育鵬社のみである。2社は共に、天皇について二つの意義を見出して歴史記述を行っている。

例えば自由社は、第一に、聖徳太子の外交の箇所で、天皇号が自主独立の姿勢を意味すること、従属国家ではなく独立国家であろうとする思想の表明であることを記している。自由社は、前にも引用したように、「日本の自立の姿勢を示す天皇の称号は、その後も使われつづけ、とぎれることなく今日にいたっている」（55頁）と記している。また、「歴史の言葉『天皇・皇帝』」という小コラムでは、「608年の遣隋使の国書に見られる天皇の称号は、宗教的な権威をも含む最高の統一者を意味するものである。日本は、現在にいたるまで『天皇』の称号を使いつづけてきたが、これは、天皇をいただく独自の文化をもつ国家であることを世界に示している」（55頁）と記している。

第二に、自由社は、中国の皇帝と対比しつつ、天皇の本質的役割が権力ではなく権威であると記している。中国では王朝交代が頻繁に行われ、安定した帝位の世襲は行われてこなかった。それに対して、日本では一つの家系によって安定して皇位の世襲が行われてきた。自由社は、【もっと知りたい　日本の天皇と中国の皇帝】という大コラムの中で、日本と中国の違いが生まれた理由について、探っている。他社には、育鵬社にも存在しない面白い記述なので、是非読まれたい。

その理由は、中国では易姓革命の思想によって王朝交代が正当化されたのに対し、日本では「天の思想」によって易姓革命と王朝交代が否定されたということである。

天命による王朝交代が正当化される中国では、皇帝は武力を背景にした政治権力であることが本質であるため、武力がおとろえれば、いつでも取って代わられる心配をしなければならなかった。そのために、中国では、王朝が交替し、そのたびに次々といろいろな国家が興亡することになった。

これに対して、日本における「天の思想」は、武力による王朝交代を正当化する易姓革命の思想を否定した。また、天皇は、じょじょに政治権力の地位から離れ、政治的権威であることを本質的役割とするようになっていく。天皇の国家における役割が政治権力であれば、武力や経済力の衰えとともに、必然的に打倒されてしまっただろう。だが、政治的権威に純化していった天皇は、新しく武力や経済力を付けて実力を蓄えてきた者にとって、打倒すべき対象とはならなかった。その結果、天皇は今日まで国家最高の地位を占め続けてきた。そして、国家最高の地位が揺るがなかったからこそ、日本という一つの独立国家が奇跡的に長期間にわたって存続しているのである。

朝廷による頼朝や家康の征夷大将軍任命を記さぬ多数派教科書

ところが、自由社と育鵬社以外の東書・日文等6社は、国家最高の地位にあり続けた天皇という存在を無視乃至軽視して日本歴史を語ろうとする。何しろ、天皇の二つの意義についてさえも触れようとしない。

それどころか、頼朝と家康の征夷大将軍就任について朝廷による任命が書かれているかどうか調べてみると、愕然とする。6社とも、いずれかの征夷大将軍就任について朝廷による任命を記していないのである。細かく言えば、東書、日文、帝国、学び舎の4社は、頼朝について朝廷が征夷大将軍に任命したことを書いていないし、日文、教出、清水、学び舎の4社は、家康について朝廷による任命を書いていない。6社の中でも、日文と学び舎は、頼朝と家康の両者について朝廷による任命を書いていないことが注目される。ともに共産党系の教科書であり、天皇権威の軽視乃至無視の背景に共産主義思想があることが知られよう。

元号併記の原則を守らぬ教科書

天皇権威を軽視する日本の歴史教科書は、元号併記の原則を極端に無視している。歴史学の

■応仁の乱の年代も西暦だけで標記する学び舎

これは，乱世《らんせ》のはじまりです。1467年，将軍《しょうぐん》・足利義政《あしかがよしまさ》や，有力守護大名のあとつぎ争いと，幕府の実力者の細川氏《ほそかわし》（東軍）と山名氏《やまなし》（西軍）の争いが結びつきました。両軍が，京都に陣《じん》をしいて戦いました（応仁《おうにん》の乱《らん》）。

世界も共産主義思想に染まり天皇権威を軽視しているが、前近代については元号を主にして西暦を併記する原則で年代を表しているし、近現代については西暦を主にして元号を併記する原則（あるいは元号を主にして西暦を併記する原則）で年代を表している。

ところが、西暦を主にして元号を併記する方針が採用されている歴史教科書では、いつの頃か、特に前近代については元号が併記されないケースが増加してきている。元号併記の原則を基本的に守っているのは自由社と育鵬社だけである。これ以外の6社では、元号併記が守られないケースは、どの社でも過半を越えている。

6社のうち、学び舎以外の5社は、大宝律令や応仁の乱など元号と密接な名称を持つ事項については元号を基本的に併記するが、それ以外については全て併記しないという方針をとっている。しかし、この5社の中でも、東書と帝国、清水は比較的元号併記の例が多いのに対し、日文と教出は元号併記の例が少ない結果となっている。例えば、文禄・慶長の役については、東書、清水、帝国の3社は「1592（文禄元）年」「1597（慶長2）

年」と表記しているのに対して、教出と日文の2社は、文禄の役の年代を「1592年」と西暦一本で表わし、慶長の役の年代についてはそもそも表していないのである。

残る学び舎は、元号と密接な名称を持つ事項については元号を併記するという原則さえもとらない。応仁の乱さえも「1467年」と西暦一本で表記しており、元号併記の例が他社に比べて極端に少ない。また、近代現代の単元でも5件しか元号併記を行っていない。全時代について元号併記をしないという基本方針を採っているようである。

しかし、「応仁の乱」だけではなく、「大化の改新」や「元禄文化」を初めとした元号にちなんだ名称をもつ歴史的事項は数多く存在する。日本の歴史を時代順に系統的に把握するためには、大化、元禄などの元号に親しむ必要がある。元号排除が、歴史の系統的把握を困難にしている面があることを指摘しておこう。

第二節　中世編……韓国からの恩義と韓国への加害を説く

三層世界観は、元寇に関する記述に最も現れている。三層世界観は、元寇に関する記述を秀吉の朝鮮出兵（文禄・慶長の役）に関する記述と比較してみると一層明確になる。同じ前近代の出来事であるにもかかわらず、文禄・慶長の役は「秀吉の朝鮮侵略」とされるのに対し、元寇は元の「侵略」とはされない。それどころか、東書など4社は元寇を「日本遠征」とまで美化している。そして何よりも、歴史教科書は、文禄・慶長の役における朝鮮側の被害を強調するのに対して、元寇における被害は全く記さない。要するに、歴史教科書は、中韓からは何をされても甘受せよ、日本側加害は何百年たっても反省し続けよ、というメッセージを送っている（テーマ6）。

日本の被害には目をつぶる、日本側加害には目を凝らす歴史教科書は、倭寇の記述も歪曲する。ようやく、前期倭寇に朝鮮人が参加していた事実はほとんどの教科書が記すようにはなった。しかし、後期倭寇の大部分が中国人であった事実を記さない教科書が3社も存在するのである（テーマ7）。

それだけではない。歴史教科書は、日本征服をフビライ汗に進言し元軍に参加した高麗が元に30年間抵抗した事実を殊更に強調する。更には、高麗のおかげで日本侵攻が遅れたとまで記す教科書も存在する。つまり、歴史教科書は、加害者を恩人にすり替えてしまうのである（テーマ6）。

6　元寇　付属……文禄・慶長の役

元の侵攻の位置付けがおかしい東書等6社

元寇は、日本の歴史において、白村江の敗戦に続く第二の国難であった。元は日本征服計画を立て、服属を求めて使者を送って来た。服属を拒否された元は二度にわたって日本に侵攻し、最初の侵攻の際には対馬・壱岐・博多で多数の人々の虐殺や放火を行った。何とか、武士たちの勇戦と暴風雨のおかげで元軍を退けることができたが、もしも敗れていたならば、完全に国家が滅ぼされていた可能性が高いものであった。

しかし、その国難ぶりが伝わってくる教科書は、自由社と育鵬社だけである。他の6社からは、国難ぶりは全く伝わってこない。6社の記述は歪んだものになっている。まず、元が服属を求めて侵攻してきたことについての位置付けが、6社の場合とてもおかしな形になっている。そもそも日文と学び舎は、元が服属を求めたことを記さず、単に「国交」や「通交」を求めたことにしている。例えば学び舎は、「元のクビライ＝カンは、日本に使いを送って通交を求めました。朝廷・幕府からの返事がなかったこともあって、1274年、元はおよそ3万の兵力で対馬・壱岐（長崎県）をおそい、九州北部の博多湾（福岡県）に攻め入ったあと、引きあげました」（73頁）と記している。

学び舎は、元は単に通交を求めて来ただけなのに、日本が返事をしなかったから元が攻めてきたのだという話にしてしまっている。恐ろしい歴史歪曲である。東書、教出、清水、帝国の4社にしても、服属を求めてきたことは記しているが、元による侵攻を「遠征」と美化している。生徒にとって祖国である日本を征服しようとした元による襲来を「遠征」と称するのは、どう考えても異常な感覚である。対中隷属史観の故であろう。

日本側被害を正面から記さぬ多数派教科書

次に、元による虐殺等の非道を記すのは、自由社、育鵬社、日文の三社のみである。しかし、日文の場合は、元寇をテーマにした単元ではなく、【歴史を掘り下げる　海底から姿を現した元の軍船】という大コラムで「文永の役のとき、鷹島に上陸した元軍にほとんどの島民が殺されたという記録が残っています」（77頁）と簡単に記すだけである。元寇に関して総体としては評価できる記述となっている育鵬社にしても、【元寇と鎌倉幕府のおとろえ】という単元の側注で「元軍は住民に略奪や暴行を行った」（78頁）と記すだけである。日本側被害に正面から向き合っているのは、後述の自由社だけである。

そして、日本側勝利の要因である《武士が勇敢に戦った事実》を記さぬ教科書が、日文、教出、学び舎と3社も存在している。帝国にしても、「御家人たちは恩賞を期待して元軍に立ち向かいましたが、防衛戦であったため、幕府は恩賞の領地を十分に与えることができませんでした」(63頁)と記し、勇戦を記したかのようにも見えるが、結局、武士の戦を恩賞期待に矮小化している。

高麗のおかげを強調する帝国等

以上のように元寇に関する教科書記述は歪んでいるが、最も歪んでいるのが高麗についての記述である。高麗は元に日本侵攻を進言し、日本侵攻の主力となった存在である。だが、なぜか、日文、教出、清水、帝国、学び舎の5社は、高麗が日本侵攻を進言した事実を書かないのに、高麗の元に対する30年間の抵抗だけを殊更に記している。

5社のうちでも、清水は、「元の日本襲来」の小見出しの下、「高麗を従え、元を建国したフビライは、日本も従えようとして、皇帝の国書を高麗の使者にもたせたが、執権北条時宗はこれを無視し、御家人に九州の守りをかためさせた。朝鮮半島では、もと高麗軍の一部であった

■元寇における高麗のおかげを強調する帝国書院

> 1279年，フビライは，宋《そう》→p.43をほろぼしました。同時に周辺のアジア諸国にも軍を進めましたが，高麗《こうらい》（コリョ）→p.43は30年にわたり抵抗《ていこう》を続けました。また，大越《だいえつ》(現在のベトナム)もねばり強く戦いました。この抵抗が，元軍の日本遠征《えんせい》をさまたげる要因となりました。

軍隊が反乱をおこし、元軍や政府軍と戦った。そのために元の日本遠征は遅れた」（72頁）と記している。

また、帝国も、「モンゴル帝国の拡大」の小見出しの下、「高麗は30年にわたり抵抗を続けました。また、大越（現在のベトナム）もねばり強く戦いました。この抵抗が、元軍の日本遠征をさまたげる要因となりました」（62頁）と記している。両社とも、高麗のおかげで日本侵攻が遅れたというのである。いわば、加害者を恩人にすり替えているのである。

更に帝国に注意すると、「2度にわたる蒙古襲来」の小見出しの下、「暴風雨は日本の神々が国を守るために起こしたものと考え、日本を『神国』とし、元軍の一員として戦いをまじえた高麗（朝鮮）よりも日本のことを高く考える思想が強まっていきました（神国思想）」（63頁）との記述が見られる。平成24～27年度版の「高麗（朝鮮）のことを低くみる思想」から「高麗（朝鮮）よりも日本のことを高く考える思想」に変化したのであるが、意味するところは同一である。すなわち、元寇によって、高麗差別思想が強まったというのである。帝国は、高麗が元寇を遅らせてくれたのに、その恩人を差別する思想が日本人の間で広がっていったというのである。

元軍による略奪・暴行をきちんと記す自由社

帝国ほどではなくても、ここまで見てきたように、6社の記述は歪んでいる。これに対して、自由社と育鵬社は、フビライの日本征服計画、武士の勇戦、日本側被害の三ポイントを全て記し、当然ながら高麗という加害者を恩人にすり替えるようなことはしない。育鵬社より日本側被害を大きく書いている自由社を見ておこう。

「フビライは、東アジアへの支配を拡大し、独立を保っていた日本も征服しようとくわだてた。フビライは、まず日本にたびたび使いを送って、服属するように求めた。しかし、朝廷と鎌倉幕府は一致して、これをはねつけた。幕府は、執権の北条時宗を中心に、元の襲来に備えた。

元・高麗連合軍は、1274（文永11）年に対馬・壱岐を経て博多に襲来した（文永の役）。さらに7年後の1281（弘安4）年には、大船団を仕立てて日本をおそった（弘安の役）。日本側は、略奪と残虐な暴行の被害を受け、元軍の新奇な兵器にも悩まされた。しかし、鎌倉武士は、これを国難として受けとめ、果敢に戦った。元軍は、のちに「神風」とよばれた暴風雨にもおそわれて、敗退した。こうして日本は、独立を保つことができた。この2度にわたる元軍の襲来を、元寇という」(88〜89頁)。

右の記述のうち、「日本側は、略奪と残虐な暴行の被害を受け」とある部分に注目されたい。前述のように、単元本文で日本側被害を記すのは自由社だけである。自由社は、更に、【元寇と朝鮮半島】という大コラムを設け、その中で、武士の勇戦ぶりを詳しく描くとともに、日本側被害を具体的に「最初の元寇で元軍は、対馬・壱岐や博多で、民家に火をかけ、飛び出してきた人を、老人、女性、子供の区別なく残忍な仕方で殺害したり、捕虜として連れ去ったりしました」(90頁)と描いている。そして、「今日でも壱岐には『ムクリコクリ』という言葉があります。ムクリとはモンゴル兵、コクリとは高麗兵のことです。親は泣く子を黙らせるとき、『泣いているとムクリコクリが来るぞ』と言います」(同)と続けている。

このような自由社の記述と比較すれば、育鵬社や日文の書き方は余りにも簡単すぎるとも言える。元寇が日露戦争をはるかに超える国難であったことに鑑みれば、全社が自由社なみに日本側被害について記してもらいたいところである。

文禄・慶長の役とのダブルスタンダード

ところで、以上に見てきた元寇に関する各社記述を見ると、文禄・慶長の役に関する記述との間のダブルスタンダードが見えてくる。文禄・慶長の役については、今回も、「秀吉の朝鮮侵略」などという単元見出しや小見出しを用いる教科書が多数である。「侵略」という表記を行わない教科書は、前回の自由社と育鵬社の2社から、帝国を加えた3社に増えた。これはこれで大きな変化とも言えるが、学び舎、東書、日文、教出、清水の5社が文禄・慶長の役を侵略と表記している。また、自由社や育鵬社も含めて全社が朝鮮側の被害について記している。

「侵略」表記の点から言えば、元寇についても文禄・慶長の役についても、近代の概念である「侵略」を用いないのが正しい態度である。しかし、東書等5社は、文禄・慶長の役について「侵略」表記を行うならば、何故に、元寇についても「侵略」表記を行わないのであろうか。著しいダブルスタンダードではないか。もっとも、学び舎だけは、元寇についても文禄・慶長の役についても「侵略」と表記している。ただし、学び舎は、文禄・慶長の役については【僧が見た朝鮮の民衆―秀吉の朝鮮侵略―】という単元見出しで「侵略」という言葉を使っているのに対し、元寇については本文の文章の中で使用しているだけである。

また、文禄・慶長の役の箇所で朝鮮の被害を記すならば、東書、教出、清水、帝国、学び舎の5社は、何故に、元寇における日本側被害を記さないのであろうか。この点でも著しいダブルスタンダードがあると言えよう。このようなダブルスタンダードの背景には、中韓を日本より上位の国と位置づける対中韓隷属史観があると言えよう。

7　倭寇

改善された倭寇の記述

14〜15世紀の前期倭寇と16世紀の後期倭寇について、歴史教科書はどのように記しているであろうか。前期倭寇の民族構成は日本人と朝鮮人からなり、後期倭寇は中国人が中心であった。また、倭寇は海賊であると同時に国際商人でもあった。

しかし、平成18〜23年度版での教科書の多数派は、日本を韓国・朝鮮と中国への加害者として描くために、前期倭寇の中に朝鮮人がいたこと、後期倭寇の大部分が中国人であったことを記していなかった。ところが、今回の教科書を読んでみると、何よりも、前期倭寇に朝鮮人が参加していたことを清水以外の全7社が記すようになっている。また、後期倭寇が中国人中心であったことも、自由社、育鵬社、教出、清水、帝国の5社が記している。当時の教科書に比べれば、平成24〜27年度版を経て今回の平成28〜31年度版は、倭寇に関する記述が著しく改善されたのである。

それゆえ、各社ごとに検討すれば、自由社、育鵬社、帝国、教出、日文の5社の倭寇に関する記述は一応、満足すべきものになっている。これに対して、特に東書と学び舎の記述はおかしなものになっている。

後期倭寇の大部分が中国人であることを明記しない東書、日文、学び舎

おかしな点は、後期倭寇に関する記述である。さて、後期倭寇の大部分が中国人であったことを記さない教科書が、東書、日文、学び舎と3社も存在する。ただし、日文の場合は後期倭寇についてふれていないのだが、東書と学び舎は後期倭寇にふれながらも大部分が中国人であったことを記さないのである。東書から見れば、鉄砲伝来の箇所で、「1543年、ポルトガル人を乗せた中国人の倭寇の船が種子島(鹿児島県)に流れ着きました」(104頁)と記しているだけである。この書き方だと、倭寇の多くは日本人だが、時に中国人倭寇も存在したと生徒は理解することになろう。

また、学び舎は、「日中の交易をになった倭寇」との小見出しの下、後期倭寇について「日本の銀と中国の生糸の取り引きで大きな利益を上げたのが、密貿易商人と海賊のグループでした。かれらは、政府の取りしまりに武力で抵抗し、ときには役所や民家をおそい、金品をうば

いました。九州沿岸を拠点とする日本人も加わっていたので、倭寇とよばれました。14世紀ごろの倭寇と比べても、いよいよ多様な人びとの集団になってきています。その中心人物には、日本や東南アジアとの海上交通に乗りだした王直がいました。明が取りしまりを強めると、活動の拠点を、北九州の平戸や五島列島（長崎県）に移しました。大きな船団をひきい、九州の戦国大名たちとも、さかんに交易をおこないました」（93頁）と述べている。

傍線部に注目されたい。倭寇の民族構成について記さず、大部分が中国人であったことを明記しないどころか、「九州沿岸を拠点とする日本人も加わっていたので、倭寇とよばれました」というふうに、殊更に日本人の参加を強調している。この教科書で学ぶ生徒は、後期倭寇も日本人が中心であったと誤った認識を持つことになろう。

更に、学び舎は、前期倭寇について、「倭寇とよばれた人たち」との小見出しの下、「1380年7月、朝鮮西岸の錦江河口に、武装した一隊があらわれ、川をさかのぼって村々をおそいました。家を焼き、米や財産をうばい、人を連れ去りました。8月には内陸にも侵入し、これを防ごうとした高麗の将軍を戦死させました。高麗や明では、このような人々を、倭寇とよんでおそれました。」（76頁）と、その蛮行を強調している。ともかく、学び舎は、日本人を中心とする倭寇が中国や朝鮮半島に対して蛮行を働いたという物語を作りたいようである。

8　中世の村自治と国一揆

中世の村自治の二つのポイント

中世社会には、自力救済という基本原理があった。人々は、自力救済の考え方から村という共同体を築き、武装によって共同体の防衛を保持するとともに、寄合で合議を行い、自治を行っていた。例えば自由社は、まず自力救済の思想と武装の点について「政府が機能せず、治安を守ってくれる警察権力も存在しなかったため、武士はもちろんのこと、僧侶から庶民にいたるまで、あらゆる階層の人々がみずからの生命と財産を守るため武装した。法律や権力に頼らず、自分たちのことは自分たちで解決するという、自力救済の思想が行きわたった」（99頁）と記す。次いで、村の寄合について、「農民は、村の神社や寺などで寄合（会合）を開き、林野の共同利用、用水路の管理、祭りなどの行事、村の掟などを相談して決めた」（101頁）と述べる。

自由社が述べるように、村の自治のポイントは、武装という点と寄合又は合議という点の二つ存在する。しかし、合議についてはは東書以外の7社が全て記しているのに対し、武装についてきちんと記しているのは自由社、日文、学び舎の3社のみである。もっとも、育鵬社は「多くの農民が団結・武装して、年貢を減らすよう守護大名に要求したり」（89頁）、教出は「戦乱に対して自ら村を守るなど」（77頁）、そして清水は「村を守るために村のまわりに堀をめぐらせたり」（80頁）と、武装又は防衛のことについて多少とも書いている。8社中6社が武装の点を書いているとも言える。

平成18～23年度版と比べてみると、きちんと武装を書いていたのが帝国1社、武装又は防衛のことについて多少とも記していたのが8社中3社であったから、村自治に関する記述は大きく改善されたのである。

一揆の説明の充実

合議と武装の背景には、自力救済という基本原理があり、一揆という思想または行動様式があった。人々は、自力救済の考え方から、平等の資格で寄合を開き、神前で誓い合って一揆を取り結んだ。この一揆というものについて、自由社は、「一揆とは、『揆を一にする（気持ちを一つにする）』という意味で、人々が、共通の目的のために寄合をもち、立場の違いをこえて平等な資格で一致団結することをあらわす言葉です。平安時代の末、寺院の僧兵が訴訟などの共同の行動をとるとき、団結を神仏に誓うために、行動の趣旨を書いた紙を焼いて水に混ぜ、全員で回し飲みをしました。これが一揆の始まりと言われます」(106頁)と解説している。

一揆のポイントとは、平等な資格、一致団結、神仏への誓いという3点となる。この三ポイントをきちんと押さえているのは、自由社、清水、帝国、学び舎の4社だけである。だが、育鵬社、東書、教出の3社も、神仏に誓って一致団結するものとして一揆を捉えており、平等な資格以外の二つのポイントは押さえている。ともあれ、日文以外の7社全てが一揆の説明を行うようになったのである。平成18~23年度版では一揆の説明をしていた教科書は帝国と清水の2社に過ぎなかったから、大きな変化といえよう。

国一揆から国人を追放する多数派教科書

ところで、一揆の一形態として国一揆と言われるものがあった。国一揆とは、国人領主が主体となって外部の勢力に対抗して起こすものである。ところが、自由社と育鵬社以外の6社では、国人が出てこない。山城国一揆に関する記述に焦点を合わせると、東書、日文、教出、帝国の4社は、国一揆の主体を「武士と農民」としている。例えば東書は、山城国一揆について「山城(京都府)南部では、武士と農民とが一体になって山城国一揆を起こし、守護大名を追いはらって自治を行いました」(84頁)と記している。

４社の場合は、論理的には「武士」の中に国人が入っている可能性がある。だが、清水は「農村に住む武士（地侍）や農民たち」（85頁）、学び舎は「地侍たち」（81頁）と記している。この２社の場合は、国人が除かれていると捉えられよう。

「国人」という言葉が登場するのは、自由社と育鵬社だけである。しかし、育鵬社の記述は「山城（京都府）では国一揆がおこり、国人（在地の武士）や農民たちが守護大名を追い出し自治を始めました」（86頁）というものであり、国人の説明としてはおかしなものである。「在地の武士」といえば、国人よりも地侍がイメージされるからである。結局、山城国一揆に関するまともな記述は自由社だけである。

「この時代の人々は、一揆とよばれる固く結束した組織をつくって、共同で行動した。１４２８（正長元）年には徳政（借金帳消し）を要求する農民一揆がおこった。山城国（京都府）南部では、１４８５（文明17）年、有力な武士（国人）を指導者に民衆が団結して守護大名を追放し、８年にわたり自治を行った（山城の国一揆）」（99頁）。

しかし、何ゆえに、６社は領主階級である国人を一揆の主体としないのか。また、何故に育鵬社は国人の説明をおかしな形で行うのであろうか。ここにも、マルクス主義的な階級史観が残っているということなのであろうか。

第三節　近世編……天皇権威を隠し、日本を差別抑圧国家とする

歴史の大きな流れが分からない

戦国時代末期から江戸時代初期の時代は、西欧列強に日本が植民地化される危険性を孕んだ時期であった。この対外危機に対応して、信長・秀吉・家康の三英雄が登場し、バラバラだった日本国家を一つに統合していく。彼らの全国統一事業は、彼らの武力とともに、天皇の権威に裏打ちされてなされたものである。しかし、歴史教科書は、対外危機の点も天皇権威の点もきちんと記さない（テーマ9）

安全保障問題を軽視すれば、何故に、16世紀後半に大急ぎで全国統一を行う必要があったか、分からなくなる。また、天皇権威の存在を軽視すれば、何故に三英雄が全国統一できたかも分からなくなる。安全保障問題と天皇権威の2点のことを軽視すれば、信長や秀吉、家康らの事績を細かく勉強したとしても、歴史の中心部分に関する大きな流れをつかむことはできなくなるのである。

アイヌと和人、琉球と本土との間を分断する

中世史とも関連するが、近世史を読んでいると、アイヌと「和人」の関係、琉球と「本土」との関係が対立的に描かれていることが分かる。教科書は、平成14～17年度版から、アイヌと琉球に関する記述を大幅に増加させた。そして、増加分はすべてアイヌと琉球に対する加害者としての日本という点を強調するために使われている。決して、アイヌと「和人」の共通性、琉球と「本土」の共通性を記すことはないのである（テーマ10、11）。

更に近世史で特徴的なのは、マルクス主義的な歴史観が顕著に現れていることである。未だに教科書は、兵農分離と身分制確立を全く評価せず、否定的に評価している（テーマ12）。それゆえか、ジャポニスムを取り上げるようになったとはいえ（テーマ13）、明るい江戸時代像は教科書には浸透し切れていない観がある。

9　信長、秀吉、家康による全国統一とキリシタン追放

16世紀末から17世紀にかけて、織田信長、豊臣秀吉、徳川家康によって全国統一がなされ、

戦乱の世は終焉した。この時期に全国統一がなされていなかったならば、日本はスペインを初めとした西欧列強の植民地にされていた可能性が高かったといえる。その意味で、三英雄による全国統一は、日本国家の存立にとって評価しても評価しきれぬほどの大事業であった。

植民地化の危機とキリシタン追放

しかし、この天下統一事業に関する教科書記述には、不十分な点が2点存在する。一つ目は、秀吉によるキリシタン追放の箇所でも、徳川によるキリシタン追放の箇所でも共に背景に対外危機があったことをきちんと記す教科書が自由社と育鵬社の2社しか存在しないことである。育鵬社から引用しておこう。秀吉によるキリシタン追放を、育鵬社は「キリスト教の布教を認めていた秀吉も、長崎の土地がキリシタン大名からイエズス会に寄進されていたことを知ると、1587(天正15)年、バテレン追放令により宣教師の国外追放を命じ、キリスト教を禁止しました。イエズス会による布教が、ポルトガルやスペインの植民化政策と密接につながっていることを危険とみたためでした」(110～111頁)と記す。

また、徳川幕府によるキリシタン追放について、「幕府は貿易の利益を優先したため、江戸時代の初めのころ、キリスト教は強い取りしまりを受けませんでした。しかしその教えは、幕府が求める道徳や、わが国の慣習と合わない点が多く、また、キリスト教はその地域の植民地化のために利用されているという実態もありました。そこで幕府は、キリスト教を禁止する方針をかため、布教をきびしく取りしまるとともに、宣教師を国外に追放しました」（118頁）と述べている。

このように二つのキリシタン追放は、西欧の植民地化政策に対抗して行われたものであった。しかし、二つの箇所で共に対外危機について記す教科書は、もう一度言うが、育鵬社と自由社のみである。東書と学び舎は秀吉の箇所で、帝国は徳川幕府の箇所で対外危機について記すのみである。しかも、残る3社は、いずれの箇所でも対外危機についてきちんと記さないのである。もっとも、平成18～23年度版の時期と比較すれば、対外危機にふれる教科書は増加しており、教科書記述は改善されているといえる。

朝廷の権威と三英雄を結び付けない教科書

二つ目の不十分点は、天下統一事業を記す際、天皇権威が十分に記されていないことである。三英雄全てを天皇権威と結びつけて記すのは、自由社1社だけである。信長については、「国内では群雄割拠する有力な戦国大名が、我れ先にと京都にのぼり、朝廷の信任によって全国の統治者になろうと競い合っていた。その中で尾張（愛知県西部）の織田信長が斬新な戦略と京都に近い地の利を生かして頭角をあらわした」（116頁）とする。

次いで秀吉については、「1585（天正13）年、秀吉は関白に任ぜられ、その翌年、朝廷より『豊臣』の姓を賜わった。秀吉は天皇の名により全国の大名に、停戦して秀吉に服属することを命令し（惣無事令）、諸大名を次々と平定していった」（117頁）と、天皇の名による惣無事令（私戦停止命令）の効果を明確に記している。

そして、家康についても、「1603（慶長8）年、家康は朝廷から征夷大将軍に任命され、江戸幕府を開いた」（124頁）として、朝廷による征夷大将軍への任命を明記している。

これに対して、他社を見ると、秀吉の箇所では、学び舎以外は全て天皇権威に触れている（東書は微妙だが）けれども、信長の箇所で朝廷の信任あるいは権威にふれる教科書は一つも存在しない。それどころか、家康の箇所でさえも、「家康は朝廷から征夷大将軍に任命され」と記さない教科書が、前述のように日文、教出、清水、学び舎と4社も存在するのである。

秀吉と家康の箇所で天皇権威に触れていれば一定程度評価できると考えれば、育鵬社と帝国は評価できる教科書といえる。しかし、天皇権威という存在を無視しては、日本歴史は語れない。特に、家康を朝廷が将軍に任命した事実さえも書かない日文等の4社には、記述改善が望まれるところである。

10　近世までのアイヌ

ウォー・ギルト・インフォメーション・プログラム（ＷＧＩＰ）は、歴史教科書において新たな展開を見せている。大幅に、アイヌと琉球に関する記述量が増加し、その増加部分は、もっぱら、日本国家のアイヌと琉球に対する、特にアイヌに対する加害者性の記述に割かれている。日本国民に日本犯罪国家観を植え付けるために、ＧＨＱは戦争中の行為に関して、有ること無いことを針小棒大に宣伝してきた。ＷＧＩＰの実行である。

ＷＧＩＰは、日本人自身に受けつがれた。日本人は、「南京大虐殺」「朝鮮人強制連行」「従軍慰安婦」問題などの嘘をふりまき、自らの祖先を非難し続けてきた。しかし、じょじょに、これらの虚構が暴かれていくと、祖先を叩き続けるには中国人や韓国・朝鮮人に対する「悪行」をクローズアップするだけでは足りなくなってくる。そこで、今世紀に入った頃からは、歴史学者及び歴史教科書執筆者たちは、アイヌと琉球、とりわけアイヌに対する日本国家の「悪行」を掘り起こすことに力を注ぐようになっていく。

アイヌを「先住民」又は「先住民族」とする多数派教科書

アイヌ問題を出しにして日本叩きを行うために、歴史教科書は、アイヌと日本人との起源の共通性を記さない。つまり、アイヌが縄文人の系譜にあることを記さないのである。このことを記しているのは、東書、自由社、学び舎の3社のみである。

これに対して、他の5社は、アイヌと縄文人とのつながりを示さない。そのうち育鵬社以外の4社は、アイヌを「先住民」又は「先住民族」とする。他にも縄文人とのつながりを書いたとも思える学び舎も東書も「先住民」としている。8社中6社もの教科書が「先住民」又は「先住民族」としているのである。

しかし、まずアイヌは学問的には「民族」とはされていない。そもそもアイヌは、一塊の集団ではなく、バラバラな多数の部族の総称であり、「和人」が付けた名称に過ぎない。正確には「アイヌ諸部族」と称すべきものである。

また、アイヌは「先住民」であれ、「先住民族」であれ、ともかく北海道の「先住」者と言えるか疑問の存在である。歴史を振り返ると、北海道では、縄文時代のあとに続縄文時代があり、狩猟採集を中心とする縄文文化の伝統が継続した。ここに、6、7世紀にサハリンからオホーツク人が南下してきて、道東・道北部を占拠してオホーツク文化を生み出す。他方、道西・道南部では、続縄文人が本州から移住してきた農耕民と交わり、「擦文文化」を生み出した。そして、通説によれば、9世紀末以降、擦文人が全北海道に進出し、オホーツク人を吸収同化して、13世紀頃に「アイヌ」が生まれたとされている。つまり、通説によれば、縄文人↓続縄文人↓擦文人↓アイヌ、という基本的流れが存在するのである。

しかし、アイヌ文化の代表とされる熊祭りは、擦文文化よりもオホーツク文化から伝来したものとも言われる。擦文文化・擦文人ではなく、オホーツク文化・オホーツク人の方がアイヌにつながる主流であると見なせば、アイヌは完全に「先住」者ではなくなる。むしろ北海道への侵入者であり、新参者と位置づけられることになる。

しかも、通説のように擦文文化・擦文人をアイヌにつながる主流と見なしても、擦文人もアイヌも、本州やサハリンなどに渡ったりしていた。また、本州からも、「和人」が北海道にわたっていった。「和人」と擦文人・アイヌは、互いに交流し、混交しあってきたのである。結局、アイヌを「先住民」又は「先住民族」と結論づけることは到底無理なのである。ところが、平成20（2008）年6月6日に国会が不用意にも「アイヌ民族を先住民族とすることを求める決議」をしてしまった。そのこともあり、今や、8社中6社もの多数派歴史教科書がアイヌを

「先住民」又は「先住民族」と位置づける虚構を語るようになってしまったのである。

全社が松前藩を加害者、シャクシャインを英雄とする

こうして、歴史教科書は、先住民のアイヌVS後から侵入してきた「和人」という対立関係を持ち込んだ上で、もっぱら、和人をアイヌに対する加害者として描こうとする。15世紀、16世紀の時代については、東書、日文、教出、清水、帝国の5社がコシャマインの乱を殊更に取り上げている。例えば、清水は「14世紀ころから渡島半島を中心に本州人（和人）が移り住み、本州との交易を進めた。和人が先住民のアイヌを圧迫したため、15世紀なかばには、コシャマインが立ってこれに反抗したが、和人によってしずめられた」（77頁）と記す。

次いで江戸時代の松前藩とアイヌとの関係については、自由社や育鵬社を含めて全社が、松前藩がアイヌとの交易を不公正に進めて不当な利益を上げたから、1669（寛文9）年、シャクシャインが蜂起したとしている。例えば学び舎は、次のように記している。

「松前藩は、家臣や支配下の商人を蝦夷地の特定の場所に送り込み、アイヌと交易させました。しかし、松前藩は、俵を小さくし、入れる米の量を大幅に減らすなどして、アイヌに不利な交易を強制しました。

苦しい状況に追いやられたアイヌの人びとに、1669年、首長シャクシャインが、結束をよびかけました。2000人のアイヌが商船などをおそうなど、戦いは蝦夷地の南部から東部に広がり松前藩は追いつめられました。

しかし、和平の交渉にもち込んだ松前藩は、その交渉の場でシャクシャインをだまし討ちで殺害しました」（122〜123頁）。

シャクシャインのだまし討ちを記すのは学び舎、日文、帝国の3社だけであるが、松前藩が不当な取引をしていたからシャクシャインの乱が起きたとするのは全社共通している。

シャクシャインの乱はアイヌ同士の対立から始まった

しかし、本当にそうであろうか。そもそも、松前藩は、アイヌにとって不利な交易を強制していたのであろうか。交易は、松前藩が本州から運んできた米とアイヌが採った鮭との交換が中心であった。米は手間暇をかけて作られ、且つ遠距離を運ばれてくる高級食材であるのに対して、江戸時代の鮭は簡単に大量に採れる食材であったから、むしろアイヌに有利な交換比率で米と鮭が取引されていたと見るべきだという指摘もある（的場光昭『アイヌ先住民族、その不都合な真実20』展転社、改訂増補版、2014年、22〜25頁）。

また、シャクシャインの乱は、交換比率をめぐるアイヌ側の不満から始まったのではなく、元々は日高地方におけるアイヌの首長同士の対立から始まったものである。1668（寛文8）年、シャクシャインは自己と対立していた首長オニビシを騙し討ちにした。それがきっかけとなって、シャクシャイン派とオニビシ派との紛争が始まったのである。この日高アイヌの首長同士の争いを、シャクシャインは巧みに松前藩VSアイヌの争いにすり替えていき、翌1669年のシャクシャインの乱となったのである。

更に言えば、当時の北海道は本土の戦国時代のような雰囲気が残っていたと考えるべきであるし、戦国時代においては「だまし討ち」はありふれたことである。そもそも、シャクシャインは、自己と対立していたオニビシを騙し討ちにしていたのである。シャクシャインが騙し討ちにされたということは、殊更に教科書に載せるようなことであろうか。

結局、全8社は、松前藩とアイヌとの関係に関して、歴史歪曲を行っているのである。

11　近世までの沖縄（琉球）

沖縄人は九州からの移住者、琉球語は日本語方言……自由社歴史教科書は、対アイヌだけでなく、対沖縄における日本の立場を抑圧者として描こうとする。抑圧者として描くために、まず沖縄人が日本のなかの少数民族であるかのように生徒が誤解するような記述を行う。このような誤解を防ぐため、自由社は、今回、大コラム【琉球処分とは何か】の中で、「奄美や沖縄を中心にした南島地域の人々の主な祖先は、縄文時代に九州からわたたっていった人々です。その地域の言語は琉球方言とよばれ、日本語の方言の一つです」（174頁）と記した。

このように、沖縄人は、縄文文化を「本土」と共有し、九州から渡っていった人たちを主要な祖先としている。また、琉球語は、本土方言とともに、日本語の方言として位置づけられている。したがって、沖縄人も「本土」人も、共に日本民族の構成員である。

にもかかわらず、自由社以外の全7社は、この当たり前の事実を書こうとしない。かつて平成18〜23年度版の帝国は、近代史の単元の側注部分ではあるが、「琉球のことばと本土のことば」の説明を行い、「八重山列島から奄美諸島まで使われていることばを琉球語（琉球方言）といい、本土のことばとならんで『日本語』を大きく二つに分けることばです。二つのことばには、発音上の規則的な対応関係があります」（158頁）と記していた。

ところが、平成24〜27年度版から、この記述を削除してしまった。琉球語が日本語の一部だということは、琉球民族という少数民族を圧迫する日本民族というシェーマに反するからであろう。中国は、琉球民族は日本民族とは異なるものだから沖縄は独立すべきだという理論を唱え出している。この沖縄独立論を中国の意向に基づき唱え出している日本人もいる。現在の多数派教科書の立場は、この沖縄独立論につながる極めて危険なものになっているのである。せめて、帝国には、平成18〜23年度版の記述を復活させてもらいたい。

独自の琉球文化も経済体制も記さない

さて、沖縄と本土とのつながりを切断した上で、教科書は、江戸時代の琉球王国について記している。しかし、琉球王国が薩摩の支配を受け、清に朝貢していたことは記すものの、経済についてはせいぜい貿易のことしか記さない。ある意味、最も重要な身分体制のことを記さない。

また、18世紀前半に最盛期を迎えた独自の琉球文化についても記さない。「王国としての独自の文化を発展させ」（教出、111頁）と記す程度であり、琉球文化に焦点を当てて、和文学や和歌、漢詩などが隆盛をきわめたことを記さないどころか、和歌の影響を受けて作られた琉球独自の琉歌（8・8・8・6の短歌）や、能や歌舞伎の影響を受けて歌と踊りを組み合わせた琉球独自の組踊、あるいは今日につながる琉球音楽について記す教科書は、1社も存在しない。

最も文化に触れていると言えるのは東書であるが、東書にしても、「おもろ」という歌謡にふれ、それらを編集した「おもろさうし」にふれた上で、肝心の薩摩時代については「琉球の歴史を記した歴史書も作られました」（93頁）と記すだけである。

三線の三味線への影響だけを記す

琉球文化といえば、各社が挙って記すのは、三線である。三線については、自由社と学び舎以外の全6社が記している。しかし、6社のうち帝国だけは桃山文化の箇所と【琉球とアイヌの人々の暮らし】という大コラムで三線について書いているが、他の5社は、本土の桃山文化の箇所で三線に触れるのみである。例えば、東書は【桃山文化】の単元で「室町時代に琵琶などに合わせて恋物語などを語った浄瑠璃が、琉球（沖縄県）から伝わった三線（さんしん）を基につくられた三味線に合わせて語られるようになりました」（111頁）と記している。琉球から三線が入ってきてそこから三味線がつくられたとするのである。同じように記すのは他に育鵬社と日文があり、3社存在する。

また例えば教出は、【城と茶の湯―南蛮文化と桃山文化】という単元で、「中国の三絃とよばれる楽器が琉球に入って三線となり、それが日本に伝わって三味線が生まれました。三味線は、近世の音楽を支える楽器になっていきます」（103頁）と記している。中国の三弦↓琉球の三線↓日本の三味線という文化的流れを記すのである。他にも、清水と帝国が同じことを記している。

三線のことを書くこと、三味線の元になったことを記すこと、三線の元は中国の三弦であることを記すことは、いずれも悪いことではない。しかし、中国↓琉球↓日本、あるいは琉球↓日本の文化伝達だけを強調するのは問題である。三線のことを記す以前に、平仮名や和歌などの各種文化が本土から沖縄に伝わったことを記すべきであろう。いや、更にそれ以前に、琉球の人々の主な祖先は九州からの移住者であることを記すべきではないか。

12　身分制　付属……百姓一揆

教科書は兵農分離と身分制を肯定的にとらえない

戦後歴史学においては、中世社会における自治と自由が賞賛された結果、殊更に、江戸時代の身分制度が否定的に捉えられてきた。しかし、自治と自由を生み出す背景にある中世の自力救済社会が、他方で乱暴狼藉の世界であり、〈野垂れ死にの自由〉と人身売買の世界であったことが明らかにされてきた。

このように中世像の負の側面が明らかにされたこともあり、江戸時代像は、近年、すっかり転換した。高い年貢ゆえの貧しい農民生活と多発する百姓一揆という暗いものから、豊かな生活と文化が生まれた明るい時代像への転換である。兵農分離と身分制度の確立は、社会の安定をもたらし、豊かな生活と文化を支える基盤となったのである。

ところが、この二つを肯定的に評価する教科書は、自由社と育鵬社の2社のみである。より肯定的に捉えている自由社から引用しよう。自由社は、まず兵農分離については、「1588（天正16）年、秀吉は刀狩令を発して農民や寺院から刀・弓・槍・鉄砲などを没収した。農民が耕作に専念することによって、子々孫々までの安泰を保証し、領内の自衛・治安と国防は武士の役割とした（兵農分離）」（118頁）と記す。

また自由社は、江戸期の身分制についても、「江戸幕府は秀吉の刀狩の方針を受けつぎ、武士・百姓・町人を区別する身分制度を定めた。それによって、争いのない穏やかな社会秩序に基礎を置く、平和で安定した社会をつくり出した。武士は名字・帯刀の名誉を有し、治安・国防と行政事務にたずさわった。百姓・町人は生産・加工・流通にかかわり、幕府および藩の財政をささえた。このように異なる身分の人々が相互依存しながら江戸時代の豊かな時代をささえていた」（130頁）と記している。

これに対して、日文、教出、帝国、学び舎、清水の5社は、二つとも肯定的に評価しない。例えば、日文は、兵農分離の箇所では、「こうして、武士と百姓・町人との身分のちがいをはっきりさせて、近世社会のしくみを整え、武士による支配を固めていきました」（109頁）とするだけであるが、江戸時代の箇所では、「こうした身分制は、武士の支配に都合よく利用され、その身分は親子代々受けつぐものとされました」（123頁）と明確に否定的に捉えている。未だに、近世の身分制確立を肯定的に捉えない教科書が多数派であることに驚きを禁じ得ない。

百姓一揆の扱いが大きくなる

身分制の確立を評価しない教科書は、相変わらず、百姓一揆を必要以上に大きく扱う。百姓一揆や打ちこわしを単元見出しに用いる教科書は3社存在する。教出は【連判状にまとまる人々――農村の変化と百姓一揆の高まり】、清水は【ききん・打ちこわしと幕府政治の立てなおし】、学び舎は【地鳴り山鳴り、のぼりを立て―百姓一揆―】という単元名をそれぞれ用いている。

しかも、学び舎は、【打ちよせる世直しの波―幕末の民衆―】という単元のほとんどを打ちこわしや百姓一揆に割いている。実質、2単元4頁を百姓一揆及び打ちこわしに割いている。更に言えば、日文は、【農村の変化と民衆の動き】という単元で小見出し「百姓一揆と打ちこわし」の部分に1頁分を割いているし、他にも大コラム【歴史を掘り下げる　新しい世の中をめざした人々】の1頁分を百姓一揆に割いている。

ここに挙げた教出、清水、学び舎、日文に加えて東書と帝国の6社は、基本的に支配者側を悪く描いている。例えば日文は、百姓一揆に至る過程を次のように描いている。

「幕府や藩の政治の改革が進められるなかで、領主による年貢の取り立てと、商品作物の安い買い上げにより、生活に苦しむ百姓が増えました。百姓の中には、地主や商人からの借金が返せずに土地を手ばなし、江戸や大阪に出かせぎに出る者も増え、農村では荒れた田畑がめだつようになりました。そのうえ、日照り、長雨、虫の害などが重なると、ひどい不作となり、大勢が飢え死にするききんとなりました。生活が苦しくなった百姓たちは、不正をはたらく役人の解任や年貢の引き下げのほか、商品作物の自由な売買などを、百姓一揆を起こして訴えました」(137頁)。

このように6社は、全体的な流れとしては支配者側を悪く描いていることを確認しておきたい。

『新しい歴史教科書』の影響

しかしながら、6社の中でも教出は、「幕府や藩は、一揆の指導者を処刑するなど、厳しく対処しましたが、要求を一部認めたり、改革に取り組んだりしました」（121頁）と述べていることに注目しておきたい。また、帝国も、「領主側が訴えを受け入れることもありましたが、訴えが退けられると、百姓は一揆を起こし（百姓一揆）、城下へとおし寄せました」（128頁）と記している。2社の傍線部の記述は平成24〜27年度版でも存在したものだが、平成18〜23年度版では全く無かった記述である。これは、『新しい歴史教科書』の影響であろう。

自由社の『新しい歴史教科書』は、百姓一揆について「百姓は年貢をおさめることを当然の公的な義務と考えていたが、不当に重い年貢を課せられると、結束して軽減を訴えた。これを百姓一揆という。一揆は暴動の形をとることはめったになく、たいていは領主との団体交渉だった。大名はできるだけ要求を受け入れて穏やかにことをおさめようとした」（131頁）と記している。『新しい歴史教科書』は、初版の平成14〜17年度版以来、同様のことを記してきた。この影響が部分的に出て、教出の「要求を一部認めたり」や帝国の「領主側が訴えを受け入れることがありましたが」という記述に現れたものと思われる。

当然ながら、『新しい歴史教科書』の章節構成ばかりか内容も模倣して作られた育鵬社の『新しい日本の歴史』も、小コラム「百姓一揆の実態」の中で、「当時の考えでは、百姓や土地は国家の基本であり、幕府や藩がこれを正しく治めることは義務でした。このため、百姓の言い分が正しいと認められると要求が通り、また、失政と判断された代官や領主は、幕府から処分を受けました」（135頁）と記している。百姓一揆の要求が通ることもあった点を記している教科書が4社存在するようになったことに注目しておきたい。

13 江戸文化

「ジャポニスム」を広めた『新しい歴史教科書』

かつて歴史教科書には、ジャポニスムという言葉は存在しなかった。平成13（2001）年、14年度から使用される検定教科書として『新しい歴史教科書』が登場した。当時の他社はと言えば、浮世絵がヨーロッパの画家に影響を与えたと簡単に記す教科書も多かったが、ジャポニスムという言葉を全社が使っていなかった。これに対して、『新しい歴史教科書』は、「浮世絵と印象派」という2頁コラムを設け、印象派への影響を詳しく記し、日本の芸術の西欧への影響を「ジャポニスム」という言葉を使って書き記した。

その影響は平成24〜27年度版になって現れ、7社中4社すなわち自由社、育鵬社、東書、帝国が「ジャポニスム」という言葉を使って記述した。そして、今回の平成28〜31年度版では、「ジャポニスム」という言葉を使わない教科書は、8社中3社に減少した。3社のうち清水と学び舎は、浮世絵の西欧への影響だけは記しているが、日文はその影響さえも記していない。

これに対して、自由社等5社は、「ジャポニスム」という言葉を用いて、浮世絵の西欧への影響を記している。そのうち、自由社と育鵬社は大コラムで、東書と帝国は小コラムでジャポニスムについて記している。例えば東書は、【近代文化の形成】という単元の小コラム「歴史にアクセス　ジャポニスム」で、「欧米の美術が日本の美術に影響をあたえたのとは反対に、日本の美術が欧米の美術に影響をあたえたこともありました。幕末に、日米修好通商条約によって自由な貿易が開始されると、海外に流出した浮世絵などに、海外の美術家たちは欧米にない美を見いだしました。これをジャポニスムといいます。オランダ人画家のゴッホ（1853〜90）もその一人で、歌川広重の浮世絵をまねた油絵を、好んでえがきました」（185頁）と説明している。

江戸の思想や道徳と明治維新とを関連づけるようになった

江戸文化に関しては、ジャポニスムを取り上げる教科書が多数派になっただけではない。江戸文化、それもその思想や道徳と明治維新とのつながりを示す教科書が多数派となった。平成18～23年度版までは、両者のつながりを示す教科書は、『新しい歴史教科書』だけであった。

ところが、今回の検定教科書では、帝国以外の7社が全て江戸期の思想や道徳と明治維新とを結び付ける記述を行うようになった。7社のうち自由社以外の6社は、国学が幕末の尊王論ないし尊王攘夷運動に影響を与えたとする。例えば、日文は「国学は、有力な町人や百姓のあいだに広まり、のちに天皇をうやまう尊王論を育て、幕府を批判する思想になっていきました」（138頁）と、教出は「平田篤胤は、日本が神国であると強調する神道を唱え、幕末の尊王攘夷運動に影響を与えました」（124頁）と記している。

残る自由社の場合は、国学の箇所では明治維新との関係を記していないが、武士道を明治維新と結び付けて論じている。すなわち、【武士と忠義の観念】という大コラムで、「私を捨て、公に尽くす精神」という小見出しを設けて「忠義とは、自己の属する共同体を守るため、『私』をこえて『公』のために最善を尽くすことを意味します。幕末に日本が外国の圧力にさらされたとき、武士の忠義の観念は、藩の枠をこえて国家全体のために発揮されたのです」（134頁）と記した。武士道という江戸思想こそが、明治維新の主体を生み出したと捉えているのである。

江戸時代の文化に近代化の基礎形成を見る自由社等3社

更に注目されるのは、自由社、育鵬社、東書の3社が江戸期の文化と維新以降の近代化を結び付けていることである。まず自由社の場合は、二宮尊徳の精神が近代化のバックボーンに存在すると説明している。また育鵬社は、江戸時代の教育を取り上げ、その水準の高さが近代化の際に大きな力となったことを指摘している。

そして東書は、国学が幕末の尊王攘夷運動に影響を与えたことを指摘するだけではなく、「杉田玄白などが……オランダ語でヨーロッパの学問や文化を学ぶ蘭学の基礎を築きました。オランダ語の辞書や文法の書物を作ったり、オランダの医学書を翻訳したりする者も現れました。蘭学を学ぶ者は次第に増えていき、近代化の基礎が築かれました」（130頁）とする。蘭学が近代化の基礎になったことを記すのである。

取り上げる事項は3社それぞれであるが、江戸文化に近代化の基礎を見出している点で共通している。他の5社にも、このような記述が増加することを期待するものである。

第四節　近代国内編……帝国憲法体制の真実を隠す

幕末維新期に関する記述は大いに改善された。植民地化の危機を捉える教科書は多数派になった（テーマ14）。学び舎以外の全社が、明治維新を近代的な国民国家形成と捉えている（テーマ15）。だが、維新によって形成された国民国家は、アイヌから土地を奪い、琉球処分を一方的に暴力的に行った、と断罪されている（テーマ16）。

また、明治維新の延長上に出来あがった帝国憲法体制の真実は、相変わらず隠されている。教科書は、明治政府が帝国憲法と帝国議会を自発的につくった事実を隠し、自由民権運動に迫られたから仕方なくつくったとする。そして、帝国憲法体制を権力分立の立憲君主制とは捉えず、天皇の本質的役割が権威であることを隠し、天皇をもっぱら最高権力者として描き出す（テーマ17）。更に言えば、政党内閣を極めて軽く小さく扱うのである（テーマ18）。

このように帝国憲法体制について正面から向き合わない歴史教科書では、近代国内史の流れをきちんと把握することはできないであろう。

更にまた、近代国内史の把握を困難にしているのは、教科書執筆者に根強く存在する共産主義幻想である。ソ連崩壊から20年以上経過したにもかかわらず、未だに歴史教科書はロシア革命を肯定的に評価している。また、日本共産党がコミンテルン日本支部として結成された事実、日本共産党を先兵とするソ連による間接侵略策動に備えるために治安維持法が制定された事実を隠してしまう（テーマ19）。これらの事実が隠されてしまえば、一九二〇年代以降の政治や社会を理解することはできない。結局、国内政治史の大きな流れを掴み取ることができなくなるのである。

14　幕末維新期における植民地化の危機

多数の教科書が植民地化の危機を明記

19世紀中期から20世紀初頭まで、日本には、欧米の植民地になってしまう危険性があった。明治維新を行い近代国家を築かなければ、独立を維持することは極めて困難なことだったと言える。今回の教科書を読むと、この当たり前のことが、自由社、育鵬社、教出、清水、帝国の教科書で書かれている。最も明確に植民地化の危機について記している帝国から引用しておこう。帝国は、まず「アヘン戦争の日本への影響」の小見出しの下、「大国の清がイギリスに敗北したことに大きな衝撃を受けました。……１８４４年、オランダ国王が幕府に手紙を送り開国をすすめましたが、幕府は新たな国と外交や貿易を行うことはこれまでの方針に反するとして拒否しました。このころから、外国の侵略に備え、軍事をはじめとする西洋の技術や学問を積極的に学ぼうとする動きが日本国内で広がりました」（147頁）と述べる。

次いで幕末期の箇所では、小コラム「高杉晋作　１８３９～67」の中で、高杉の上海行きのエピソードを取り上げ、「高杉は、『日本も攘夷を行い、そのうえで外国の進んだ文明を取り入れ、強い国をつくらなければ』と考え、帰国後、外国の侵略に備えるために奇兵隊という軍隊をつくりました」（147頁）と記す。

そして、明治維新の諸政策を日本の独立維持のために行われたものと位置づける。帝国は、「明治維新」の小見出しの下、廃藩置県や殖産興業などの動機について、「これらの取り組みが、日本を欧米諸国に認めてもらい、独立を守るうえで必要と考えたためでした」（158頁）と説明している。

植民地化の危機を記した教科書の中では、育鵬社の記述が面白く個性的である。育鵬社は、維新の内戦の箇所で、「この戦いに当たり、イギリスは官軍に、フランスは旧幕府軍に武器や資金の援助を申し出ました。しかし、両軍ともそれを断ったことが、外国の介入を防ぎ日本の独立を守ることにつながりました」（166頁）と記している。すなわち育鵬社は、官軍も幕府軍も、欧米列強の援助を断ったことを明記している。援助拒否が日本の独立につながったことはその通りであるが、余り一般書にも書かれていない記述であり、少なくとも教科書として極めて個性的な記述だと言える。

植民地化の危機に対する意識の欠片《かけら》もない学び舎

残る東書、日文、学び舎の3社は、植民地化の危機、独立の危機を記さない。だが、東書と日文は、対外防衛の観点は有している。例えば富国強兵政策について、東書は「政府は、欧米諸国に対抗するため、経済を発展させて国力をつけ、軍隊を強くすることを目指しました」（164頁）と、日文は「欧米諸国に対抗する近代国家を建設するため、政府は富国強兵をスローガンに、さまざまな政策を進めました」（168頁）と記しているからである。

これに対して、学び舎の場合は、植民地化の危機という観点どころか、欧米への対抗という対外防衛の観点さえもないようである。日本史の中で最もロマンあふれる時代の一つである幕末維新期に対する冷ややかな視線が感じられる。何しろ、驚かされたのは、戊辰戦争に関する次の傍線部に関する記述である。

「民衆はこのような動きを『御一新』とよび、新政府に期待しました。しかし、新政府が民衆の生活をかえりみずに戦争をつづけたため、『天朝（天皇）のご趣旨はまやかしものだ』と不満の声もあがりました」（167頁）。

傍線部のような記述は、中学校歴史教科書ではお目にかかったことはないように思われる。そもそも、新政府は「民衆の生活をかえりみずに戦争をつづけた」わけではないし、傍線部は、余りにも教科書単元本文には相応しくない細かすぎる記述である。学び舎は論外としても、東書と日文には、次回には幕末維新期における植民地化の危機について明確に記述してほしいと願うものである。

15　明治維新

新しい身分制度と記す教科書の再登場

かつて明治維新は、歴史学においても歴史教科書においても否定的に評価されていた。しかし、『新しい歴史教科書』が登場して以来、維新を否定的に捉える教科書は急減していく。そして、平成24～27年度版では、全社が明治維新で近代国家が形成されたという立場をとるようになった。

ところが、今回、四民平等について否定的に位置づける教科書が、学び舎と育鵬社の2社登場した。学び舎は四民平等政策について「古い身分の廃止と新しい身分」と位置づける。育鵬社も、「身分制度の改革」という小見出しを用い、「新しくつくられた戸籍には……新たな身分が記載されました」(168～169頁)と記したのである。

明治維新を徹底して冷笑する学び舎

しかし、学び舎の明治維新に関する記述はひどすぎる。前項で触れたように、幕末維新期における植民地化の危機については全く触れず、維新政府は「民衆の生活をかえりみずに戦争をつづけた」とまで記す。

維新の諸政策についても、「四民平等」を新たな身分の創出と位置づけるだけではない。土地所有権の成立は記すが、地租改正全体を否定的に記す。そして、「学制に反対する一揆が起こり、学校が打ちこわされた地域もありました」(175頁)と学制反対一揆にまで触れながら、国民教育の意義について語ろうとしない。

何より驚かされるのは、五箇条の御誓文に関する書き方である。学び舎は、欄外の資料として五箇条の御誓文と五榜の掲示を対等な形で掲載し、単元本文で「戦いのさなか、1868年3月、京都御所で、天皇が大名・公家を率いて、政治の基本方針を神々に誓うかたちで、五箇条の誓文を示しました。よく日、旧幕府の考えを引きつぎ、民衆の心得を示し、一揆やキリスト教を禁じる高札が立てられました（五榜の掲示）」（167頁）と記す。

何よりもまず、「五箇条の誓文」という表記に驚かされる。反天皇制思想から「御誓文」ではなく「誓文」と表記するのだろうが、五箇条の御誓文というのは歴史用語である。勝手に歴史教科書執筆者が歴史用語を変造するのは許されないことである。他にも清水が「誓文」と表記しているが、この点に関して学び舎と清水に対して検定意見を付けない教科書調査官には困ったものである。

次いで驚かされるのは、欄外資料としては「五箇条の誓文」として全文が引用されているが、単元本文では御誓文の内容の紹介を全くしないことである。しかも、御誓文が出たことを書いた後に五榜の掲示を強調することによって、御誓文の「万機公論に決すへし」などの理想はまやかしにすぎないと生徒に印象づけようとしている。

実際、その後を読み進めると、前項でも引用した「民衆はこのような動きを『御一新』とよび、新政府に期待しました。しかし、新政府が民衆の生活をかえりみずに戦争をつづけたため、『天朝（天皇）のご趣旨はまやかしものだ』と不満の声もあがりました」（167頁）という文章で、この単元（【政治が売り切れた――江戸幕府の滅亡】）が締め括られている。

16　琉球処分他

領土画定の意義を記すのは4社のみ

明治政府は、四民平等政策などで国民国家を形成するとともに、国民国家の地域的範囲を定めていった。明治8（1875）年、樺太・千島交換条約によって北方の境界を画定するとともに、対露防衛と食糧基地形成の目的から、北海道開拓を行っていった。また、同年から12年にかけて琉球処分を行い、形式的に清と日本に両属していた琉球王国を日本領土に編入した。

こうして領土の確定が行われたが、領土画定の意義について記すのは、自由社、東書、清水、帝国の4社に過ぎない。自由社と東書では少し書き方が異なり、両者の記述を上手く併せると理想的な記述となると思われるので、2社の記述をそのまま引用しよう。自由社は、「北方の領土画定」という小見出しの下、「明治維新をなしとげた日本は、近代国民国家の建設をめざした。近代国家が成り立つ要件は、明確な国境線をもつ領土、国民、国民を統治する政府の3つである。国境があいまいなままだと、政府は国民の生命や財産を保障したり、国民としての平等な権利をあたえる範囲を決めることができない」（172頁）と記す。

自由社は近代国際関係における領土が持つ意味合い自体に焦点を合わせて説明している。それに対して、東書は、伝統的な国際関係と近代的な国際関係の違いに焦点を合わせて領土画定の意義を説明している。すなわち東書は、「国境と領土の確定」との小見出しの下、「アジアの伝統的な国際関係では、国境はあいまいでした。それに対して、欧米の近代的な国際関係では、国境線ははっきりと引かれていました。アジア諸国の中でいち早く近代的な国際関係にならおうとした日本にとって、国境線を定め、領土を確定することは重要な課題でした」（168頁）と述べている。国境が不明確な伝統的な国際関係とは異なり、近代的国際関係の中に入って行けば、国境を明確に引き領土を画定することが必要になると述べるのである。

アイヌの国民化を記すのは自由社のみ

北方での領土画定とともに行われた北海道開拓は、アイヌの農耕民化、国民化政策とともに行われた。しかし、アイヌの国民化について記すのは自由社のみである。自由社は、大コラム

【もっと知りたい　日本の近代化とアイヌ】で、「アイヌの保護と国民化」の小見出しの下、次のように記している。

「政府も、幕府の人口増加政策を受けつぎ、定住生活を送るように指導し、死者が出たときに家を焼きはらう慣習を禁止しました。また、文明開化の観点から、男の耳環と女の入墨を禁止しました。さらにアイヌの子弟に文字を教えるために学校を設立し、親に金銭をあたえて、子供を学校に行かせるように指導しました。学校では給食を提供し、入浴させて身体を清潔にすることを教えました。

しかし、アイヌの人々は、新たに導入された近代的土地所有制度によって認められたわずかな土地も、不利益な条件で賃貸したり手放したりしました。そこで、明治政府は、1899（明治32）年、『北海道旧土人保護法』を制定し、農業を希望するアイヌに5町歩（約5万㎡）の土地をあたえました。そして、契約に慣れていないアイヌが和人に土地を取られないように、相続以外の土地の譲渡を禁止しました。このように、明治政府はアイヌを日本国民として保護しました」（175頁）。

このように、自由社は、新たに導入された近代的土地所有制度がもたらしたアイヌに対する不利益にもふれながら、明治政府がアイヌを日本国民として保護する政策を採り続け、明治32

（1899）年に保護政策の観点から「北海道旧土人保護法」を制定したとしている。

これに対して、育鵬社は近代におけるアイヌについて全く触れていないし、他の6社は全て、和人及び明治政府によって圧迫抑圧される歴史として近代アイヌ史を描いている。例えば東書は、北海道の開拓によって「先住民であるアイヌの人々は土地や漁場をうばわれただけでなく、アイヌ民族の伝統的な風習や文化などを否定する同化政策が進められました」（169頁）としたうえで、「北海道では近代的な土地所有制度が実施され、アイヌの人々は職業や生活の場所をうばわれていきました。1899年、政府はアイヌの人々の生活を保護する名目で『北海道旧土人保護法』を制定しますが、あまり効果はありませんでした」（235頁）と、近代的土地所有制度の導入と「北海道旧土人保護法」を否定的に紹介している。

東書以外の5社の記述も大同小異であるが、気になるのは学び舎の書き方である。学び舎は、「北で―蝦夷地が日本に組み込まれる」という小見出しの下にアイヌについて記している。しかし、蝦夷地は基本的に江戸時代の日本国家に組みこまれてしまっている。こういう位置付け方は間違っているのではないか。

また、学び舎は、「明治維新まで、現在の北海道は蝦夷地とよばれていました。ここに住んでいたのは、人口数万人といわれるアイヌの人びとです」（188頁）と記す。数万人というのはどういう根拠資料があるのであろうか。一般に江戸時代のアイヌ人口は2万人前後と理解されているのではないだろうか。

琉球処分を強引に行ったと印象づける教科書多数派

以上のようにアイヌを被抑圧者として描く多数派教科書は、琉球も被抑圧者、「被害者」として描こうとする。すなわち、琉球処分については日本側が強引に推し進めたとする。例えば東書は、「日本政府は1879年、軍隊の力を背景に、琉球の人々の反対をおさえ、琉球藩を廃止して沖縄県を設置しました（琉球処分）」（169頁）と記述する。

また、教出は、「1875年、政府は琉球の代表を上京させ、清との関係を絶つように求めましたが、琉球側は強く抵抗しました。説得に応じない琉球側に対し、1879年、政府は武力で首里城を占領し、廃藩置県を断行しました。尚泰は東京に移住させられました」（165頁）と記述する。

特に教出に特徴的であるが、教科書の多数派は、琉球側が挙って琉球処分に反対であったにもかかわらず、明治政府側が強引に処分を強行したと記している。しかし、実際は、百姓身分の間では琉球処分を歓迎する声が大きかったという。また、沖縄学の父とされる伊波普猷は、清と薩摩・日本とに両属していた状態を解消した琉球処分のことを「一種の奴隷解放だ」と位置づけていた。そこで、自由社は、次のように記している。

「琉球は、薩摩と清国に両属し、人々には薩摩への毎年の貢納のほか、清国から迎える使節の接待の費用も大きな負担でした。薩摩と清国への両属する状態を終わらせたのが琉球処分でした。これを高く評価して、沖縄学の父といわれる伊波普猷は『琉球処分は一種の奴隷解放だ』と表現しました。

しかし、琉球王国の内部は琉球処分に賛成し、沖縄県として近代化していこうとする日本派と、これに反対して清国の救援で琉球王国を復活させようとする清国派とに分裂し、沖縄県設置後も両者の対立はつづき、激しく争いました。両派の対立は日清戦争のときピークでしたが、戦争で日本が勝利したことによって清国派がなくなり、長くつづいた対立は終わりました」(174頁)。

琉球処分賛成派の存在を記し、伊波普猷の「琉球処分は一種の奴隷解放だ」という表現を紹介したことは、共に教科書では画期的な記述である。他社も同様の記述を行うようになることを望むものである。

17　大日本帝国憲法・帝国議会

強固な冷笑主義……選挙権を有するのは1.1％に過ぎない

明治維新の記述は最近改善されたが、大日本帝国憲法・帝国議会の記述は余り改善されていない。相変わらず、近代国家が築かれたといっても大したものではない、或は偽物に過ぎないといったメッセージが、歴史教科書からは読み取れる。何しろ、今回も、清水がドイツ人医者のベルツの日記から、「東京全市は、11日の憲法発布をひかえてその準備のため、言語に絶したさわぎを演じている。奉祝門・照明・行列の計画。だがこっけいなことには、だれも憲法の内容を知らないのだ」という言葉を引用している（185頁）。学び舎も傍線部と同様の引用を行っている。

また何よりも、自由社と教出以外の6社は、衆議院議員の制限選挙を冷笑的に紹介する。例えば東書は「有権者は総人口の1.1％（約45万人）に過ぎませんでした」（173頁）と、昔から定番となっている書き方をしている。育鵬社と日文も同じことを書いているが、最も冷笑するのが学び舎である。学び舎は、総人口の1％ということを述べるだけではなく、わざわざ「女性には選挙権が認められませんでした」(187頁)と記し、制限選挙の開始に否定的な印象を生徒に抱かせようとしている。

西欧米国の歴史を見ても、帝国議会が開設された1890年代は制限選挙の時代であり、女性の参政権を認める国は存在しなかった。にもかかわらず、このようなことを書いて日本の選挙開始を冷笑するとは、偏り過ぎていると言えよう。

これに対して自由社だけは、側注ながら、「選挙権は満25歳以上の男子で、直接国税15円以上をおさめる者に限られていた。当時、イギリス、フランス、アメリカなどどこの国でも、身分や納税額などによって選挙権は制限されていた」(187頁)と説明し、西欧米国の歴史に鑑みて日本の制限選挙が特殊なものではないことを示している。

帝国憲法下の権利について否定的に紹介しなくなった

以上のように冷笑的な態度は残ってはいるが、教科書の帝国憲法に対する記述は改善されてきてはいる。前回に続いて今回も、帝国以外の全社が帝国憲法下の権利について否定的に紹介しなくなっている。かつては、「国民の自由や権利は制限つきでしか認めなかった」(平成17年版日本書籍新社、154頁)とか、権利は法律の範囲内でしか認められなかったと否定的に表現するのが多数派であった。しかし、今回、例えば東書は、「議会で定める法律の範囲内で言論、出版、集会、結社、信仰の自由などの権利が認められました」（173頁）と、何れかと言えば肯定的に表現している。学び舎でさえも、「法律の範囲内で権利があたえられました」（187頁）と表現している。

また、同じく前回に続いて今回も、アジア初の憲法（立憲国家）又はアジアで唯一の憲法（立憲国家）といった記述を全社が行っている。学び舎だけは「東アジア初の立憲国家」（187頁）と書いており、「アジア初」とするものではなく、微妙な書き方となっている。とはいえ、例えば平成2〜4年度版では、「アジア初」等と書かない教科書が半数ほども存在したから、大きな改善とは言えよう。

天皇を自ら権力を振るう存在に歪曲する

このようにアジア初の憲法とか、アジア初の立憲国家などと記しながらも、歴史教科書は、権力分立又は三権分立という言葉を使わない。自由社や育鵬社さえも、この言葉を使わないのである。この言葉は、戦前憲法学の教科書には必ず載っていたものである。何ともおかしなことである。

そのことよりも問題なのは、自由社と育鵬社以外の全6社が、天皇を自ら権力を振るう絶対君主的な存在として描いていることである。例えば、東書は「憲法では、天皇が国の元首として統治すると定められました。また、帝国議会の召集や衆議院の解散、陸海軍の指揮、条約の締結や戦争の開始、終了（講和）などが、天皇の権限として明記されました」（172頁）と、帝国は「大日本帝国憲法では、主権は天皇にあると定められ、軍隊を率いる権限や、条約の締結などの外交権、戦争の開始・終結の権限なども天皇にありました」（174頁）としている。

しかし、戦前期においても、日本の伝統に基づき、天皇を政治に巻き込んではならない、政治利用してはならないという規範が存在した。そして帝国憲法上も、第3条で「天皇ハ神聖ニシテ侵スヘカラス」として天皇が政治的無答責であることを規定し、第55条で大臣責任を定めた。責任を負わない者は当然に政治的権力を行使できなくなる。そして、帝国憲法体制下においても、天皇は、基本的に政治的権威の役割を担い続けたのである。

ところが、天皇を政治的権威と位置づけるのは、自由社と育鵬社のみである。そのうち自由社は、単元本文で「大日本帝国憲法は、まず天皇が日本を統治すると定めた。その上で実際の政治は、各大臣の輔弼（助言）に基づいて行うものとし、天皇に政治的責任を負わせないこともうたわれた」（186頁）と述べた上で、側注で第3条の意味について「条文の意味は、天皇に政治責任を問うことはできないというもので、その裏には、天皇は政治的決定権をもたないという意味をふくんでいた」(同)と説明している。東書等6社にも自由社のような説明が求められよう。

天皇機関説ではなく天皇主権説で説明する

更に問題を指摘するならば、帝国の傍線部のように天皇主権説を採っている教科書が、帝国以外に日文、清水、学び舎の3社も存在する。しかし、帝国憲法には「主権」という言葉は存在しなかったし、戦前憲法学においては、天皇主権説は少数説であり天皇機関説が多数説であった。それゆえ、帝国等4社の記述は修正しなければならないと指摘しておこう。

18 憲政の常道

未だに「憲政の常道」を記さない半数の教科書

政治評論において、よく、近代日本政治史において二大政党制が根付かないことが慨嘆される。しかし、大正13(1924)年から8年間、衆院の多数を占めた政党が内閣を組織する慣例が続き、この慣例は守るべき規範であると認識されていた。これを「憲政の常道」と言い、当時この言葉が盛んに使われた。この「憲政の常道」の時代には、二大政党であった政友会と民政党が選挙で多数を競い合い、かわるがわる政権を担当した。二大政党による政権交代を重視する立場からすれば、この8年間は、日本歴史上で最も政党政治が盛んだったと言える時代である。

ところが、教科書は、「憲政の常道」を正当に扱ってはいない。そもそも、この言葉を用いるのは自由社、育鵬社、東書、帝国の4社だけであるが、4社にしても数行で「憲政の常道」を片付けており、その記述はいずれも簡単すぎる感じがある。

また、日文、教出、清水、学び舎の4社は、「憲政の常道」という言葉さえも用いない。日文と教出は「政党内閣の時代が続きました」(215頁、207頁)とするだけであり、「憲政の常道」という規範が成立したとは捉えていない。清水も「選挙で有権者の支持を集めた政党が政権を担当することが続いた」(217頁)とするだけであり、同様である。学び舎に至っては、政党内閣の時代が続いたことさえも記さないのである。

原敬よりも山本宣治――学び舎

学び舎は「憲政の常道」を無視するだけではない。原敬の政党内閣も軽く見ている。原敬の写真さえも掲げず、議員選挙ポスターと称して、立憲民政党の武内作平、立憲政友会の山本芳治、労働農民党の大山郁夫、日本労農党の河上丈太郎の各候補を掲載している。更には、別の頁であるが、【歴史を体験する　山本宣治の人物調べ】という大コラムに1頁半の分量を当て、労働農民党所属であり唯一の共産党系衆議院議員である山本宣治の写真を3枚も掲げている。写真に注目しても、極めてバランスの悪い選び方をしていることが見て取れよう。

これに対して、学び舎以外は、全て原敬の写真を掲載している。平成18～23年度版では原敬の写真を掲げる教科書は8社中3社であったし、24～27年度版でも7社中4社に過ぎなかった。今回、学び舎以外が原敬の写真を掲載するようになったことは教科書がそれだけ少しはまともになったことを示すものではある。

話を学び舎に戻すならば、山本宣治の紹介の仕方が偏っている。山本を「生物学者」と紹介し、治安維持法に反対したために刺殺された国会議員として、大々的に紹介している。ところが、一番肝心であるコミンテルン日本支部共産党系衆議院議員という点は隠しているのである。周知のように、治安維持法とはソ連による間接侵略の先兵であった共産党への対策として出されたものである。共産党との関係を書かなければ、山本が治安維持法に反対した理由が分からなくなる。学び舎は、1頁半もの分量を使いながら、山本宣治に関する一番肝心の情報を隠してしまうのである。

更に言えば、学び舎は、社会運動に2単元4頁もの分量を割き、社会主義運動史を展開している。政党内閣と普通選挙の分量は併せて1単元2頁であるから、いかに社会運動の記述に力を入れているか分かるというものである。山本宣治の1頁半を足すと5頁半もの分量を社会主義運動史に割いていることになる。中学校の歴史教科書としては、いや高校歴史教科書であるとしても、極めて詳しすぎる、そして偏った記述だと言えよう。

19　ロシア革命と日本共産党　付属……スターリンの政治

ロシア革命を美化する東書等

今年でソ連が崩壊してから25年経過する。そして、この20年ほどの間に、次々に共産主義の悪行が明るみに出て来た。共産主義が世界に広がる出発点となったロシア革命は、共産党による一党独裁政治だけではなく、自由社が「皇帝一族をはじめ、共産党が敵と見なす貴族、地主、資本家、聖職者、知識人らが、数知れないほど殺害された。飢饉も発生し、数百万の農民が餓死した」（214頁）と記すように、多くの惨禍をロシアにもたらした。しかし、これらの共産党による悪行・悪政について明記しているのは、他には育鵬社だけである。

この2社を除く6社はロシア革命を肯定的に紹介しているし、そのうち東書、清水、帝国、学び舎の4社は、明確にロシア革命を賛美している。例えば、東書は、「社会主義は、資本主義がもたらした社会問題を解決しようとして生まれた思想でしたが、国境をこえた労働者の団結と理想社会を目指す運動になって、各国に広がりました」（200頁）と社会主義の説明をする。そしてロシア革命が起きたことを記し、「革命政府は、銀行や鉄道、工場など重要な産業を国有化し、土地を農民に分配するなど、社会主義の政策を実行する一方で、民族自立を唱え、ドイツと単独で講和を結んで、第一次世界大戦から離脱しました。ロシア革命は、資本主義に不満を持ち、戦争に反対する人々に支持され、各国で社会主義の運動が高まりました」（200～201頁）とする。

教科書は日本共産党がコミンテルン支部であったことを隠す

このようにロシア革命を賛美し、その負の側面を隠蔽する東書であるが、更には日本共産党がコミンテルン日本支部として誕生した事実を隠してしまう。東書は、共産党結成については「ロシア革命の影響で共産主義への関心が急速に高まると、1922年に日本共産党が結成されましたが、これは非合法のものでした」(208頁)と記すのみである。東書以外の日文、教出、清水、帝国、学び舎の5社も決してこの事実を記さない。

この事実を記すのは自由社と育鵬社のみである。例えば自由社は、「各国の共産党は、コミンテルンの支部と位置づけられ、モスクワの本部の指令に従って、それぞれの国内を混乱させる活動を行った。日本でも、1922(大正11)年、日本共産党が『コミンテルン日本支部日本共産党』としてひそかに創立された」(227頁)と説明している。

また、自由社は、側注ながら、「1925年、日本政府はソ連と国交を結んだが、それによって日本の国内に破壊活動がおよぶことを警戒し、君主制の廃止、私有財産制度の否認などを主張する活動を取りしまる治安維持法を制定した。この時代、同様の法律を諸外国も制定していた」(227頁)と記す。育鵬社も同様のことを記している。

当時の政治史を理解するためには、日本共産党がコミンテルン日本支部として誕生したこと、治安維持法は国際共産主義の脅威、ソ連による間接侵略に備えるために制定されたこと、この二つのことを押さえておかなければならない。

ところが、自由社と育鵬社以外の6社は、この2点を隠してしまうのである。ただし、清水だけは、「とりわけ、国際的な提携のもとで、天皇制と私有財産制を否定する革命をめざす共産主義の運動に対しては、きびしい弾圧をおこなった」（219頁）とした上で、治安維持法につなげている。6社の中では唯一、国際的な視点から治安維持法を捉えている点が評価できる。しかし、自由社や育鵬社のように、日本共産党がコミンテルン日本支部であったことを記さないから、治安維持法制定の理由をもう一つ説得的に理解できない形になっている。次回には改善されることを望むものである。

共産主義とファシズムを全体主義とするのは2社のみ

以上から見られるように、東書等6社の教科書執筆者には、共産主義幻想が大きく残存している。それゆえ、共産主義を全体主義として捉えようとはしない。例えば東書は、ナチスドイツについて「人々の自由はうばわれ、秘密警察が国民を監視し統制する全体主義の国家になりました」（215頁）と説明している。全体主義をこのように定義するならば、ナチスドイツと同じく秘密警察が存在し国民を監視統制していたソ連も全体主義国家と位置づけなければならないはずである。だが、6社ともそうはしないのである。

共産主義とファシズムを共に全体主義として把握するのは、自由社と育鵬社のみである。例えば自由社は、「ヨーロッパで生まれた2つの政治思想が、1920年代から1930年代にかけて世界に広まった。一つは、マルクスの思想に始まり、ロシア革命を引きおこした共産主義である。もう一つは、ドイツとイタリアにあらわれたファシズムである。どちらも国家や民族全体の目的の実現を最優先し、個人の自由を否定する思想を核心としているので、全体主義とよばれた。全体主義は各地に革命運動を生み出し、成功したところでは一党独裁と、国家の上に党を置く独特の政治体制をつくりあげ、20世紀の人類の歴史に大きな悲劇をもたらした」(226頁)と説明している。

全体主義は、一党独裁、国家の上に党を置く体制、秘密警察、強制収容所、といったもので特徴づけられる。この定義は、ファシズムとともに共産主義にもあてはまるものである。6社も、共産主義とファシズムを全体主義として位置づける説明を行うべきであろう。

スターリンを未だに礼賛する東書等

更に言えば、6社は、というよりも全8社はファシズムの悪行については詳しく展開するが、このうち6社は共産主義の悪行を基本的には展開しない。それどころか、何と、東書と帝国は、スターリンの政治について礼賛する。帝国から引用しておこう。

「ソ連では、レーニンの死後、スターリンの独裁体制となり、社会主義政策の下で重工業を中心とした工業化と農業の集団化が進められました。資本主義諸国が世界恐慌の対策に追われるなか、社会主義国のソ連はその影響をほとんど受けずに、『五か年計画』とよばれた計画経済により国内生産を増強し、アメリカにつぐ工業国になりました。一方で、スターリンに反対した人々は弾圧を受けたり、政策が短期間におし進められたりしたため、農民を中心に強い不満の声があがるようになりました」（216～217頁）。

「スターリンに反対した人々は弾圧を受けたり」とは記しているが、基本的にスターリンの政治を評価していることが知られよう。いつまで、日本の歴史教科書は、共産主義を賛美し続けるのであろうか。

第五節　近代戦争・対外編……日本を悪玉国家として描く

歴史教科書が描く近代の戦争史・対外関係史を読んでいると、日本は邪悪な悪玉国家に見えてくる。「日本国憲法」第9条に影響されて、今日の日本人は安全保障の観点が著しく弱い。この弱さは歴史家も歴史教科書執筆者も共有している。従って、幕末維新期における植民地化の危機こそ書くようになるが、日清戦争や日露戦争を描く際にも、防衛の観点、安全保障の観点を全く示さない。教科書の論理からすれば、国防上の必要性もないにもかかわらず、日清戦争と日露戦争を戦い、韓国・朝鮮を植民地化したことになる。それゆえ、教科書の描く歴史物語の世界では、古代以来の文化的恩人である中国と韓国・朝鮮に対して、恩を仇で返したことになる。つまり、教科書においては、日本は悪玉で、中韓は善玉の役回りとされているのである。

このような日本悪玉史観と中韓善玉史観を普及するために、歴史教科書は、一進会が集めた日韓合邦を求める署名が数万に達した事実を隠すし、善政であった日本の韓国統治を悪政に偽装する（テーマ20）。また、教科書は、満州事変以降の戦争を全て日本が一方的に仕掛けた戦争と位置づけるし、「南京事件」などの日本軍の犯罪行為を、虚実入り交ぜて多数記述している（テーマ22、23、24）。

しかし、教科書の描く歴史物語においては、善玉とされるのは中韓だけではない。日本と対立した共産主義と米国も善玉の役回りを振り当てられている。共産主義から見るならば、例えば支那事変（日中戦争）は、中国共産党の数々の謀略によって引き起こされたものだったし、そもそも中国国民党と日本とを戦わせる脚本を書いたのはソ連と毛沢東であった。にもかかわらず、教科書には、これらのことは全く登場してこない（テーマ23）。

次に米国に目を転ずれば、米国は、日本人移民を排斥し、排日移民法を成立させるだけではなく、国際連盟成立の際には日本が提案した人種平等決議案を葬り去ることさえも行った。しかし、教科書は、日本が人種平等決議案を提案したことさえも隠してしまう（テーマ21）。明らかに、日本悪玉史観、米国善玉史観に矛盾するからである。

更に言えば、米国善玉史観からすれば、米国の方が戦争をしたがっていた事実は隠す必要があるし、日本悪玉史観からすれば、東南アジアでの日本の「悪行」は何としても記さなければならない（テーマ25）。更に日本を悪玉とするために、教科書においては、沖縄戦を強調し、日本軍によって追いこまれて集団自決が起きたという虚構が展開されるのである（テーマ26）。

20　韓国統治、創氏改名、徴用、慰安婦

一進会の日韓合邦運動を無視する全社

韓国併合は、日本が一方的に行ったものではない。韓国の一進会が進めた日韓合邦運動に応えて行われた。一進会は10数万人の組織であり、韓国で最大の政治勢力であったから、韓国併合は韓国自身が選択したという側面があるのである。しかし、この韓国側からの合邦運動に触れる教科書は皆無である。

歴史教科書の歴史を振り返ってみれば、かつて占領時代に出されていた国定教科書である『日本歴史』では「一部韓国人有志の日韓合邦建白書は併合の機を窺つたわが政府の同意するところとなり」（下巻、144頁）と記されていた。だが、検定教科書時代になると、この事実を書くことは一種の禁忌となった。平成13年に検定合格した『新しい歴史教科書』初版は、この禁忌に挑戦し、韓国の中で併合に対する激しい抵抗が起きたこととともに、「一部に併合を受け入れる声もあったが」と記して検定合格した。ところが、同年5月8日に行われた韓国の修正要求を受けて、7月に入って、自主的にこの記述を削除せざるを得なくなった。その結果、日韓合邦運動に触れることは禁忌であり続けている。占領期でさえも書かれていたわけだから、この禁忌はそろそろ破られなければならないのではないだろうか。

韓国統治を悪政と偽る歴史教科書

日韓合邦運動とともに記さなければならないことは、日本による韓国統治が善政であった事実である。今日では周知の事実であるが、両班による常民や奴婢に対する搾取は著しいものがあり、李朝時代の朝鮮は悲惨を極めた。その朝鮮のために、日本は朝鮮総督府予算の15パーセントから20パーセントの補填を行い、朝鮮の開発予算に充当していた。日本による統治の結果、朝鮮は人口が倍増し、農業国から工業国に急速に転換していった。日本の朝鮮経営は、植民地から徹底して搾取した欧米の植民地経営とは全く異なるものであった。

ところが、自由社以外の全社は、日本の韓国統治を基本的に悪政として描いている。例えば、東書は単元本文で「学校では朝鮮の文化や歴史を教えることを厳しく制限し、日本史や日本語を教え、日本人に同化させる教育を行いました。植民地支配は1945（昭和20）年の日本の敗戦まで続きました」（180頁）と記すだけではなく、側注でも「土地制度の近代化を名目として日本が行った土地調査事業では、所有権が明確でないとして多くの朝鮮の農民が土地を失いました。こうした人々は、小作人になったり、日本や満州へ移住しなければならなくなったりしました」（同）と記している。

韓国統治を基本的に善政とするのは自由社のみ

これに対して、自由社は、韓国統治を基本的に善政として描いている。単元本文で「併合後におかれた朝鮮総督府は、植民地政策の一環として、朝鮮の鉄道・灌漑施設をつくるなどの開発を行い、土地調査を実施した。また、学校も開設し、日本語教育とともに、ハングル文字を導入した教育を行った」（198～199頁）とするだけでなく、「日本語と朝鮮語（ハングル）を併用する教科書」の写真キャプションでは、「李朝時代から使われていた文字ハングルを朝鮮固有のものとして普通教育に取り入れた。韓国併合時に約100校だった公立学校が、8年後には460校に増えた。公立学校では、日本語の教育が重視されたが、朝鮮語（ハングル）による教育も行われ、朝鮮総督府は教育の普及につとめた」（199頁）と記している。

以上のように韓国統治を基本的に良く描く自由社であるが、検定過程で、側注③として「これらの近代化によって、それまでの耕作地から追われた農民も少なくなく、また、その他にも朝鮮の伝統を無視したさまざまな同化政策を進めたので、朝鮮の人々は日本への反感をさらに強めた」と書かされている。要点は、東書と同じく、朝鮮農民が土地を追われたということと、同化政策ということの二点である。

この側注③は、元々は「西洋諸国の植民地統治は、統治する国から富を奪うことを目的とした。一方、日本の朝鮮統治は、自国から大量の資金を投下して近代化を進め、朝鮮が日本のよきパートナーになることを目的とした。36年間の朝鮮統治で、朝鮮半島の人口と耕作地はそれぞれ2倍に増えた」（199頁）というものだった。「36年間」というのはおかしな記述だが、その他は全て史実に即した記述である。しかし、このようなストレートな書き方は、日本の検定制度下では許されないのであろう。結局、東書と同様の記述を側注で入れさせられていることに注目しておきたい。

創氏改名について初めて正確に記した自由社

さて、教科書において悪政とされる韓国統治の中でも、日本の代表的な「悪行」という感の強い創氏改名に関する記述について検討してみよう。学び舎を除く7社は創氏改名について記しているが、自由社と東書等6社の二タイプに分けて捉えることができる。今回の検定において特筆されるべきは、自由社が教科書史上初めて正確に創氏改名について記述したことである。自由社は、小コラム「創氏改名とは何か」で、「日本の武士は『姓』と『氏』の両方を持っていたが、朝鮮人は、姓のみで氏を持たなかった。当時の朝鮮の姓は約２５０ほどだったが、日本式戸籍に合わせて朝鮮総督府は住民に『氏』を決めさせ、登録させた。これが『創氏』である。その際、日本風の氏を強制することはなかった。創氏とは別に、改名は、希望者が手数料をおさめて許可された。朝鮮人の約8割が日本風の名を名のった。創氏は義務、改名は自由意思であった」（243頁）と記した。

ここにあるように、創氏改名のポイントは、朝鮮総督府が氏をつくる創氏だけを命令したこと、日本式の氏を名乗るかどうかは自由であったこと、改名するかどうかは自由であったこと、以上3点である。

ところが、東書等6社は、3点のことを区別せず、「姓名の表し方を日本式に改めさせる創氏改名」（東書、221頁）、「日本式の姓名を名のらせる創氏改名」（育鵬社、238頁）、「日本式の氏名に変えさせる創氏改名」（帝国、227頁）といった書き方をしている。要するに、日本式の氏又は姓も日本式の名前も強制したとするのである。余りにも出鱈目な記述である。次回には、自由社のように正確に創氏改名について書いてもらいたいものである。

未だに朝鮮人徴用を強制連行とする清水、学び舎

創氏改名以上に「悪行」とされるのは朝鮮人徴用である。徴用令は当時の日本人全体に適用されたものだから、そもそも朝鮮人徴用だけを特筆して問題にすることはおかしなことである。その点を措くとしても、今回も、強制連行と位置づける教科書が清水と学び舎の二社も存在す

る。その中でも学び舎は、敗戦後の箇所で「炭鉱などに強制連行されてきたりした人たち」(253頁)とストレートに強制連行という用語を用いた上で、「戦争が長期化すると、日本政府は、敗戦までに約70万人の朝鮮人を国内の炭鉱などに送り込んだ。長時間の重労働で、食事も不十分だったため、病気になったり、逃亡したりする人も多かった」(239頁)と記す。

これに対して、自由社、育鵬社、教出、日文は強制連行とは到底読めない書き方をしている。これら4社と学び舎などとの中間的な立場が、「多数の朝鮮人や中国人が、意思に反して日本に連れてこられ、鉱山や工場などで劣悪な条件下で労働を強いられました」(227頁)とする東書である。傍線部の部分は厳密には強制連行と位置づけていない書き方であるが、強制連行とも読める書き方である。東書の採択率の高さも加味すれば、東書の書き方が平均的な教科書の立場と見なせよう。

復活した「従軍慰安婦」の記述――学び舎

朝鮮人徴用以上に日本の「悪行」として世界に対して日本の左翼が喧伝してきたのが、「従軍慰安婦」問題である。前回には「従軍慰安婦」の記述は消滅していたのだが、今回、学び舎の登場とともに、1社とはいえ復活した。学び舎は、【問い直される人権の侵害】という小コラムで次のように記している。
「1990年の韓国の金学順の証言をきっかけとして、日本政府は、戦時下の女性への暴力と人権侵害についての調査を行った。そして、1993年にお詫びと反省の気持ちを示す政府見解を発表した。このように、東アジアでも戦時下の人権侵害を問い直す動きがすすんだ。アメリカ・オランダなど各国の議会もこの問題を取り上げた。現在、世界各地の戦時下の暴力や人権侵害の責任が問い直されるようになっている」(281頁)。

これは、明記はされていないが、「従軍慰安婦」問題に関する記述である。そして学び舎は、欄外資料として「河野洋平官房長官談話」(一部要約)を掲載し、注意書きとして「*現在、日本政府は『慰安婦』問題について『軍や官憲によるいわゆる強制連行を直接示すような資料は発見されていない』との見解を表明している」(281頁)と記している。

河野談話に対する注意書きが付されたとはいえ、信憑性の低い金学順の証言が教科書に掲載されたことには、本当に驚かされた。教科書検定は大丈夫なのか。

21 人種差別撤廃の提案の否決

日本による人種差別撤廃の提案を記す帝国等3社

今回の大きな変化としては、帝国が、国際連盟規約に人種差別撤廃条項をもりこむことを日本が提案して否決された事実を記したことがある。帝国は、小コラム「人権　人種差別撤廃への道」で次のように記している。

「パリ講和会議のさいには、国際連盟の規約をつくる会議も行われました。その会議で日本は、人種差別撤廃を規約にもりこむことを提案しました。国際的な場で、人種差別撤廃が提案されたのは、これが初めてでした。このころ、日本人の移民先であったアメリカやオーストラリアでは日本人への差別が問題になっていました。この問題の解決策として人種差別撤廃が提案されましたが、植民地を多くもつイギリスやアメリカが強く反対し、否決されました。この提案は廃案となったものの、第二次世界大戦後に成立した国際連合憲章では第1章に盛り込まれました」（199頁）。

帝国には、自由社や育鵬社のように、11対5で賛成が多数であったにもかかわらず議長役のアメリカ大統領ウイルソンが反故にしたことも書いてほしいところではある。だが、平成13年に『新しい歴史教科書』が登場するまでは人種差別撤廃提案の事実が書かれたことはなかった。

■人種差別撤廃提案を記す帝国書院

人権　人種差別撤廃《てっぱい》への道

パリ講和会議のさいには，国際連盟《れんめい》の規約をつくる会議も行われました。その会議で日本は，人種差別撤廃を規約にもりこむことを提案しました。国際的な場で，人種差別撤廃が提案されたのは，これが初めてでした。このころ，日本人の移民先（→p.187）であったアメリカやオーストラリアでは日本人への差別が問題になっていました。この問題の解決策として，人種差別撤廃が提案されましたが，植民地を多くもつイギリスやアメリカが強く反対し，否決されました。この提案は廃案《はいあん》となったものの，第二次世界大戦後に成立した国際連合憲章《けんしょう》では第１章にもりこまれました。

⇐⑬新渡戸稲造《にとべいなぞう》（1862～1933）と妻のメアリ　新渡戸は，国際連盟《れんめい》事務局次長をつとめ，国際平和のために尽《つ》くしました。〈十和田市立新渡戸記念館蔵〉

『新しい歴史教科書』が初版以来書きつづけた結果、前回は育鵬社が、今回は帝国が書くようになった。今回、８社中３社もが人種差別撤廃条項提案の事実を記すようになったことを先ず評価しておきたい。

日本人移民排斥を帝国等４社が記す

日本が人種差別撤廃の提案を行い、それを米国が潰したということは、日米戦争の遠因として無視できない事実である。つまり、人種差別主義の米国対人種平等主義の日本という対立が、日米戦争の遠因として存在するのである。

そして日本がこれを提案したのは、帝国が触れているように、米国やオーストラリアで日本人移民が差別されていたからである。帝国は米国における日系移民の排斥にも触れているが、この点を記す教科書が自由社、育鵬社、清水、帝国の4社存在することにも注目しておきたい。かつては日本人移民の排斥を記す教科書はほとんど存在しなかったが、急に前回4社に増加し、今回も4社存在するのである。

更に言えば、日米戦争の遠因としては、満州権益をめぐる日米間の対立を挙げる論者も多い。この対立については帝国と東書が取り上げている。例えば帝国は、「日露戦争の影響」との小見出しの下、「日露戦争の結果、アメリカとイギリスも、韓国を日本の勢力下におくことを認めました。しかし『満州』については、アメリカも経済的な進出をねらっていたため、『門戸開放』(通商の自由)を強く求めました。日本は『満州』南部を自国の影響下におくため、ロシアと協力するようになり、アメリカとの良好な関係が崩れ始めました」(181頁)と記している。

このように、自虐5社の一つといわれた帝国が、満州問題、日系移民排斥問題、人種差別撤廃条項の問題の3点を全て取り上げるに至ったことに注目しておきたい。

22　満州事変

「侵略」表記が東書等3社に減少

ある意味、今回の最大の変化は、満州事変と支那事変について「侵略」と表記する教科書が少数派になったことである。「侵略」表記を行う教科書は、今回、8社中東書、清水、学び舎の3社に減少した。とはいえ、東書は第6章2節の見出しを「世界恐慌と日本の中国侵略」と記して、その中で満州事変と支那事変について記述しており、「侵略」という位置付けを大きく打ち出している。学び舎も、満州事変については【鉄道爆破から始まった―日本の中国侵略―】という単元見出しの中で記しており、支那事変については「日本の侵略・中国の抵抗」という小見出しの下で記している。東書と学び舎にとっては、「侵略」という位置付けは大きなものと言えよう。

これに対して、清水は満州事変の箇所では「侵略」という用語を使っておらず、支那事変の箇所で「満州国の実質的な支配をかためた日本はその後、華北を侵略しようとした」(232頁)と記している。そして、戦争終結の箇所で「中国にとっては満州事変・日中戦争と続いた日本の侵略をしりぞけたことを意味していた」(243頁)と記している。同じく「侵略」と位置づけてはいても、東書や学び舎のような大きな位置付けではないことが知られる。

リットン調査団報告書を偏って紹介する多数派教科書

しかし、満州事変に至る経過及び事変自体の記述を読むと、今回の教科書でも日本側が一方的に悪く描かれている。日本側と中国側といずれを悪く描いているかを見るときの最大のポイントは、リットン調査団報告書の書き方である。東書等5社は、報告書について中国側に有利な点のみを紹介している。例えば東書は、「国際連盟は、1933年に開かれた総会で、リットンを団長とする調査団の報告に基づき、満州国を認めず、日本軍の占領地からの撤兵を求める勧告を採択しました」(218頁)と記している。

確かにリットン調査団報告書は、第一に、満州国の独立に反対し、日本軍の撤兵を要求した。しかし第二に、満州における日本の特殊権益の正当性を確認し、中国側の排日運動を批判していた。そして第三に、国際軍が満州の当面の管理を行うべきことを提言した。第一の点は中国側、第二の点は日本側に有利な点であり、第三の点は何れに有利とも決められない点である。つまり、リットン調査団報告書はかなり中立的な内容だったのである。

ところが、日本の教科書というものは、日本に有利な史実を書きたがらない傾向を持っている。特に、対中対韓関係となると、その傾向が著しくなる。それゆえ、東書等多数派は、中国側に有利な第一の点だけをもっぱら記す。偏った記述である。

これに対して、第一の点と第二の点を共に記すのは、自由社、育鵬社、教出の3社だけである。ただし、教出は、日本の権益の正当性を確認したことは書いているが、排日運動への批判は書いていない。結局、教出も、中国側に偏った書き方をしているのである。

自由社と育鵬社は、教出と異なり、日本側に有利な第二の点を全て記している。更に自由社は、「調査団は、満州における日本の権益の正当性や、満州に在住する日本人の権益と安全がおびやかされていることを認めた。しかし他方、日本による満州国建国を認めず、満州の占領地からの日本軍撤兵と満州の国際管理を勧告した」（231頁）と記し、第一、第二の点とともに中立的な第三の点も紹介している。自由社と育鵬社の記述は、特に東書等5社と比べて公平なものと言えよう。

中国側の不法行為もソ連の脅威も記さない

更に言えば、日本が満州事変を起こす背景としては、中国側が日本人を襲撃するなどの数々の不法行為を働いていたこと、満州の北に位置するソ連からの脅威に備える必要があったこと、以上二点の事情があった。だが、2点のことを共に記すのは自由社のみである。育鵬社でさえも、中国側の排日運動には簡単に触れるがソ連の脅威の点を記していない。他の6社のうち教出以外の5社に至っては、2点とも全く記さないのである。

ただし、教出は、「1927（昭和2）年、国民政府軍が南京で外国の領事館などを襲撃すると、イギリスとアメリカは武力で報復をしましたが、政党内閣のもとで協調外交を進める日本は加わりませんでした」（215頁）と記している。傍線部は、1927年の南京事件のことを指している。同年3月24日、国民党の北伐軍は外国領事館や居留地を襲い、暴行や略奪破壊を行った。このとき日本領事館も襲われ多数の日本婦人が凌辱を受けている。南京事件という言葉を用いていないが、この本当にあった南京事件に、多少とも教出が触れているのである。この点に注目しておきたい。

23　支那事変（日中戦争）

武力衝突は日本側が仕掛けたとする東書等

支那事変（日中戦争）の名称から見ると、東書等6社は「日中戦争」と称するのに対して、自由社と育鵬社は「日中戦争（支那事変）」と表記する。原則として当時の名称を用いるべきだから、「支那事変（日中戦争）」と表記すべきものであろう。

それはともかく、支那事変の始まりは、１９３７（昭和12）年７月７日の盧溝橋事件ではなく、中国国民党軍３万が上海居留の日本軍４２００に襲いかかった同年８月の第二次上海事変である。そもそも戦争を欲したのは中国であり、日本ではない。支那事変を仕掛けたのは中国国民党であり、支那事変というのは中国による侵略戦争だったのである。

しかし、自由社と育鵬社以外の６社は、事変の開始時点を７月の盧溝橋事件に置き、上海事変について全く記さないか、記したとしても中国軍が襲いかかった事実を隠してしまう。そして、前項で述べたように支那事変を「侵略」とする教科書が減少してきたとはいえ、日本が事変を仕掛けたとする。例えば東書は、「満州を支配下に置いた日本は、さらに中国北部に侵入しました」（220頁）とした上で、「１９３７年７月、北京郊外の盧溝橋付近で起こった日中両国軍の武力衝突（盧溝橋事件）をきっかけに、日中戦争が始まりました」（同）と記している。

明らかに「日中戦争」は日本側が始めたものとされていることに注目されたい。また、「盧溝橋をわたる日本軍」という写真のキャプションでは、「盧溝橋事件後、現地では両国軍の間に停戦協定が結ばれましたが、日本が中国北部への兵力増強を決定し、全面戦争へと発展していきました」（220頁）と記している。東書は、更に明確に、「日中戦争」は日本側が始めたものとして描いているのである。

自由社においても隠される上海事変の真実

これに対して、支那事変を日本側が仕掛けたものとしないのは、自由社と育鵬社の2社だけである。しかし、この2社にしても、中国側が事変を仕掛けたとはしていない。2社は、いずれも、8月の日本人将校殺害事件と上海事変を重く見ているが、育鵬社は上海事変という用語さえも用いない。上海事変と記す自由社にしても、検定申請本では中国軍が日本軍に襲いかかった事実を記していたが、検定過程でこの記述を削除されてしまう。その結果、自由社の記述は次のようなものに変質してしまった。

「こうして日中間の緊張が高まるなか、8月には、外国の権益が集中し各国の租界がある上海で、2人の日本の軍人が惨殺される事件が起こった。8月13日、中国軍の大軍と、日本人居住区を守っていた日本軍との間で、戦闘が始まった(上海事変)。日本は陸軍の増援部隊を派遣したが、中国軍の精鋭部隊に苦戦を強いられ、11月までに4万人の死傷者を出した」(233頁)。

これでは、事変を何れが仕掛けたか、全く分からない。自由社さえも、中国側の不当な武力行使、侵略行為を隠してしまっていることに注目されたい。ただし自由社は、上海事変で戦った中国軍について、側注⑤で「中国軍は、ドイツの軍事指導と武器援助を受け強力な軍隊に変貌していたが、日本はそのことを軽視していた。中国は見返りに、希少金属のタングステンをあたえて、ヒトラーの軍備拡張を支えた」（233頁）と記している。中国国民党とナチスドイツとの関係の深さを示唆していて、興味深い記述となっている。この点は評価できよう。

24 「南京事件」

第一章で述べたように、『新しい歴史教科書』が登場して以来、「南京大虐殺」とする教科書は減少し続け、ついに平成24～27年度版では7社中3社と少数派になった。そして、今回の28～31年度版では、「南京大虐殺」が東書と清水の2社グループ、「南京事件」が育鵬社、日文、教出、帝国、学び舎の5社グループ（学び舎はかなりひどく、或る意味「南京大虐殺」とする教科書よりもひどい）、「南京事件」の記述をそもそも行わないのが自由社1社という構図となった。3グループの記述を全て掲げよう。

一 「南京大虐殺」とするグループ

○清水

南京占領の際には、兵士のほか、捕虜や武器を捨てた兵士、老人・女性・子どもを含む非戦闘員も無差別に虐殺され（233頁）

側注②

南京大虐殺とよばれる事件。諸外国はこの南京大虐殺を強く非難したが、軍の統制を受けた報道によって当時の日本人はこの事実を知らなかった。（232頁）

○東書

日本軍は、1937年末に首都の南京を占領し、その過程で、女性や子どもなど一般の人々や捕虜をふくむ多数の中国人を殺害しました（南京事件）。（220頁）

側注①

この事件は、「南京大虐殺」とも呼ばれます。被害者の数については、さまざまな調査や研究が行われていますが、いまだに確定していません。（220頁）

二「南京事件」とするグループ

○育鵬社

側注④

このとき、日本軍によって、中国の軍民に多数の死傷者が出た（南京事件）。この事件の犠牲者数などの実態については、さまざまな見解があり、今日でも論争が続いている。（229頁）

○日文

12月に占領した首都南京では、捕虜のほか、女性や子どもを含む多数の住民を殺害しました（南京事件）。（228頁）

側注③

当時、この事件は日本国民には知らされませんでした。戦後、極東国際軍事裁判に当時の調査資料が提出され、その後の研究で、部隊や将兵の日記にもさまざまな殺害の事例が記されていることがわかりました。ただし、全体像をどうとらえればよいのかなど、さらに研究が必要な部分もあります。（228頁）

○教出

12月に占領した首都の南京では、捕虜や住民を巻き込んで多数の死傷者を出しました。（219頁）

側注①

このできごと（南京事件）は、戦後の極東国際軍事裁判（東京裁判）で明らかにされました。犠牲者の数などについては、さまざまな説があります。（219頁）

○帝国
南京では、兵士だけでなく多くの民間人が殺害されました（南京事件）。（220頁）
側注①
この事件は、諸外国から非難されましたが、戦争が終わるまで、日本国民に知らされませんでした。死者数をふくめた全体像については、調査や研究が続いています。（220頁）
○学び舎
日本軍は12月、南京を占領しました。このとき、国際法に反して大量の捕虜を殺害し、老人・女性・子供をふくむ多数の市民を暴行・殺害しました（南京事件）。

小コラム「南京市に住んでいた夏淑琴（当時8歳）の話」

昼近くに銃剣を持った日本兵が家に侵入してきました。逃げようとした父は撃たれ、母と乳呑み児だった妹も殺されました。祖父と祖母はピストルで、15歳と13歳だった姉は暴行されて殺されました。私と4歳の妹は、こわくて泣き叫びました。銃剣で3カ所刺されて、私は気を失いました。気がついたとき、妹は母を呼びながら泣いていました。家族が殺されてしまった家で、何日間も妹と二人で過ごしました。（235頁）

三「南京事件」の記述をそもそもしないグループ

○自由社

次回検定では、1970年代に戻って、「南京事件」をそもそも書かない教科書が多数派となることを期待する。

25 大東亜戦争

「侵略」表記の減少と多様化する戦争名称

大東亜戦争についての大きな変化は、何といっても、平成24〜27年度版からのことではあるが、「侵略」と位置づける教科書が東書1社に減少したことである。『新しい歴史教科書』が登場する前の平成9〜13年度版では7社全てが「侵略」としていたことに鑑みれば、注目すべき変化と言わねばならない。

更に注目される変化は、戦争名称の表し方である。表し方には「大東亜戦争（太平洋戦争）」とする自由社、「太平洋戦争（大東亜戦争）」とする育鵬社、「太平洋戦争」とする東書、日文、教出、帝国の4社、「アジア太平洋戦争」とする清水と学び舎の2社、といった4グループが存在する。かつては全社が「太平洋戦争」で統一されていたことを考えれば、大きな変化と言える。

また、正式の「大東亜戦争」という名称を正面から採用するのは自由社1社のみ、又は育鵬社と併せた2社のみとも言えるが、全社が一応「大東亜戦争」という名称を紹介したことにも注目しておきたい。例えば東書は、【太平洋戦争の開始】という単元の側注①「太平洋戦争」で「当時の日本政府は、『大東亜共栄圏』を建設するという目的から、『大東亜戦争』と呼びました。また、太平洋だけでなく中国や東南アジアでも戦争が行われたことから、最近では「アジア・太平洋戦争」とも呼ばれます」(224頁)と記している。

東南アジア諸国の日本軍への期待を記すようになった

このように「侵略」表記が大減少し、「大東亜戦争」という名称が広がりを示し出したにもかかわらず、自由社と育鵬社を除く教科書の多くは、日本側に開戦責任があるという立場から記している。例えば東書は次のように記している。

「日本が侵略的な行動を取る中で、日米関係は悪化していきました。……フランス領インドシナの南部を占領した日本に対して、アメリカは石油などの輸出禁止にふみ切り、イギリスやオランダも同調しました。戦争に不可欠な石油を断たれた日本では、このように日本を経済的に封鎖する『ＡＢＣＤ包囲陣』を打ち破るには早期に開戦するしかないという主張が高まりました。

日米交渉の席でアメリカが、中国とフランス領インドシナからの全面撤兵などを要求すると、近衛内閣の次に成立した東条英機内閣と軍部は、アメリカとの戦争を最終的に決定しました」（224～225頁）。

このように日本に開戦原因を求める教科書は、当然ながら東南アジアにおける日本軍の「悪行」を多数記している。それればかりか、検定で書かされるからであろうが、自由社や育鵬社も同じく「悪行」を多数記している。

とはいえ、大東亜戦争における日本軍に対する評価は、かなり良くなってきている。自由社は、「日本の緒戦の勝利は、白人の植民地支配に苦しんできた東南アジアやインドの人々に、独立への夢と希望をあたえた」（240頁）と記す。「独立への夢と希望をあたえた」とまで書かなくても、東書、学び舎、日文を除く他の5社は、日本軍に対する期待が高まったなどの記述を行っている。例えば教出は、「長い間、欧米諸国の植民地とされてきたアジアの人々は、当初、日本軍に植民地解放を期待しました」(225頁)と記している。

これら5社のように正面から日本軍への期待が存在したことを記してはいないが、東書と日文の記述も、裏読み的に読めば、日本軍に東南アジア諸国が期待したことが読み取れるものになっている。例えば東書は、「東南アジアにおいても、日本軍は、労働を強制したり、物資を取り上げたりしました。また、日本語教育などをおし付けました。そのため、現地の住民の日本に対する期待はじょじょに失われ、各地で抵抗運動が発生しました」(227頁)としている。ただし、学び舎の記述は、日本軍への期待など、読み取りようもないものになっている。やはり、学び舎は、自虐教科書の中でも並外れた自虐教科書だと言えよう。

26 沖縄戦

「軍に追いこまれて集団自決」が多数派となる

明らかに、この2回ほどで、沖縄戦記述は悪化した。今回検定合格した8社のうち、自由社と育鵬社以外の6社は、全て沖縄戦集団自決の責任を軍に求めている。端的に言えば、軍命令による集団自決とは書かないが、《軍に追いこまれて集団自決した》と記している。例えば、最も採択率の高い東書は、平成24〜27年度版と同じく、「民間人を巻き込む激しい戦闘によって、沖縄県民の犠牲者は、当時の沖縄県の人口のおよそ4分の1に当たる12万人以上になりました。その中には、日本軍によって集団自決に追いこまれた住民もいました」(229頁)としている。

平成18〜23年度版と比較すると、東書の記述の改悪ぶりは歴然としている。平成18〜23年度版の東書は、単元本文で「1945年3月、アメリカ軍は沖縄に上陸し、激しい戦闘が行われました。沖縄の人々は、子どもや学生をふくめて、多くの犠牲者を出しました」(195頁)と記したうえで、側注欄に「火炎放射器で攻撃するアメリカ軍(沖縄県)」という写真を掲げ、「この戦争での沖縄県民の犠牲者は、県出身の兵士もふくめると、当時の沖縄県の人口のおよそ4分の1に当たる、12万人以上と推定されています」(195頁)とするキャプションを付けていた。

このような形で本文が書かれ、写真が掲載されれば、沖縄の被害は米軍によるものだというふうに生徒は受け取るだろう。今一度、先に引用した東書の平成28〜31年度版を読まれたい。今回の平成28〜31年度版では、一変して、被害を与えたのは米軍ではなく日本軍であるというメッセージが送られているのである。

日本軍を極悪非道の存在として描く帝国・学び舎

しかし、東書は、沖縄戦については穏健な教科書である。帝国や学び舎は、沖縄戦に関して日本軍をそれこそ《悪》として描きだしている。例えば、帝国は、大コラム【戦場となった沖縄～悪化する戦局と住民の命～】で、「3、なぜ多くの犠牲者が出たのだろう?」という小見出しの下、次のように記している。

「アメリカ軍は、沖縄中部一帯を占領し、軍事基地化しました。一方、約10万人の日本軍は4月8日、首里の北側でアメリカ軍を待ち受け、戦いが始まりました。激しい戦いの末、5月には日本軍は戦闘能力を失い、住民が避難していた沖縄島南部に退きました。その結果、多くの住民が日本軍によって、食料をうばわれたり、砲弾のふり注ぐなか、安全な壕を追い出されて犠牲になったりしました。

6月後半、日本軍司令官は自害し、日本軍の組織的な抵抗は終わりましたが、「最後の一兵まで戦え」という命令は残っていたため住民と兵士の犠牲は増え続けました。人々が集団死に追いこまれたり、禁止されていた琉球方言を使用した住民が日本兵に殺害されたりすることもありました。また、八重山列島などではマラリア発生地にも移住させられたため、多くの病死

者が出ました」（231頁）

ここでは、日本軍は、集団自決に住民を追いこんだだけではなく、食料を奪ったり、「安全な」壕から追い出したり、方言使用の住民を殺害したり、マラリア発生地に移住させたりする極悪非道な存在として描かれている。学び舎は更にひどい記述を行っている。

しかし、沖縄戦集団自決をめぐる教科書記述の歴史を振り返ってみるならば、30数年前までは、集団自決どころか、沖縄戦における日本軍の「悪行」を記す教科書など存在しなかった。ところが、教科書誤報事件以降、「悪行」を記す教科書が増加していき、平成9～13年度版では、7社全てが集団自決にふれ、そのうち6社が軍の強制によって集団自決が起きたとするようになる。

ところが、『新しい歴史教科書』の登場で、教科書記述は改善し、平成18～23年度版では、そもそも日本軍の「悪行」を記さない教科書が半分となる。しかも、集団自決に触れる教科書は5社だけとなり、集団自決の責任を軍に求める教科書は日本書籍新社等3社に激減してくる。3社のうち、軍が集団自決を強制したとする教科書は、日本書籍新社等2社だけとなっていたのである。

この教科書改善の動きを逆転させたのが、平成18年度高校教科書検定に反対して開催された平成19（2007）年9月29日の沖縄県民大会に11万人が参加したというニュースである。このニュースに脅えた文科省が検定をやり直し、「強制集団死」という記述さえも認めることになった。そして、集団自決の責任は軍にあるという記述が増加することになったのである。しかし、11万人が参加したというのは嘘であった。本当は1万5千人から2万人程度であったと言う。日本は、常に、誤報によって被害を受け続けているのである。

第六節　戦後編……安全保障の観点がない

教科書の記述の中で一番歪曲されているのは、明らかに戦後史である。戦後の出発点であるポツダム宣言についてからして、これが無条件降伏を要求した文書であると嘘をつく教科書が半数にも上る（テーマ27）。ポツダム宣言受諾を基に作られたと言われる「日本国憲法」についても、教科書は、その成立過程の真実を語らないし、その違法性も指摘しない。東京裁判についても、歴史教科書はまともに取り上げず、その違法性を指摘しようとしない（テーマ28）。教科書を読んでも、「日本国憲法」とは何か、東京裁判とは何か、その本質的な意義が一向に分からないのである。

しかし、「日本国憲法」と東京裁判とは、戦後日本を政治的・思想的に根底的に規定したものである。この二つは、共に、WGIPの中心的な一角を担うものであり、日本を弱体化する目的を持ったものである。この二つについて教科書がきちんと語らなければ、生徒の方も戦後史が理解できるわけがないであろう。

この「日本国憲法」の存在と関連するのであろうが、戦後史の記述には、他の時代を語る時以上に、安全保障の観点が存在しない。戦後日本の大きな転換点となった一九六〇年安保改定に関する記述を読んでも、湾岸戦争に関する記述を読んでも、日本の安全保障に関する問題意識はほとんど存在しない（テーマ29、30）。実質的に米国の保護国であるとされる日本には、対外防衛の観点、安全保障の観点など不要なのであろうか。

27　敗戦——ポツダム宣言、アジアの独立

未だにポツダム宣言を無条件降伏とする教科書

戦後日本の出発点は、昭和20（1945）年8月のポツダム宣言の受諾である。ポツダム宣

言は、国家の無条件降伏を規定したものではなく、軍隊の無条件降伏をも一つの条件として規定した有条件降伏の文書である。

しかし、正確に有条件降伏の文書と位置づけるのは、自由社、育鵬社、東書、教出の4社にすぎない。例えば育鵬社は「日本の降伏条件を示したポツダム宣言を、アメリカ・イギリス・中国の名で発表しました」（240頁）と、東書は「連合国はポツダム宣言を発表し、日本に対して軍隊の無条件降伏や民主主義の復活、強化などを求めました」（229頁）と記す。今回、採択率一位の東書が無条件降伏説から有条件降伏説に転換したことが注目される。もっとも、日文は、逆に有条件降伏説から無条件降伏説に転換している。

これに対して、占領解除から60年以上経過しても、8社のうち日文、清水、帝国、学び舎の4社、即ち半数の教科書がポツダム宣言を無条件降伏の文書と位置づけている。例えば清水は、「1945年7月、アメリカ・イギリス・中国は、日本に無条件降伏をよびかけるポツダム宣言を発表した」（243頁）と、帝国は「7月のドイツのポツダムでの会議では、アメリカ・イギリス・中国の名前で日本の無条件降伏をうながす共同宣言を出しました（ポツダム宣言）」（229頁）と記す。

日本が敗れてアジアは解放されたと記す帝国と清水

そして帝国は、「この戦争は満州事変から数えると、15年間の長い戦争でした。日本の植民地とされた朝鮮や台湾、日本軍に占領されていた中国や東南アジアの人々は、解放を喜びました」（233頁）と記している。何と、朝鮮、台湾、中国どころか、東南アジアまでも日本が敗れて解放されたとするのである。同様に、清水も日本の敗戦によってアジアは解放されたとする立場を示している。

これに対して、植民地支配からのアジアの解放における日本の貢献を記すのは、自由社と育鵬社のみである。特に自由社は、大コラム【外の目から見た日本　大東亜戦争とアジアの独立】を設けて、「アジアの解放をかかげた日本は敗れたがアジアは植民地から解放され、独立を達成した」とのリード文を掲げ、「アジアをおおう独立の波」の小見出しの下、次のように記している。

「日本が連合国に降伏すると、欧米諸国は、日本の占領下にあったビルマ（ミャンマー）、マレー（マレーシア）、インドネシアに、再び支配しようともどってきました。

しかし、日本軍によって指導を受けていた人をはじめ、これらの諸国の人々は勇敢に戦い、再度の支配をはねのけました。インドネシアは、日本の占領中は独立を認められませんでした。戦後、多くの日本の兵士が現地に残りインドネシアの人たちとともに独立のために戦いました。日本軍はベトナム、カンボジア、ラオスからなる仏領インドシナにもフランス政府の了解を得て、進駐していました。この地域でも、日本が降伏後、多くの日本兵が現地に残り、これらの国の人々といっしょに独立戦争を戦いました」(246～247頁)。

自由社の記していることは全て歴史的事実である。だが、敗戦後に日本兵がインドネシアやインドシナで植民地解放のために戦ったことを記すのは、他には育鵬社が側注で「インドネシアやベトナムの独立戦争では、太平洋戦争(大東亜戦争)終結後も現地に残った旧日本軍将兵の中に、独立のために戦った者も少なくなかった」(259頁)と簡単に記した例だけである。自由社は、更に同じ大コラムで「世界が見た大東亜戦争」の小見出しの下、次のように記している。

「タイのククリット・プラモード元首相は『12月8日』と題して、次のように大東亜戦争を回想しています。『日本のおかげでアジア諸国はすべて独立した。日本というお母さんは難産をして母体をそこなったが、生まれた子供はすくすく育っている。12月8日はお母さんが、一身を賭して重大決心をされた日である。さらに8月15日は、我々の大切なお母さんが病に伏した日である。この2つの日を忘れてはならない。』」(247頁)。

東書等6社も、自由社ほど詳しくなくても、アジアの解放における日本の貢献について、育鵬社程度には記すべきではないだろうか。それが、日本の教科書というものではないだろうか。いや、それ以前に、日文、清水、帝国、学び舎の4社は、ポツダム宣言が無条件降伏を規定したなどという嘘をつくことをやめるべきであろう。

28 東京裁判VS原爆投下、シベリア抑留

「日ソ中立条約を破って」と書かない教出等の3社

昭和20（1945）年7月26日、ポツダム宣言が出された。8月6日と9日には米国が広島と長崎にそれぞれ原爆を投下し、その間の8日にはソ連が日本に対して宣戦布告し、9日未明には満州に侵攻してきた。そして8月14日、日本はポツダム宣言を受諾し、戦闘は終結した。戦闘終結後、ソ連は60万人とも70万人とも言われる日本人捕虜をシベリアに抑留し、強制労働に従事させた。

この過程で行われた米国による原爆投下、ソ連軍の侵攻、シベリア抑留は完全に国際法違反の行為である。しかし、原爆投下を国際法違反とするのは、後で見るように自由社と育鵬社の

2社だけである。

ソ連軍の侵攻についても、これを合法的なものに見せる記述を行う教科書が3社も存在する。東書や自由社等の多数派は「日ソ中立条約を破って」参戦したといった書き方を行い、ソ連参戦の違法性を示している。だが、教出、清水、学び舎の3社は「日ソ中立条約を破棄して」としか記さない。「破って」という表現は違法性を示すものだが、「破棄して」という表現は違法性を示すものではない。ただし、育鵬社は「日ソ中立条約を一方的に破棄して」と記しているが、「一方的に」という言葉を付加することによって、ソ連参戦の違法性又は不当性を表現している。

日本人のシベリア抑留を「強制労働」と表現——東書等5社

最後のシベリア抑留についてであるが、かつては、このことが教科書に書かれることはなかった。だが、前回初めて7社全てが記し、その7社は全て今回も記した。しかも、自由社、東書、日文、教出、清水の5社は日本兵のシベリアでの労働を「強制労働」と表現している。例えば日文は、「『満州』にいた約60万人の成人男子が、日ソ中立条約を破ったソ連の侵攻にともないソ連軍に捕えられ、何年ものあいだ、シベリアで強制労働に従事させられました」(253頁)としている。育鵬社と帝国にも「強制労働」の言葉を用いてもらいたいものである。いや、それ以前に、シベリア抑留について全く書こうともしない学び舎は、日本の教科書であろうか。

シベリア抑留や原爆投下等を戦争犯罪と明記した自由社

5社のうち自由社は、単に「強制労働」と表現するだけではない。シベリア抑留が国際法に違反した戦争犯罪であると明記する。【もっと知りたい　戦時国際法と戦争犯罪】という大コラムの中で、「シベリア抑留」との小見出しを置き、次のように記している。

「8月9日、ソ連は日本との中立条約を破って、満州・樺太に侵攻し、日本の民間人に対して略奪、暴行、殺害をくり返しました。ソ連は日本の降伏後も侵攻をやめず、日本固有の北方領土の占領を終えたときには、すでに9月になっていました。さらに、捕虜は即座に帰国させるとしたポツダム宣言の規定に違反して、捕虜を含む60万人以上の日本人をシベリアなど各地に連行し、満足な食事もあたえないまま過酷な強制労働に従事させせました。そのためにわかっているだけで6万人以上の日本人が死亡しました。

これら戦争の勝者である連合国側の戦争犯罪は、一切、裁かれることはありませんでした」(248頁)。

このように、自由社は、ソ連による民間人に対する暴行・殺害等やシベリア抑留が戦争犯罪であることを明記している。とともに、同じ大コラムの中に「20世紀最大の戦争犯罪」との小見出しを置き、米国による原爆投下や東京大空襲などが戦争犯罪であることも明記している。

「沖縄戦でも、本土の大都市への無差別爆撃でも、非武装の民間人が標的にされて大量に殺害されました。1945(昭和20)年3月10日の東京大空襲の攻撃命令を受けたB29のパイロットは、『それは戦時国際法違反ではないのか』と司令官に問いただしたといわれています。東京大空襲では、一夜にして10万人が焼け死にました。原爆投下による死者は、広島で約20万人以上、長崎では約7万人以上で、その犠牲者は一般市民でした。原爆投下は、その被害の規模においても、20世紀最大の戦争犯罪といえるでしょう」(248頁)。

同様に育鵬社も、ソ連による暴行・殺害等やシベリア抑留、米国による原爆投下や東京大空襲などが戦争犯罪であることを明記している。他の6社にも、同様のことが望まれる。

東京裁判が国際法違反であることを記さない多数派教科書

では、何ゆえに、シベリア抑留や原爆投下が国際法に違反した戦争犯罪であることを教科書の多数派は記さないのであろうか。それは、生徒をして、特に戦時国際法というものについて無知なままにしておきたいからである。もしも戦時国際法の教養を身に付けたならば、中学生は、東京裁判の違法性に気付くことになろう。またハーグ陸戦法規に違反して作られた「日本国憲法」の違法性に気付くことになろう。そうなれば、戦後レジームは崩壊していくこととなる。戦後レジームを墨守したい教科書執筆者にとっては、戦時国際法についてそもそも教えないでおき、中学生が東京裁判と「日本国憲法」の違法性に気付かないようにする必要があるのである。

したがって、全社が一応東京裁判に触れているが、自由社と育鵬社を除く全6社は、裁判の問題性を全く指摘しようとしない。例えば清水は、「戦争を指導した責任者たちは戦争犯罪人として極東国際軍事裁判にかけられた」（249頁）と記す。また教出も、単元本文で「戦争の責任者を極東国際軍事裁判にかけて処罰しました」（236頁）と記し、「極東国際軍事裁判（東京裁判）」の写真キャプションで「1948年の判決で、日本の政治家や軍人が、『平和に対する罪』などにより、戦争犯罪人として裁かれました」（236頁）と記すだけである。清水等6社は、決して裁判の問題点を指摘することはないのである。

東京裁判の違法性の指摘――自由社と育鵬社

これに対して、自由社は、【占領下の検閲と東京裁判】という大コラムの中で、「占領期間中に憲法を変えることは戦時国際法で禁止されています」（254頁）と「日本国憲法」の違法性を指摘するとともに、占領軍による検閲とＷＧＩＰ（ウォー・ギルト・インフォメーション・プログラム）について、「戦争についての罪悪感を植え付ける」との小見出しの下、記している。

「検閲は戦前、戦中にも行われていましたが、占領軍は、占領直後から、新聞、雑誌、ラジオ、映画のすべてにわたって、言論に対する厳しい検閲を行いました。空襲や原爆について報道することも、連合国を批判したり、日本の立場を擁護することも禁止されました。占領下の学校では、教科書の軍事や天皇にかかわる記述には墨がぬられました。

さらに、ＧＨＱは、『戦争についての罪悪感を日本人の心に植えつけるための情報宣伝計画』（ウォー・ギルト・インフォメーション・プログラム）を、軍事作戦として実施します。日本人が、『自分たちには、悪い侵略戦争した罪がある』と考えるように仕向けるためでした」（254頁）。

自由社が述べている検閲については、他に育鵬社と学び舎だけが触れており、他の５社は全く隠してしまう。またＷＧＩＰについては、他の７社は全て隠している。ともあれ、自由社は、ＷＧＩＰを記した後、その計画の中心である東京裁判が国際法に違反するという意見も紹介している。

「東京裁判は、①勝った側が負けた側を裁いた、②裁判官も検察官も大多数が勝った側から出た、③勝った側の戦争犯罪は裁かれなかった、という指摘があります。また、平和に対する罪などは戦後に出てきた考えで、事後法によって裁いてはいけないという近代法の原則にも反するという指摘もあります。

インドを代表して参加したパル判事は、この裁判は国際法上の根拠を欠いているとして、全員の無罪を主張しました。しかしＧＨＱはこの意見書を公開しませんでした」(255頁)。

事後法の件、パル判事の意見等は育鵬社も記述しているが、前述のように東書等６社は東京裁判について批判的なことを全く記さない。６社は、日本人の目ではなく、占領軍の目で物事を見ているのである。

29　一九六〇年安保改定

昭和26(１９５１)年９月に調印された旧日米安全保障条約は、多くの問題点をもっていた。その中でも大きな問題は二つ存在した。最大の問題は、米軍駐留の権利を認めておきながら、米国の日本防衛義務を規定してはいない、日本側に不利な一種の不平等条約であったことである。これでは、勝手に米国が日本を見捨ててソ連に売り渡すことも法的に可能となる。旧日米安全保障条約は、その前文に規定しているように、集団的自衛権の行使として締結されたものであるにもかかわらず、法的には、日本の自衛には役立たない代物だったのである。

第二の問題は、駐留米軍の使用目的を規定した第1条が、極東の平和と安全維持、外国の侵略防止だけではなく、外国からの教唆又は干渉による内乱などの鎮圧を規定していたことである。例えば、ソ連の教唆によって日本共産党が内乱などを起こせば、日本政府の要請に基づいてではあるが、米軍が出動して鎮圧できることになっていたのである。しかし、独立国ならば、外国に内乱を鎮圧してもらうことなど、あり得ないことである。

そこで、岸信介首相は、二つの問題点などを解消して米国との関係を対等化して安全保障を強化することを目指して、安保条約を改定した。これに対して、社会党や共産党、全学連等を中心とした安保改定反対運動が高まり、一九六〇年安保闘争に発展していく。

それゆえ、ここで確認しておかなければならないのは、安保改定は明らかに日本の防衛に役だつことであったし、安保改定反対運動とはソ連による間接侵略に手を貸す運動だったことである。

安保改定反対派の立場から記す多数派教科書

しかし、自由社と育鵬社以外の6社は、安保改定反対派の立場に立って記述している。例えば帝国は、「55年体制と安保闘争」の小見出しの下、「二つの政党は、1960年の日米安全保障条約改定をめぐって激しく対立しました。自民党の岸信介内閣は条約に調印し、衆議院で批准を強行採決しました。この条約によりアメリカの戦争に日本がまきこまれる危険があると批判する人々は、5～6月、国会の周辺で大きな反対運動を行いました（安保闘争）。しかし条約は成立し、内閣は退陣しました。条約が結ばれたことによって、日本とアメリカとの政治的・経済的関係はいっそう強くなっていきました」（245頁）と記している。

このように帝国は、新安保条約が対米関係の対等化を目指して、米国の日本防衛義務を規定し安全保障を強化したことを無視している。いや、それ以前に、改定内容に全く触れもしない。もっぱら、反対運動に力点をおいて記すのである。

自由社等5社が対等化の視点を示す

ただし、自由社、育鵬社、東書、日文、清水の5社は全て、対米関係の対等化の視点を示している。安保改定反対派の立場に立って記述している東書、清水、日文にしても、反対派の立場に立たない自由社と育鵬社にしても、そうである。例えば、東書は「岸信介内閣は、アメリカとの関係をより対等にし、強化することを目指して、新しい日米安保条約を結びました」（249頁）と、清水は「新条約では、日本の独立性が尊重され」（257頁）というふうに記している。

しかし、自由社以外の4社には、対等化の視点はあっても、安保改定が侵略から日本を守るための安全保障をめぐる問題だという認識が全く感じられない。これに対して自由社は、安保改定によって「日本の安全保障は強化された」（259頁）としたうえで、安保反対運動について「日本共産党、社会党など社会主義勢力は、アメリカの戦争にまきこまれると主張し、労働組合、学生団体など広く国民各層もまきこんだ反対運動がおこった」（同）と記述している。まさしく、安保改定は、ソ連を初めとする社会主義陣営による侵略から日本を守る安全保障を強化するために行われたのである。今後、他社の教科書も、安全保障の観点から安保改定・安保闘争について記すようになるべきだと思われる。

30　湾岸戦争

湾岸戦争を取り上げる教科書の増加

１９９０（平成2）年、イラクがクウェートに侵攻した。１９９１年、米国を中心とする多国籍軍が国連決議に基づき結成され、イラクを攻撃してクウェートから撤退させた。これが湾岸戦争である。このとき日本は、「日本国憲法」第9条の平和主義に基づき、軍事行動には参加せず、130億ドルという巨額のお金を多国籍軍のために提供し、その勝利に貢献した。だが、国際社会からは全く評価されなかったため、平成4年、日本はPKO（国際連合平和維持活動）協力法を成立させ、海外に自衛隊を派遣するようになった。そして、この頃から、読売新聞が憲法改正の提言を行うようになり、憲法改正を唱えれば軍国主義者扱いされるような雰囲気がじょじょに変化していく。

このように湾岸戦争は、憲法問題、安全保障問題と密接な関連を持つ重要な事件であった。だが、平成9～13年度版では既に日書と清水の2社が取り上げていたにもかかわらず、一向に、湾岸戦争を取り上げる教科書は増えず、平成18～23年度版の時点でも扶桑社と教出の2社が取り上げるだけであった。そして、24～27年度版では日文と帝国を除く5社が、今回は日文以外の7社が取り上げるようになった。まず、この点に注目しておきたい。

湾岸戦争と「日本国憲法」第9条問題を切り離す多数派教科書

しかし、取り上げるようになったとはいえ、東書、教出、学び舎の3社は簡略な記述を行うだけであり、ＰＫＯ協力法のことにも「日本国憲法」のことにも触れはしない。例えば東書は、「イラクがクウェートに侵攻して、１９９１年に湾岸戦争が勃発し」（259頁）と記すだけである。

これに対して清水と帝国は、憲法問題には触れないが、ＰＫＯ協力法にはふれている。例えば清水は、「湾岸戦争でのアメリカからの要請をきっかけに、日本政府は１９９２年に国連平和維持活動等協力法（ＰＫＯ法）を成立させると、自衛隊を海外に派遣して、国際平和の維持を目的とする国連軍の活動などの支援をおこなうようになった」（270頁）としている。

最後に、自由社と育鵬社は、ＰＫＯ協力法のことには触れていないが、湾岸戦争を憲法問題と関連づけて記している。例えば自由社は、「１９９０年８月、イラク軍が突然クウェートに侵攻し、翌年１月、アメリカを中心とする多国籍軍がイラク軍と戦って、クウェートから撤退させた（湾岸戦争）。この戦争では、日本は憲法を理由にして軍事行動には参加せず、巨額の財政援助によって大きな貢献をしたが、国際社会はそれを評価しなかった。このため国内では日本の国際貢献のあり方について、深刻な議論がおきた」（271頁）と記す。

自由社の記述は、より重要な憲法問題に触れている点では清水より評価できるが、清水のようにＰＫＯ協力法にも触れてもらいたいところである。

第三章
各社歴史教科書の総合評価

第一節　二位グループの歴史教科書

第一章と第二章で、各社歴史教科書を30のテーマについて論じてきた。その前に、筆者は、以下の50項目について各社の記述を比較検討した。

Ⅰ　原始・古代編

1　（1）縄文時代……（4）と併せて一テーマ

（2）国家起源論

（3）黄河文明……（4）と併せて一テーマ

2　（4）稲作開始……（1）（3）（5）と併せて一テーマ

（5）帰化人（渡来人）……（4）と併せて一テーマ

3　（6）聖徳太子の対等外交

（7）律令国家形成……テーマとして設定していない

4　（8）華夷秩序体制

5　(9)天皇論……(11)と併せて一テーマ
(10)蝦夷……テーマとして設定していない

Ⅱ　中世編

(11)鎌倉幕府と天皇……(9)と併せて一テーマ
6　(12)元寇……(18)と併せて一テーマ
7　(13)倭寇
8　(14)中世の村自治……(15)と併せて一テーマ
(15)国一揆……(14)と併せて一テーマ

Ⅲ　近世編

9　(16)信長、秀吉、家康と天皇……(17)と併せて一テーマ
(17)キリシタン追放……(16)と併せて一テーマ
(18)文禄・慶長の役……(12)と併せて一テーマ
10　(19)近世までのアイヌ

11 (20) 近世までの沖縄（琉球）
12 (21) 身分制……（22）と併せて一テーマ
(22) 百姓一揆……（21）と併せて一テーマ
13 (23) 江戸文化

Ⅳ 近代国内編

14 (24) 市民革命……テーマとして設定していない
15 (25) 幕末維新期における植民地化の危機
16 (26) 明治維新
(27) 琉球処分他
(28) 自由民権運動……テーマとして設定していない
17 (29) 大日本帝国憲法・帝国議会
18 (30) 憲政の常道
19 (31) ロシア革命と日本共産党……（32）と併せて一テーマ
(32) スターリンの政治……（31）と併せて一テーマ

V　近代戦争（対外）編

（33）朝鮮による国書受取拒否……テーマとして設定していない
（34）日清戦争……テーマとして設定していない
（35）日露戦争……テーマとして設定していない
（36）条約改正……テーマとして設定していない
20（37）韓国統治……（42）と併せて一テーマ
21（38）人種差別撤廃の提案の否決
22（39）満州事変
23（40）支那事変（日中戦争）
24（41）「南京事件」
（42）創氏改名、朝鮮人徴用、「従軍慰安婦」……（37）と併せて一テーマ
25（43）大東亜戦争開戦……（44）と併せて一テーマ
（44）東南アジアへの進攻……（43）と併せて一テーマ
26（45）沖縄戦

	自由社	育鵬社	東書	日文	教出	清水	帝国	学び舎
合計点	222	179	105	93	107	110	121	77
平均点	4.44	3.58	2.1	1.86	2.14	2.2	2.42	1.54

Ⅵ 戦後編

27 (46) 敗戦

28 (47) 東京裁判

(48) 朝鮮戦争……テーマとして設定していない

29 (49) 一九六〇年安保改定

30 (50) 湾岸戦争

全8社について項目ごとに五段階評価を行い、巻末に評価表を掲げたが、8社の総合点と平均点は上の表のようになる。

上記点数を参考に各社をグループ分けすれば、大きく、自由社と育鵬社の一位グループ、帝国、清水、教出、東書、日文の二位グループ、学び舎1社の三位グループに分かれる。自由社・育鵬社VS帝国等5社VS学び舎という三すくみ状態である。平成24～27年度版では、自由社・育鵬社VS帝国等5社の構図であったから、大きな変化と言えよう。

更に二位グループについて細かくみれば、帝国1社が上位サブグループ、清水・教出・東書が中位サブグループ、日文1社が下位サブグループを形成していることが分かる。

また、50項目に関する各社教科書の分析と30テーマについて論ずる中で、歴史教科書には総じて四つの否定的特徴があることが改めて分かった。第一に歴史の中心部分の流れが分からない、第二に対中韓隷属史観、第三に共産主義思想、第四に東京裁判史観、といった四つの否定的特徴をもっている。更に付け加えるならば、アイヌや琉球といった日本史における少数派に関する歴史偽造又は歪曲も目立っている。これを第五の特徴と捉えることができよう。

以下、特に四つの否定的特徴が各社教科書の中でどのように現れているか、検討していくこととしよう。まず歴史教科書の平均的な立場を示すと思われる二位グループのサブ中位グループから見ていこう。このサブグループには東書、教出、清水と3社が属する。まずは、最大手の東書から見ていくこととする。

（1）東京書籍……華夷秩序理論と共産主義思想の吻合癒着

東書は、五つの特徴をすべて持っており、第二と第三の特徴を最も代表する教科書である。第二の特徴からふれれば、東書は、日本は19世紀まで中国を中心とする華夷秩序体制の中で生存してきたとの虚構を築く。そして、中国は東アジア世界で最も古い文化と歴史を誇る国であり、韓国は中国文化をいち早く学んで日本に教えた文化の恩人の国であり、日本は中国及び韓国から一方的に文化の恩恵を受けてきた最も新参の国である、という歴史物語を紡いでいく。

縄文文化開始を遅く、「中国文明」成立を早く設定する

そのために、東書は、まず縄文文化の開始時期をできるだけ遅く設定しようとする。平成18～23年度版までは開始時期を1万年前としていたし、平成24～27年度版も平成28～31年度版も1万2千年前とするにすぎない。ちなみに、28～31年度版の中学校歴史教科書の中では、1万5、6千年前とするのが多数派となっている。

次いで東書は、中国という国を実際よりも古く見せるために、四大文明の一つとしての「黄

河文明」という言い方を「中国文明」に転換する動きを平成14～17年度版以来主導してきた。そして朝鮮半島関係では、弥生文化の基盤となった稲作伝来について、「紀元前4世紀ごろ、大陸（主に朝鮮半島）から移り住んだ人々によって、稲作が九州北部に伝えられ、やがて東日本にまで広まりました」（34頁）と記している。

朝鮮半島伝来説は、最近では各種学界で否定されてきている。にもかかわらず、東書の場合は、「大陸（主に朝鮮半島）から」とあるように、大陸からの直接伝来よりも朝鮮半島経由の伝来を重視した書き方をしている。何が何でも、全ての文化は朝鮮半島経由で日本に伝わったという図式を維持したいのであろうか。

唯一、節見出しで「中国侵略」と大書する東京書籍

こうして東書は、中国と韓国を文化的恩人として描いた上で、近代日本は中国と韓国を侵略し大きな被害を与えたという物語を展開する。日本犯罪国家観の展開である。韓国統治を全面的に悪政として、朝鮮人徴用を強制連行とも読めるものとして描くし、「南京事件」を「南京大虐殺」とも記す。そして何よりも、第6章2節「世界恐慌と日本の中国侵略」という節タイトルの下に、満州事変と日中戦争について記している。節タイトルの中に「侵略」という言葉

を入れているのは、東書だけである。学び舎にしても、「侵略」という単語は単元見出し及び小見出しの中で用いるだけであるから、東書に見られる対中韓隷属史観の突出ぶりがうかがわれよう。

ロシア革命を絶賛する

この対中韓隷属史観を華夷秩序体制の理論とともに支えるのが、共産主義思想である。東書は、ロシア革命の負の側面を一切書かず、「ロシア革命は、資本主義に不満を持ち、戦争に反対する人々に支持され、各国で社会主義の運動が高まりました」(201頁)と美化するのみである。全社の中で最もロシア革命を美化するのが東書である。更に驚かされたのが、日本社会主義同盟の結成を日本共産党結成の前に記していることである。日本社会主義同盟は、大正9(1920)年にアナキストとマルクス主義者が大同団結してつくった社会主義組織であるが、1年半ほどで空中分解してしまった組織である。このように歴史におけるマイナーな組織を、しかも単元本文で記すとは、本当に驚かされた。東書には、共産主義に対する愛着が強固に存在するようである。

共産主義思想は、「弱者」や「被害者」とされる存在の立場を過剰に代表する傾向をもつ。

近代史においては中国と韓国は「弱者」や「被害者」の位置を占めるとされてきたから、共産主義思想が対中韓隷属史観を支えることになるのである。

要するに、華夷秩序理論と共産主義思想を吻合癒着させて、中韓への隷属を説くのが東書であるということになろう。

(2) 教育出版……泥棒国家論と元号無視

東書の次には、東書と同じような点数となった教出を見ていく。教出についても、5つの否定的特徴が全てあてはまる。その中でも最も目立つ特徴は、第三の共産主義思想と第五の少数派に関する歴史偽造又は歪曲である。第五の特徴から言えば、教出はアイヌ先住民族説という虚構を語るし、琉球処分については、挙って反対であった琉球側を強引に明治政府側が押し切って処分を強行したという一方的な歴史解釈を行っている。

泥棒国家論

次に第三の特徴について言えば、教出は、ロシア革命については負の側面を全く記していないし、スターリンの政治についても恐慌の影響を排除したとして基本的に評価している。最もその共産主義思想が現れているのが、国家成立論である。四大文明の箇所では通常の階級国家論が展開されているだけであるが、日本におけるクニの成りたちの箇所では、泥棒国家論とでもいうべき記述を行っている。引用しておこう。

「人々が稲作によって蓄え（富）をもつようになると、むらのなかに、貧富の差とともに身分の区別が生まれてきました。……むらの指導者は、人々を指揮して水を引き、田をつくり、むらの祭りを行ううちに、人々を支配するようになりました。やがて、そのなかには、むらの財産を自分のものにし、戦いで周りのむらを従えて、各地に小さなくに（国）をつくる者も現れました」（27頁）。

「むらの財産を自分のものにし」という部分に注目されたい。国家の権力者というものは共有財産を奪って自分のものにした人たちだと述べているのである。このような説明では、国家の公共性は完全に否定されてしまうことになろう。

元号を忌避する教科書……特に前近代において

共産主義思想の強さと関係するのであろうが、教出は、前近代については基本的に西暦一本で表記し、元号併記を省略する。大宝律令や応仁の乱など元号と密接な名称を持つ事項については元号を基本的に併記するが、それ以外については全て併記しないという方針をとっている。この方針は、自由社と育鵬社以外の６社が基本的に維持するものであるが、教出は、日文や学び舎と同じく、文禄の役についても「１５９２年」と西暦一本で記しており、元号併記の件数は数件に過ぎない。学び舎ほどではないが、教出は日文と同じく元号を著しく無視する教科書であると言えよう。

１９２７年南京事件について唯一触れる

しかし、満州事変関係の記述は、多少とも評価できるものになっている。「１９２７（昭和２）年、国民政府軍が南京で外国の領事館などを襲撃すると」（215頁）というふうに、本当にあった１９２７年の南京事件に触れている。国民党軍が日本領事館を襲って暴虐の限りを尽くしたことを記してほしいところだが、全社で唯一、この事件について記しているのは評価できよう。また、リットン調査団報告書が満州における日本権益について認めたことを、自由社と育鵬社以外の６社の中で唯一記している点も評価できよう。

(3) 清水書院……近代における徹底した対中韓隷属史観

中位サブグループの最後として、清水を検討しよう。清水も、五つの否定的な特徴をもっているが、明治時代までの記述は比較的まともな教科書である。特に中心部分の歴史がまともに書かれている。例えば、大化の改新について次のように記されている。

「645年に中大兄皇子は中臣（のちに藤原）鎌足らとともに、蘇我氏を倒した。これは強大な唐の成立や、朝鮮半島統一へのうごきなどに対抗して、日本でも天皇が直接に政治をおこなうしくみをつくり、国力の強化をめざしたものである」（34頁）。

傍線部にあるように、ここでは対外防衛の観点が明確に示されているので、中大兄皇子がなぜ大化の改新を決行したか分かる書き方になっている。また、幕末維新期の記述を見ても植民地化される危機がしっかり押さえられているので、幕末維新期の改革が分かりやすくなっている。

「南京大虐殺」「侵略」と明記する教科書

しかし、第一次世界大戦以降の時期になると、歴史歪曲としか言えないような記述を他社以上に多く行っている。特に、第二の対中韓隷属史観の特徴が目立っている。例えば「南京事件」について、側注で「南京大虐殺」と明記し、単元本文では「南京占領の際には、兵士のほか、捕虜や武器を捨てた兵士、老人・女性・子どもを含む非戦闘員も無差別に虐殺され」（233頁）と描いている。傍線部のようなことを記すとは余りにもひどい嘘を教科書に書くものである。「南京大虐殺」と位置づけるのは東書と清水の2社だけであるが、この2社は学び舎とともに満州事変と日中戦争を「侵略」と明記している。清水書院は、敗戦の箇所で次のように記している。

「日本の敗戦は、第二次世界大戦における反ファシズム勢力である連合国側の最終的な勝利であり、中国にとっては満州事変・日中戦争と続いた日本の侵略をしりぞけたことを意味していた。また、朝鮮や台湾、日本の占領地の人びとは日本の支配からの解放として受けとめた」（243頁）。

完全に、日本は悪玉として描かれていることに注目されたい。このような教育によって、学習指導要領が目標として掲げる、わが国の歴史に対する愛情を深めることができるのであろうか。

中国語読みで検索しなければならない教科書

更に度外れた対中韓隷属史観を示すのが、孫文などを索引で引こうとしても、すぐにはたどり着けないことである。韓国関係の事項は日本語読みで索引を引けば直ちに目的の頁が分かるけれども、中国関係の事項はそうは行かないのである。日文の場合と同じように、例えば、袁世凱が出てくる頁を探そうとして「あ行」の索引を見ても、「↓ユワンシーカイ」と記されており、「や行」の索引を見なおさなければならないのである。

朝鮮戦争は北朝鮮が始めたことを唯一書かない教科書

以上みた第二の特徴ほどではないが、第三の共産主義思想の特徴も目につく。特に朝鮮戦争に関する記述には驚かされた。すなわち、清水は「1950年、かねてから対立していた北朝鮮と韓国とのあいだに戦争（朝鮮戦争）がはじまると、アメリカ軍（国連軍）は韓国を、中華人民共和国とソ連は北朝鮮を支援して、はげしい戦いが続いた」（254頁）としか書かない。他社の多くは北朝鮮が韓国に「侵攻し」（自由社、育鵬社、東書、日文、学び舎）としているし、「侵攻」と書かぬ教出と帝国にしても北朝鮮が韓国に戦争を仕掛けたとしている。ところが、唯一、清水はそうは書かないのである。清水の書き方は一昔前のものであり、清水の共産主義幻想の強さを示して余りあるものである。

(4) 日本文教出版……最も日本共産党を称揚する教科書

歴史の中心部分がとりわけ分からない教科書

東書等中位サブグループに続いて下位サブグループに属する日文を見よう。日文も、5つの否定的特徴をすべて持っている。まず指摘して置かなければならないのは、歴史の中心部分の流れが分からないという第一の特徴が強烈に存在することである。前述のように、日文は、教出や学び舎と同じく、文禄の役についても「1592年」と西暦一本で記しており、学び舎ほどではないが、著しく元号を無視する教科書である。その点から端的に知られるように、天皇権威を軽視する傾向がある。また、歴史を見る場合に防衛の観点が著しく弱い。防衛の観点は、幕末維新期の記述においてこそ存在するが、例えば、大化の改新、キリシタン追放、日露戦争といったテーマに関する記述においては存在しない。特に大化の改新の記述においては、学び舎以外の他社は全て防衛の観点を示しているから、日文の記述は特異であると言える。

天皇権威を軽視し、防衛の観点が著しく弱い日文の教科書を読んでも一向に日本歴史の中心部分の流れを理解することは出来ない。日文は、学び舎に次いで、歴史の中心部分の流れが分からない教科書である。

中国語読み・韓国語読みで検索しなければならない教科書

次に指摘して置きたいことは、東書と同じく、第二の対中韓隷属史観と第三の共産主義思想の二つの特徴を最も代表する教科書であることである。対中韓隷属史観の特徴から見れば、日文は、「中国文明」表記、稲作朝鮮半島伝来説、韓国統治悪政論を展開し、朝鮮人徴用について「数十万」と記すとともに、虚構の「南京事件」を記している。更に驚くべきことに、中国語読み・韓国語読みのルビを振るだけではなく、中国語読み・韓国語読みで索引を引かなければ目的の頁にはたどり着けない教科書の作り方をしている。例えば、蒋介石が出てくる頁を探そうとして「し」の索引を見ても、「→チャンチェシー」と記されており、「ち」の索引を見なおさなければならないのである。何とも徹底した対中韓隷属史観である。

華夷秩序理論と共産主義思想の共存

この対中韓隷属史観は、基本的には華夷秩序理論によって支えられている。今回、日文は初めて体系的に華夷秩序体制の理論的説明を行った。すなわち、大コラム【歴史を掘り下げる近代的な国際秩序への参加】を新設し、「『冊封』体制から『万国公法』体制へ」という小見出しの下、華夷秩序体制（日文は「冊封」体制、と称す）と万国公法体制を体系的に比較して論じた。この比較論の試みは評価できるものであるが、東書と同じく、19世紀まで日本も冊封体制の中に入っていたかのような虚構を築いている。そればかりか、万国公法体制を差別的な体制として描きながら、華夷秩序体制の差別性を無視している。ともあれ、日文は、東書以上に体系的な華夷秩序理論を築くことによって、対中韓隷属史観を展開しているのである。

対中韓隷属史観の背景には、共産主義思想も存在する。その思想は、国家論に明確に現れている。日文は、国家を定義して、「社会が支配する者と支配される者に分かれ、宗教的・政治的・軍事的に統合されたもの」（20頁）と説明している。マルクス主義者による典型的な階級国家論である。また、その思想は、ロシア革命やスターリンについて良い評価を行う所に現れている。

日本共産党を民主化運動の先頭ランナーと位置づける

しかし、最も驚かされるのは、日本共産党が教科書に4回も登場することである。通常、日本共産党は、成立時に教科書に出てくるだけである。他に出てくるとすれば、戦後の再建時に出てくる。日文の平成24～27年度版もそうである。ところが、今回の28～31年度版は、この2回以外に、治安維持法成立時、治安維持法の改定時の2回、日本共産党を登場させている。しかも、再建時の共産党については、「民主化をめざす国民の運動」との小見出しの下、「総司令部による改革とともに、民主化をめざす国民の運動が進められました。日本共産党が再建され、日本社会党や日本自由党なども結成されました」（249頁）と記している。民主化運動の真っ先に共産党再建が書かれているのである。東書や教出の場合は社会党や自由党の結成の後に共産党の再建が書かれているから、日文がいかに共産党を重視しているかが知られよう。

東京裁判史観を代表する教科書

以上、第一から第三までの否定的特徴が日文に強力にあることを述べてきたが、残る二つの特徴も強力に存在する。まず、第四の東京裁判史観の特徴が、学び舎と並んで最も強烈である。何よりも、ポツダム宣言が無条件降伏を要求したものと位置づけている。また日文は、日米戦争の遠因とされる日露戦争後の満州問題、米国における日本人移民排斥、人種平等決議案の否決の三つの事項を全て取り上げようとはしない。しかし、二位グループの5社の中でも、東書は満州問題を、清水は移民排斥問題を取り上げており、帝国に至っては三つとも取り上げている。三つとも無視するのは、日文以外には教出と学び舎だけである。

また、少数派に関する歴史偽造又は歪曲という第五の特徴も、教出と並んで最も強力である。アイヌは先住民族と虚構されるし、琉球処分は明治政府側が強引に進めたものとされるばかりか、近代日本における琉球統治が悪政として描かれている。結局、五つの否定的特徴全てが強力に存在するのが日文なのである。

(5) 帝国書院……最も改善された教科書、しかし自虐ぶりは他社より極端

日本が人種差別禁止条項を提案したことを記す

下位サブグループの日文に続いて、上位サブグループの帝国を見ていこう。最近30年間ほどの歴史教科書の内容に鑑みれば、今回、帝国の記述は、驚くような変化をした。第一に、秀吉の朝鮮出兵について、「朝鮮侵略」から「文禄・慶長の役」に小見出しを変化させた。「文禄・慶長の役」とは正式名称への復帰に過ぎない。だが、自由社や育鵬社以外の教科書は、判で押したように「秀吉の朝鮮侵略」という小見出しを使っていただけに、大きな改善と言える。

第二に、帝国書院は、「人権　人種差別撤廃への道」という小コラムを設け、「パリ講和会議のさいには、国際連盟の規約をつくる会議も行われました。その会議で日本は、人種差別撤廃を規約にもりこむことを提案しました。国際的な場で、人種差別撤廃が提案されたのは、これが初めてでした。……植民地を多くもつイギリスやアメリカが強く反対し、否決されました」(199頁)と記している。日本が人種差別禁止条項を提案したことは重要な世界史的事実であるにもかかわらず、日本の歴史教科書は無視してきた。今回、自由社、育鵬社に続いて、帝国がこの史実を取り上げたことは、歴史教科書の改善を示すものと言えよう。

祖国高麗の思想──元寇をめぐる記述

このように帝国の記述は大きく改善された。だが、それでも、中韓が関わってくる古代や中世の部分では、対中韓隷属史観が著しい。例えば、元寇の箇所では高麗を祖国と考えるような思想が垣間見られる。まず帝国は、高麗が元に対して30年間抵抗したと述べた後、「この抵抗が、元軍の日本遠征をさまたげる要因となりました」(62頁)と書く。「日本遠征」という形でモンゴル襲来を美化していることにも驚かされるが、帝国は、高麗のおかげで日本が助かったとするのである。しかも帝国は、元寇後について「暴風雨は日本の神々が国を守るために起こしたものと考え、日本を『神国』とし、元軍の一員として戦いをまじえた高麗（朝鮮）よりも日本のことを高く考える思想が強まっていきました」（63頁）と記し、高麗差別思想が強まったと、他社には見られないことを記すのである。

日本軍の「悪行」を並べ立てる沖縄戦記述

また、近代の戦争関係でも、自虐史観ぶりが目立つ。それも極端な形で表現されている。最もすさまじいのが、沖縄戦記述である。帝国は、沖縄戦の記述分量を1頁から2頁に拡大し、日本軍の「悪行」として、住民を集団自決に追いこんだ、濠から追い出した、食糧を奪った、方言を使った住民を殺害した、マラリア発生地に移住させた、等の事柄を記している。これほど日本軍の「悪行」を並べ立てる教科書は、他には学び舎以外には存在しない。帝国は、最も改善された教科書ではあるが、最も極端な自虐思想をふりまく教科書でもあるのである。

第二節　三位グループの歴史教科書

（6）学び舎……歴史の系統的な学習ができない反日・反天皇制資料集

極端な対中韓隷属史観

以上で二位グループ5社の検討が終わったが、次には三位グループの学び舎について見ていこう。学び舎は、歴史教科書一般がもつ五つの否定的特徴を全て強烈にもっている。

特に、歴史の中心部分の流れが分からないという第一の特徴が並外れて存在する。それは、天皇権威を無視するからでもあるが、何よりも防衛の観点を持たないからである。大化の改新、キリシタン追放、幕末維新期、日露戦争といったテーマの記述においても、全く防衛の観点が存在しない。特に、幕末維新期における植民地化の危機も、日露戦争における国家滅亡の危機も全く記さないことが問題である。学び舎を読んでも、何故に日本が必死になって明治維新をやりとげ、何故に日露戦争を戦ったか、それらの理由がまったく分からないことになる。更に幕末維新期の記述について言えば、他社が全て多少とも防衛の観点を示していることと照らし合わせると、学び舎の異常さが際立っている。ともかく、そのような次第で、日文をはるかに超えて、歴史の中心部分の流れが分からないのである。

また、第二の対中韓隷属史観の特徴も度外れており、その反日思想は強烈である。創られた三光作戦など、他社が書かない日本軍の「悪行」を並べ立てている。また、唯一、朝鮮人徴用を「強制連行」と表記してその数を70万人と誇大に記すばかりか、「従軍慰安婦」さえも登場させている。学び舎の祖国は、中国であろうか。それとも韓国であろうか。日本でないことだけは確かである。

東京裁判史観に最も忠実な教科書

これに対して、残りの三つの特徴に関しては、度外れてはいない。第三の共産主義思想、第五の少数派に関する歴史偽造又は歪曲という特徴は、二位グループの5社の平均と同程度に過ぎない。

ただし、第四の特徴については、日文と同じく、全社の中で最も強烈ではある。例えば、何よりも、東南アジアで日本軍が歓迎又は期待された事実を全く無視している。今回の教科書では、自由社、育鵬社、教出、清水、帝国の5社は、日本軍に対する期待が高まったなどの記述を行っている。また、東書と日文も、裏読み的に読めば、日本軍に東南アジア諸国が期待したことが読み取れるものになっている。唯一、歓迎又は期待された事実を書かない学び舎は、最も特異な教科書なのである。

また例えば、ポツダム宣言を、日文と同じく、無条件降伏を要求したものと歪曲している。ともあれ、日文と学び舎という共産党系の教科書が、米国が創った東京裁判史観に最も忠実であることは注目に値する。

歴史の系統的学習が不可能である

ここまで見てきたように、学び舎は最も改善すべき点が多く、最も自虐的、反日的な思想を展開した教科書である。しかし、そういう思想的・内容的な問題以前のところで、極めて深刻な問題を抱えた教科書である。

筆者は、学び舎を読んだ時、これは教科書だろうか、資料集ではないかと何度も考えさせられた。最初にエピソードが置かれるからでもあろうが、ほとんどの単元が唐突な出だしになっているし、その単元全体で書いていることが結局何なのか、分からないことが多い。例えば、ローマ文明の単元を読んでもローマ帝国の梗概が理解できないし、縄文時代や弥生時代の単元を読んでも、時代の要点を理解することができない。しかも、一つの単元自体を理解することができても、次の単元と話しがつながっていかないことが多い。結局、歴史全体の流れが理解できないまま、教科書を読み終えてしまうことになる。

では、なぜ、そうなるのか。指導要領との関係を無視しても、学び舎には、日本の歴史教科書ならば当然に書くべき事柄が随分抜けているからである。例えば、縄文時代や弥生時代は出てくるが、縄文文化や弥生文化は出てこない。それ以前に、縄文土器や弥生土器は、写真があっても、単元本文には出てこない。縄文土器の場合は「縄目のもようのついた土器」とは表現されているが、単元本文には縄文土器という単語は登場しない。それゆえ、なぜ縄文時代や弥生時代と言うのか、生徒には理解できない構造になっている。

しかし、縄文時代や弥生時代に関する説明はまだ良い方である。例えば弥生時代の場合は、「紀元前4世紀ごろから紀元3世紀ごろまでを、弥生時代とよびます」と記してあり、時代の始期と終期が単元本文に明記されているからである。ところが、その他の時代については、鎌倉時代や江戸時代でさえも、単元本文を読んでも、時代の始期と終期さえも分からないし、時代名の由来も分からない構造になっているのである。他にも抜けては困る事項が省かれている。たとえば、メソポタミア文明や英国革命、憲政の常道、臨済宗・曹洞宗などが単元本文に出てこない。結局、学び舎の教科書では、時代区分さえも把握できず、重要事項が抜けているわけだから、歴史の系統的な学習など不可能と言ってよいだろう。

教科書用図書検定基準違反の数々

しかし、義務教育諸学校教科用図書検定基準（以下、検定基準と略記）の「第2章　各教科共通の条件」のうち「2　選択・扱い及び構成・排列」の（11）には、「図書の内容は、全体として系統的、発展的に構成されており、網羅的、羅列的になっているところはなく、その組織及び相互の関連は適切であること」と規定されている。系統性を全く欠落させた学び舎は、個々の内容が相互に関連づけられておらず、バラバラにされており、この（11）項違反であることは明白である。

また、「2　選択・扱い及び構成・排列」の中で学習指導要領との関係にふれた（1）には、「図書の内容の選択及び扱いには、学習指導要領の総則に示す教育の方針、学習指導要領に示す目標、学習指導要領に示す内容及び学習指導要領に示す内容の取扱いに照らして不適切なところその他児童又は生徒が学習する上に支障を生ずるおそれのあるところはないこと」、（5）には、「話題や題材の選択及び扱いは、児童又は生徒が学習内容を理解する上に支障を生ずるおそれがないよう、特定の事項、事象、分野などに偏ることなく、全体として調和がとれていること」、

（6）には「図書の内容に、児童又は生徒が学習内容を理解する上に支障を生ずるおそれがないよう、特定の事柄を特別に強調し過ぎていたり、一面的な見解を十分な配慮なく取り上げていたりするところはないこと」、（9）には「引用、掲載された教材、写真、挿絵、統計資料などは、信頼性のある適切なものが選ばれており、その扱いは公正であること」と規定されている。

更に、検定基準の「第3章　各教科固有の条件」のうち「社会科（「地図」を除く。）」の（2）には、「未確定な時事的事象について断定的に記述していたり、特定の事柄を強調し過ぎていたり、一面的な見解を十分な配慮なく取り上げていたりするところはないこと」、（6）には「著作物、史料などを引用する場合には、評価の定まったものや信頼度の高いものを用いており、その扱いは公正であること。また、法文を引用する場合には、原典の表記を尊重していること」と規定されている。

要するに、検定基準は、第一に、指導要領の示す内容から逸脱しないように特定の事柄に偏らずバランスの取れたものであることを、検定教科書に対して求めている。第二に、資料を用いる場合には信頼性の高いものであることを要求しているのである。

にもかかわらず、済州島の倭寇の青年の話、文禄・慶長の役における沙也加の話、山本宣治、三光作戦、などの中学校歴史教科書にとって不要な事柄が多数書かれている。中には、三光作戦を初めとして明確な嘘や真偽不明のものも多い。また、「南京事件」に関する夏淑琴の証言、慰安婦問題における金学順の証言といった信頼性の低い資料が取り上げられている。

日本の歴史と直接関わらない世界史関係の記述では、更に不要な事柄が取り上げられている。例えば、フランス革命を扱った【バスチーユを攻撃せよ―】という単元では「ハイチ革命――小さな国の大きな革命」という小コラムが設けられているし、【インド大反乱と太平天国】という単元も設けられている。何ともバランスの悪いことである。学び舎は、検定基準第2章「2選択・扱い及び構成・排列」の（1）（5）（6）（9）に違反し、第3章［社会科（「地図」を除く。）］の（2）（6）に違反しているのである。

このような教科書は、当然に検定不合格にすべきだったと言えよう。

極端な元号忌避が、歴史の流れの把握を困難にする

ところが、学び舎の検定基準違反は、以上に止まらない。検定基準第3章の［社会科（「地図」を除く。）］の（7）には、「日本の歴史の紀年について、重要なものには元号及び西暦を併記していること」と規定されている。

しかし、学び舎は、天皇権威を無視し、全時代について元号併記を行わないという基本方針

をとっている。それゆえ、学び舎が元号併記を行ったのは、前近代では大宝律令、承久の変、家康の征夷大将軍就任の3件だけである。応仁の乱の年代でさえも「1467年」と西暦一本で表わしているのである。

近代の単元でも、廃藩置県、大日本帝国憲法発布、東日本大震災の3件で元号併記を行っている。それ以外には、「1920（大正9）年、東京の国技館で、普通選挙権を求める集会が開かれ」（218頁）の箇所、「1945（昭和20）年4月ごろから、東海地方などの中学生は、20キロ爆雷を背負って敵の戦車の下にとび込み、それをすばやく爆発させる訓練を受けました」（252頁）の箇所の2件があるのみである。普選集会と爆雷訓練を近代史の最重要事項の一つと考えていることが分かるが、その点はともかくとして、前近代の3件と近代の5件併せて全部で8件のみである。

この8件以上に重要な事項は多数存在する。明らかに、学び舎は検定基準第3章の「社会科（「地図」を除く。）」の（7）に違反しているのである。この（7）項違反は、学び舎だけに当てはまるものではない。厳密には、東書、日文、教出、清水、帝国の5社にもあてはまる。5社は、関ケ原の戦い、家康の征夷大将軍就任、ペリー来航、王政復古といった最重要事項についてさえも元号を併記していないからである。

しかし、それにしても、前述の「応仁の乱」以外にも、「大化の改新」や「元禄文化」「寛政の改革」といった元号にちなんだ名称をもつ歴史的事項は多数存在する。日本の歴史を時代順に系統的に把握するためには、明治、大正、昭和、平成だけではなく、大化、元禄、寛政などの元号に親しむ必要があろう。学び舎だけの問題ではないが、元号排除が、歴史の系統的把握を困難にしている一要因であると言えよう。

第三節　一位グループの歴史教科書

(7) 育鵬社……評価はできるが自虐史観の方向を目指し始めた

明治維新と立憲国家を冷笑し始めた育鵬社

三位グループに続いて一位グループの自由社と育鵬社を見ていこう。2社のうち、より二位グループに近い育鵬社から見ていくこととする。

今回最も大きな変化を見せた教科書は、帝国と育鵬社である。帝国の変化は教科書改善の方向であったが、育鵬社の変化は逆方向である。端的に言って、育鵬社の中で自虐史観が明確な

形を取り出したということである

中学校歴史教科書がおかしくなりだしたのは、昭和50（1975）年乃至53年からである。このころから、四民平等については「身分制度の改革」とか「新身分制度」と表記する教科書が登場し、一挙に多数派になっていった。そして、明治維新なんて上辺だけのものだというメッセージが、教科書を通じて送られるようになっていった。つまり、昭和57（1982）年の教科書誤報事件発生以前に国内体制に関する自虐史観化が拡大しつつあったのである。

今回、同じ事態が発生した。共産党系の学び舎は、四民平等政策のことを「古い身分の廃止と新しい身分」とまとめた。また、育鵬社は、「身分制度の改革」という小見出しの下、「新しくつくられた戸籍には……新たな身分が記載されました」と記した。平成24～27年版では皆無である四民平等を冷笑する教科書が2社も再登場したのである。また昭和50年代と同じことがくり返されなければよいがと思ってしまうところである。

更に育鵬社は、明治維新だけではなく、明治立憲国家形成についても冷笑する姿勢を示し始めた。育鵬社は、帝国議会開設の箇所で、衆院議員選挙の「有権者は総人口の1.1％（約45万人）にすぎませんでした」と記している。衆院選の制限選挙を冷笑する昔からの定番記述を、何と育鵬社が行ったのである。このことにも非常に驚かされた。

対中韓隷属史観を採用した育鵬社

しかし、こんなことに驚いているのはおかしなことかもしれない。平成23（２０１１）年に育鵬社の教科書は新しく登場した。その時から、育鵬社は、教科書改善運動の本義からみれば、奇妙なことを行っていた。大東亜戦争の名称問題であるが、扶桑社版や自由社版のように「大東亜戦争（太平洋戦争）」という単元名をとらず、「太平洋戦争（大東亜戦争）」という単元名を採用した。鎌倉幕府成立についても、頼朝が征夷大将軍に任命された１１９２年説からではなく、守護地頭の設置権限を頼朝が得た１１８５年説から記述することになった。

そして何よりも、育鵬社は、中韓関係の人物や地名に中国語読み・韓国語読みのルビを振る方針を採用した。また、明らかに間違っており今日ではすたれた学説である稲作朝鮮半島伝来説をわざわざ採用した。更には黄河文明ではなく中国文明という名称を採用した。つまり、古代史の一部等において、対中韓隷属史観を意識的に採用していたのである。

アイヌや琉球の記述の改善を

既に、育鵬社は、その登場以来、自虐史観の方向に舵を切っていたと捉えるべきかもしれない。

とはいえ、総合的にみれば、点数にも現れているように、これまで見てきた6社よりはるかに思想的には優れた教科書である。５つの否定的特徴のうち、中心部分の流れの分かりにくさ、共産主義思想、東京裁判史観、といった３つの否定的特徴を基本的には克服している。古代史の一部などで対中韓隷属史観を採用したと前述したが、総体としては対中韓隷属史観をかなり克服していることも事実である。

これに対して、日本史における少数派に関する歴史偽造又は歪曲は、ほとんど克服できていない。克服しようという意思も垣間見ることは出来ない。アイヌ史や琉球王国史、琉球処分などの記述を見ると、二位グループの5社とほぼ同一の記述を行っている。育鵬社も、アイヌ先住民族論こそ採っていないが、日本国家をもっぱらアイヌと琉球に対する加害者として描いているし、アイヌと和人、沖縄と本土との同質性を描こうともしていないのである。是非とも、アイヌと沖縄の記述の改善を望むものである。

更に言えば、対中韓隷属史観の克服のためにも、まずは、日本式の氏又は姓も日本式の名前も強制したとする創氏改名の記述を改めていただきたい。いや、それ以前に、これ以上、自虐史観の方向に舵を切らないよう要望する。

(8) 自由社……今後の教科書の改善方向を指し示す

安全保障問題を隠さない

最後に自由社を見よう。自由社は、5つの否定的特徴のうち、少数派に関する歴史偽造又は歪曲の点以外については、基本的に克服していると言ってよい。それゆえ、自由社の特徴については、肯定的特徴という形で紹介していきたい。

自由社の第一の特徴は、歴史の中心部分(メインストリート)の流れがよく分かることである。何よりも、自由社には安全保障の観点が強固にある。7世紀の統一国家形成について言えば、隋や唐の出現が日本にとって脅威であったことが明確に記されるから、何故に、聖徳太子や中大兄皇子が必死になって改革を行い、統一国家を形成していったのか、その動機がよくわかる。また、明治維新や日露戦争などがあった時代背景について、自由社は、「欧米列強の植民地化を免れる」との小見出しの下、次のように述べている。

「欧米列強は、1800年には地球の陸地の約35%を支配していましたが、第一次世界大戦が始まる1914年ごろには、その支配圏は約84%にまで拡大していました。明治維新は、この間におこったできごとです。もし、明治維新で中央集権国家をつくらなかったら、日本は欧米列強の支配下に組み入れられていたでしょう」(170頁)。

このように欧米列強の支配地域が35%から84%にまで拡大したと書かれていたら、日本人が釈迦力になって明治維新をやり遂げた理由がよく分かるというものである。また、日露戦争が日本にとって国難であり、敗北すれば滅亡したかもしれない戦争だったことがよく分かるというものである。自由社は、日露戦争について次のように記している。

「日露戦争は、日本の生き残りをかけた戦争だった。日本はこれに勝利して、自国の安全保障を確立した。近代国家として生まれて間もない日本の勝利は、西洋列強の植民地にされていた諸民族に、独立への希望を抱かせた。また、ロシアに圧迫されていたトルコ、フィンランド、ポーランドの人々に国家防衛の勇気をあたえた」(195頁)。

傍線部のような記述は、最近では他社の多くにも存在する。しかし、自由社の場合は、35%から84%へ拡大したと書かれているから、「西洋列強の植民地にされていた諸民族」に希望を与えたという事実についてすんなりと理解できることになるのである。

権威としての天皇を隠さない

以上のような安全保障の観点を明確に示すとともに、自由社は、天皇という存在の本質的意義を探求している。

自由社は、単元12【遣隋使と天皇号の始まり】で推古天皇から隋の煬帝に宛てた手紙の中で天皇号が使われたことにふれ、「これが、天皇という称号が使われた始まりだった。日本の自立の姿勢を示す天皇の称号は、その後も使われつづけ、とぎれることなく今日にいたっている」(55頁)と記す。また、「日本は、現在にいたるまで『天皇』の称号を使いつづけてきたが、これは、天皇をいただく独自の文化をもつ国家であることを世界に示している」(同)とも記す。すなわち、天皇号は中国の主導する華夷秩序に服属しない独立国家日本の意思を表すものである。

これが対外関係における天皇の意義であるが、対内関係における意義は、政治的権力ではなく政治的権威としての役割を担ってきたことである。しかも、きわめて安定した政治的権威であり続けたことである。この二つの意義については育鵬社も言及してはいる。だが、自由社は、【もっと知りたい　日本の天皇と中国の皇帝】という大コラムの中で天皇権威の安定性の理由を深く探求する。そして、中国の易姓革命の思想に染まらず、「天」の思想に基き天照大神の直系子孫に皇位を継承してきたことに、その解答を求めている。

このように安全保障の観点をもち、天皇という存在を重視する自由社の記述を読むと、日本歴史の中心部分の流れが理解しやすくなる。例えば、7世紀の統一国家形成、16世紀末の三英雄による全国統一、明治維新の改革がなぜ行われたか、そして何故に成功したのか、非常に理解しやすくなるのである。

創氏改名について初めて本当のことを記した

第二の特徴は、華夷秩序思想、対中韓隷属史観から基本的に脱却していることである。対中国関係から見ると、何よりも今回「南京事件」の記述を行わなかったことが特筆される。教科書誤報事件以降の30数年間の歴史教科書では「南京事件」が必ず取り上げられてきた。30数年ぶりに虚構の「南京事件」を取り上げない教科書が登場したことは画期的なことである。

対韓国・朝鮮関係では、教科書史上初めて創氏改名について本当のことを記したことも特筆される。東書等の他社が日本式の氏又は姓も日本式の名前も強制したと嘘を記したのに対し、自由社は、朝鮮総督府が命令したのは創氏だけであること、日本式の氏を名乗るかどうかも改名するかどうかも自由であったことを正確に記したのである。

第三の特徴は、共産主義的思想からほぼ脱却していることである。階級国家論ではなく、土木事業や安全保障問題を重視する視点から国家起源論を展開しているし、ロシア革命やスターリンの「悪行」をきちんと紹介し、共産主義をファシズムと同じ全体主義の中に含めている。このように共産主義思想から脱却しているからこそ、自由社は対中韓隷属史観から自由でいられる。他社の場合は、「弱者」や「被害者」とされる存在の立場を過剰に代表する共産主義思想の影響を受けて、近代史においては「弱者」や「被害者」の位置を占めるとされてきた中韓の立場を過剰に代弁することになる。その結果、対中韓隷属史観及び華夷秩序思想に囚われてしまうのである。

西欧米国との対等化を目指す

第四の特徴は、日本を西欧や米国と対等な存在として描こうとしていることである。「日本の自立の姿勢を示す天皇の称号」に着目する自由社は、対中韓だけではなく、対西欧米国との関係においても、同様の姿勢を示す。すなわち、東京裁判史観を脱して、対欧米対等史観とでもいうべき特徴を持っている。

例えば、米国が日本に与えた「日本国憲法」の政治理念から、日本人自身が作った帝国憲法を否定的に紹介するような真似はしない。また、制限選挙を冷笑するようなことはせず、欧米と日本が共に制限選挙を行っていた史実をきちんと記している。また、例えば、西欧米国と戦った大東亜戦争を通じて日本が植民地支配からのアジア解放に貢献したことを詳しく紹介している。

沖縄など南島地域の祖先は九州からの移住者であることを記した

では、教科書一般が持つ第五の少数派に関する歴史歪曲という否定的特徴は、自由社も持っているのか。少なくとも、前回までは自由社もこの否定的特徴を持っていた。今回も、この否定的特徴を脱したとは到底言えないであろう。沖縄に関しては余りおかしなことは書いていない。だが、アイヌに関しては、先住民とこそ書いていないが、前近代のアイヌを和人に対する一方的な被害者として描いている。

ただし、前述のように、自由社は、沖縄などの住民が九州からの移住者が中心であること、琉球語が日本語方言の一つであること、この2点を記した。特に前者は、教科書史上初めてのことである。また、琉球処分についても、処分賛成派の存在を記し、「琉球処分は一種の奴隷解放だ」という伊波普猷の言葉を紹介した。これらの記述は、沖縄と本土とを殊更に対立的に描く他社の教科書とは一線を画すものである。

この沖縄関係の記述に注目すれば、少しだけ、第五の否定的特徴を克服し出したと捉えることも出来よう。

第四節　危機に瀕する歴史教科書の検定制度

学び舎は検定基準違反で検定不合格にすべきだった

以上、8社の歴史教科書について分析検討してきた。最後に、学び舎を検定合格させるために検定基準が蔑にされた問題を振り返っておこう。

前述のように、学び舎は、学習指導要領から逸脱して多くの検定基準違反を犯しており、本来は検定不合格にすべきものであった。その点は、教科用図書検定調査審議会第2部会歴史小委員会委員長を平成27年3月まで務めていた上山和雄氏へのインタビューからも知られる。

朝日新聞2015年4月24日は、「教科書検定『密室の内側』」と題して、上山氏へのインタビューを掲載した。これは完全な守秘義務違反であろうが、この記事は、今回の検定から政府見解を尊重しなければならなくなった問題の話題から入っている。平成26年1月、検定基準が改定され、第3章の「社会科（「地図」を除く。）」の（4）として、「閣議決定その他の方法により示された政府の統一的な見解又は最高裁判所の判例が存在する場合には、それらに基づいた記述がされていること」という項が新設された。

上山氏は、この項を適用して文科省が検定意見を付けた例について、「政府見解の記述を求めたのは東京裁判に関して2社、旧日本軍の慰安婦の問題で1社にです」と述べている。「2社」とは自由社と育鵬社、「1社」とは学び舎のことであるが、先ずは匿名にされている。

だが、その後を読み進めば、「2社」のうち一つは自由社、「1社」とは学び舎のことだということがすぐ分かる。上山氏は、ひとしきり政府見解尊重の問題を論じた後で、全体的に検定はどうだったのかという質問に対して、自由社と学び舎だけを名指しで取り上げる。

「検定が厳格になったとは思ってません。むしろストライクゾーンが広がったと感じます。日本のいいところばかり書こうとする『自由社』と、歴史の具体的な場面から書き起こす新しいスタイルですが、学習指導要領の枠に沿っていない『学び舎』。この2冊とも、いったん不合格になりながら結局、合格したのですから」

傍線部にあるように、上山氏も、学び舎は「学習指導要領の枠に沿っていない」検定基準違反の教科書であると認識しているようである。不合格になった最初の申請本は言うに及ばす、合格した二度目の申請本も、検定基準違反であり、本来は検定不合格にすべき教科書だったのである。本来検定不合格だが、ストライクゾーンを広げて、つまり検定基準を無視して合格させたと言っているのである。まず、学び舎は、誰が見ても本来不合格にすべき代物だったことを確認しておきたい。

朝日新聞によって学び舎とセットにされてしまった自由社

また、同時に確認されるのは、上山氏が自由社と学び舎を同列に並べて論じていることである。だが、もう一度言うが、学び舎は、指導要領から逸脱し検定基準に違反しており、本来は不合格にすべきものであった。自尊的か自虐的かといった思想的問題以前の所で不合格にすべきものであった。これに対して、自由社は、ほとんど全単元を書き直した結果生じたケアレスミス（表記の不統一等）が多かったから、不合格となったのである。確かに2社は、一旦不合格になったが、不合格の理由が全く異なるのである。ところが、氏は、この2社を同列に並べたのである。

同列に並べた上で、「なぜ、合格に」という質問に対して、上山氏は次のように答えている。

「不合格後に出て来た本は政府見解などを加えていたので、事前にチェックする文科省の教科書調査官の案は、両方とも『○』になっていました。自由社の方は、これまでも同じ論調の別の教科書を合格にしているので、『×』にすると継続性の点で問題がある。では、もう1社の学び舎を『×』にするかですが、基準を一方に緩く、一方に厳しくするのはまずい。結果として間口が広くなったと感じています」

この回答は、検定経過を正確に反映していないものである。殊更に、2社を同列に並べるために、氏は東京裁判や慰安婦問題の政府見解を加えるか否かに問題を絞っている。だが、この問題はほんの一部の問題である。自由社が二度目の検定申請で合格した基本的理由は、ケアレスミスを直したことであった。つまり、別に基準を「緩く」適用して合格させたわけではないのである。

これに対して、学び舎が二度目で検定合格した理由は、実は成り立たないのである。何しろ、一度目の検定申請本でも二度目の検定申請本でも学習指導要領から逸脱しているからである。そこで、氏は「基準を一方に緩く、一方に厳しくするのはまずい」という理由を挙げるのであるが、この理由は出鱈目なものである。自由社は、ケアレスミスをなくすことによって検定基準を満たすことになったから検定合格したのであり、学び舎は指導要領から逸脱しており多数の検定基準違反を犯しているにもかかわらず検定合格したのである。つまり、学び舎にだけ、基準を「緩く」どころか、基準を徹底的に無視して検定合格させたのである。

このように当然に合格した自由社と本来は不合格にすべき学び舎とを同列に論ずれば、どういう印象が生まれるか。自由社の『新しい歴史教科書』は、既に4回検定合格してきた実績のある教科書である。その教科書とセットで論じられることによって、学び舎の格が上がることになる。逆に指導要領から逸脱した学び舎とセットにされることで、自由社に対する印象が極めて悪くなるのである。朝日新聞と上山氏は、学び舎の格上げ及び擁護と自由社の落とし込み、この二つを狙ってインタビュー記事を掲載したのであろう。

この目論見は、見事成功した。学び舎の検定合格に対する抗議の声もほとんど起きなかったし、自由社は採択戦で見事一敗地にまみれることになったのである。

一旦、無理やり自由社を不合格にした疑い

こうしてみると、学び舎の検定合格が不当であるだけではなく、自由社の第一回検定不合格も不当なものだったのではないかという疑問も生まれてくる。検定を行う側としては、検定不合格にするしかない学び舎を合格させるために一旦自由社を不合格にしよう、という狙いがあったのではないかという疑問も生まれてくる。では、検定はどのように行われるのであろうか。上山氏は、次のように説明している。

「検定結果が決まる前年の春、教科書会社は文科省に検定を申請します。まず数人の教科書調査官が調べて、各教科書に対する検定意見の案をつくる。調査官は、大学院を出た、大学の教員レベルの文科省職員です。その後、各委員に会社の名前が伏せられ、番号だけふられた白い表紙の教科書、いわゆる白表紙本が段ボールで、どんと届く。夏休み中これを読み、秋の審議会に臨むのです」。

氏の言うように、検定意見の原案は教科書調査官が作り、それが審議会で議論される。実質上の審議は歴史教科書の場合は歴史小委員会という所で行われる。その審議の様子について、氏は次のように述べている。

「教科別に分かれ、歴史の場合は朝から夕方まで文科省の会議室に缶詰めです。それを何日か重ねます。調査官が作っておいた意見の案がその場で配られ、問題箇所について1件ずつ調査官の説明を聞いて順に判断していきます」。

「見方が分かれて問題になる箇所も、専門外だと詳しいことはわからない。結果として調査官の説明で判断することになる。いくつかの問題に限れば、調べて見解を持ち寄って議論できますけど。委員に与える情報を制限し、時間をあまりかけずに終わらせる。文科省の作戦かもしれない」。

氏によれば、調査官が用意した原案がそのまま通ることになる。事実、インターネット上で公開されている歴史小委員会の議事録を見ても、ほとんど全てが原案通り決定されている。

自由社の場合、最初の検定申請本に対して、調査官が３５８件の検定意見を付す原案を作成した。この原案がそのまま小委員会で承認され、３００件以上欠陥箇所があるということで自動的に検定不合格となったのである。前述のように欠陥箇所の多くはケアレスミスによるものであり、この部分に対する検定意見は妥当なものであった。しかし、果たして欠陥箇所と言えるのか疑問の所もかなり多数に上った。

分かりやすい例で言えば、平成22年度検定で検定合格したものと同一内容の箇所が55件も欠陥箇所とされた。55件のほとんどは、全くの同一文章であった。55件の意見の中にも尤もな意見も存在するが、４年前の検定で合格した55件もの部分が欠陥箇所とされるのは極めて不自然なことである。

更に言えば、歴史小委員会の議事録を読むと、少なくとも、３５８件の検定意見のうち21件については疑問が出され議論となったようである。21箇所のうち20箇所については「欠陥箇所とするのが適当かどうか」が議論されたようである。例えば、平成26年11月14日の第３回小委員会議事録には、次のような記録がある。

「・2ページの『日本文明の伝統　世界のどの国にも、それぞれの固有の歴史があります。……独自の文明を育てました。……自立した独自の文明を築いてきました。』について、意見が出され、欠陥箇所とすることが適当かどうか後日小委員長が確認することとした。（11月28日までに小委員長が内容を確認した結果、欠陥箇所とすることが適当とした。）」

この2頁の記述を欠陥箇所とする原案に対して異論が出されたので、小委員長預かりとなり、小委員長が欠陥箇所として認定しているのである。20箇所全てについて、「（11月28日までに小委員長が内容を確認した結果、欠陥箇所とすることが適当とした。）」と記されており、疑問が出されたにもかかわらず、結局、欠陥箇所と認定されたことが分かる。

原案通り通るのが通例ではあるが、20件もの欠陥箇所に対する委員会での異論があったことに注目しておきたい。以上のように見てくれば、自由社の第一回検定不合格は、不当とは言い切れないかもしれないが、かなり無理筋で仕組まれた可能性の高いものであったと推測できよう。

自由社に厳しく、学び舎に優しい検定

ともかく、自由社に対する厳しい検定姿勢は、平成12年度検定に臨んだ扶桑社版『新しい歴

史教科書』に対する検定姿勢に次ぐ異常なものであった。自由社の第二回検定申請本に対する審議は、平成27年2月20日の第4回小委員会で行われた。第4回議事録を読むと、自由社に対しては100件の検定意見を付す原案が提案された。100件のうち16件の原案について異論が出て議論され、「検定意見を付すことが適当かどうか」の判断が小委員長預かりとなり、2月25日までに検定意見を付すことが決定される。例えば、181頁の記述に関する検定意見については、次のように記されている。

「・181ページの『しかし、同時に近代化は絶えず新たな欲望を喚起させて発展してきたので、日本人の簡素で豊かな生活は失われていきました。』について、意見が出され、検定意見を付すことが適当かどうか後日小委員長が確認することとした。（2月25日までに小委員長が内容を確認した結果、検定意見を付すことが適当とした。）」

結局、通例通り、16件の検定意見は、教科書調査官が立てた原案通り、小委員会に承認された。だが、自由社に関する意見原案に対して16件もの疑問が出たということは、教科書調査官の意見原案が、不当ではないとしても厳しすぎるものであることを指し示している。

次いで、3月6日の第5回小委員会では、学び舎の第二回検定申請本に対する審議とともに、他の6社が検定意見に基づき修正した内容に関する審議が行われた。教科書調査官側からは、学び舎に対しては102件の検定意見を付す原案が提案された。自由社が100件、学び舎が102件というのは符合が合いすぎているように思われる。学び舎の102件に合わせる為に、無理やり自由社に対する検定意見が水増しされたように思われる。

それはともかく、102件の検定意見原案に対して、委員側から出た疑問は次の1件のみで、その1件も、調査官の原案通り決定されている。

「・70ページの「1905年」について、意見が出され、検定意見を付すことが適当かどうか後日小委員長が確認することとした。（3月9日までに小委員長が内容を確認した結果、検定意見を付すことが適当とした。）

その他の箇所については、調査意見をそのまま検定意見とすることが適当とした。」

自由社への検定意見原案については16件もの疑問が出されたのに対し、学び舎への検定意見原案については1件だけの疑問しか出なかった。1件しか疑問が出ないということは、当然の検定意見を教科書調査官が付けたことを意味する。ただし、70頁の「1905年」というものは、学び舎の第二回検定申請本を見ても見当たらない。どうなっているのであろうか。

ともあれ、文科省は、自由社に厳しく、学び舎には異常なほど甘い検定を行った。このダブルスタンダードには目に余るものがある。

学び舎の検定合格は、教科書検定制度崩壊の序曲か

とはいえ、自由社への厳しさは今に始まったものではない。自虐的、左翼的な教科書には甘く、「自尊的」「保守的」な教科書には厳しいというのは、教科書誤報事件以来の法則である。筆者が問題にしたいのは、自由社への厳しさよりも、学び舎に対する甘さである。

前述のように、学び舎は、歴史の系統的学習が不可能な教科書であり、教科書ではなく、資料集に過ぎない。しかも、指導要領を逸脱して特定の分野、特定の事柄に偏っており、信頼性のない資料を用いている資料集である。従って、検定基準第2章2の(11)「図書の内容は、全体として系統的、発展的に構成されており、網羅的、羅列的になっているところはなく、その組織及び相互の関連は適切であること」という項目を初め、第2章2の(1)(5)(6)(9)にも、同第3章「社会科(「地図」を除く。)」の(2)(6)(7)にも違反している。このように多数の検定基準違反を犯している教科書を検定合格させていたのでは、もはや検定制度は歴史教科書については機能していないといってよいだろう。今後、学び舎の例が一つの前例として定着していけば、それこそ、検定制度は崩壊していくと考えられよう。

しかし、学び舎の検定合格の問題を無視しても、既に教科書検定制度は歴史教科書について

は崩壊の危機を迎えているのかもしれない。何しろ、教科書調査官自身が、検定基準第3章の「社会科（「地図」を除く。）」（7）「日本の歴史の紀年について、重要なものには元号及び西暦を併記していること」という項目を全く守っていない。前に述べたように、自由社と育鵬社以外の6社は、重要事項に関する元号併記の原則を全く守っていない。ところが、例えば前近代に関して三つの事項でしか元号併記を行っていない学び舎に対してさえも、教科書調査官も歴史小委員会も注意を促そうとはしないのである。文科省と教科書会社が一体となって（7）項を蔑にしていると言えよう。

学び舎を登場させた狙いとは何か

しかし、それにしても、教科書の体裁さえ整っていない学び舎が大急ぎで登場したのは何故であろうか。そして、何故に文科省は、教科書検定制度の崩壊を招きかねない危険を冒してまで、学び舎を検定合格させたのであろうか。

その理由は、明らかである。第一章と第七章でふれているように、『新しい歴史教科書』が登場して以来、歴史教科書は大きく改善されてきており、自虐史観の度合いをかなり薄めてきた。例えば、慰安婦問題が教科書から一旦消えたり、教科書の記述が「南京大虐殺」から「南京事件」に転換したりしてきた。この教科書改善を喜ばない勢力は、日本の政党、官僚、学者や教員には多数存在する。政党で言えば、共産党や社民党を初めとして、公明党、民主党は教科書改善を喜んではいない。いや、自民党の半分だってそうである。また、中国や韓国も、そして米国の民主党系の人達も、当然喜ばない。そして、国益よりも中韓への配慮、そして米国への配慮を第一に考える外務省もそうである。教科書改善を阻止し、10年前、20年前の状態に教科書を戻すためにこそ、極端な反日主義の学び舎の教科書が短期間で作られ、大急ぎで検定申請されたのである。

いざ検定申請されれば、何とか検定合格させようと外務省は考えたと思われる。文科省は、外務省の意向を承けて、無理矢理、学び舎を検定合格させることにした。文科省のトップが安倍首相と近い下村博文文科大臣であったことを考えれば、安倍政権自体が無理筋の学び舎検定合格策動に手を貸していたという推測は十分に成り立つ。彼らからすれば、幸い、自由社はケアレスミスを多数犯していた。このミスを利用して、自由社と学び舎を一セットの形で検定合格させた。そして、学び舎のデビューを成功させ、自由社追い落としに成功したのである。

学び舎の不可解な検定合格については、以上のように推測されよう。この推測が当たっているか否かに関わりなく、学び舎が教科書の反日化を推進しないように、文科省自身が検定制度を破壊しないように、注意を怠らないようにすべきである。

第四章
安保法制論議と公民教科書

平成27年は、歴史戦の年だっただけではない。余りにも馬鹿馬鹿しい議論が行われた安保法制論議の年でもあった。国会の審議と世の中の論議は混迷を深めた。安保法制反対運動を領導した日本共産党は、集団的自衛権容認——安保法制案を「戦争法案」だとレッテル貼りし、「戦争法案反対」を何度も何度も繰り返すことによって、安保法案反対の声を高めた。反対の声を強める上で大きな効果をもったのは、安保法制は徴兵制を呼び込むという嘘である。安倍首相が徴兵制を明確に否定しているにもかかわらず、また、徴兵制軍隊では現代の戦争を戦えないという現実を明確に知りながら、この嘘を広めてきた。この嘘を信じた若者が安保法案反対運動に加わるという事態も生まれたようだ。

筆者は、反対運動及びその支持者たちが語る言葉を聞いていて、公民教科書のことを想い出した。そしてまた、公民教科書の思想を規定する「日本国憲法」のことを考えざるを得なかった。

第一節　安保法制反対の共産党は「日本国憲法」に反対していた

日本共産党と社民党の先輩たちは「日本国憲法」第9条に反対した

筆者が何度も記してきたように、「日本国憲法」は、日本が作ったものではなく、占領軍が国際法に違反して作成した代物であり、憲法としては無効な存在である。また、「日本国憲法」第9条は、国家の自然権ともいうべき自衛戦力保持権を否定したと一般に捉えられているトンデモない規定である。

今日の日本共産党・社民党を中心とする勢力は、国際法違反の「日本国憲法」を有効なものと捉え、第9条を一番の根拠にして安保法制に反対した。しかし、日本共産党と現在の社民党の先輩たちは、「日本国憲法」に反対していた。

帝国憲法が改正される形で「日本国憲法」がつくられた当時、衆議院では、421対8で憲法草案が可決された。この憲法改正議会では、併行して保守系議員を中心に公職追放が行われていた。議員たちは、いつ追放されるか分からないという恐怖感とともに審議していたのである。

しかし、当時、我が世の春を誇り、言論の自由を謳歌した政党があった。日本共産党である。日本共産党は、GHQ民政局のお気に入りであったから、自由に自分たちの思う通りの意思を表明し、自由な議論を行うことができた。そこで、徳田球一、野坂参三、志賀義雄、高倉輝、中西伊之助、柄沢とし子の共産党議員6名が全員反対投票を行った。

反対理由を、昭和21（1946）年8月24日、野坂は4点にまとめて述べている。すなわち、

①権利の保障が十分ではない、②天皇制を残している、③参議院は不要である、④第9条は自衛権の放棄となる、以上4点である。ほぼ全面的な反対論である。したがって、本来、日本共産党は改憲論者、それも全面的な改憲論者であるはずである。

さて、④の第9条問題については、野坂は、自衛戦争と侵略戦争を区分して自衛戦争は肯定されるべきだとしたうえで、結論部分を以下のようにまとめている。

「要スルニ当憲法第二章ハ、我ガ国ノ自衛権ヲ抛棄シテ民族ノ独立ヲ危クスル危険ガアル、ソレ故ニ我ガ党ハ民族独立ノ為ニ此ノ憲法ニ反対シナケレバナラナイ、是ガ我々ノ反対スル第四ノ理由デアリマス」（「日本国憲法」を審議した帝国議会の議事録は、「衆議院憲法審査会」のホームページから検索できる）

すなわち、民族の独立を守るために第9条に反対すると述べていたのである。共産党以外にも「日本国憲法」に反対した衆議院議員は、当時は社会党所属ではないが、後に左派社会党に入った社会主義者の穂積七郎と細迫兼光であった。

日本共産党は「日本国憲法」の審議自体に反対した

日本共産党は、第9条を初めとする「日本国憲法」の内容に反対だっただけではない。昭和

21年6月という時期に憲法改正論議を帝国議会で行うこと自体に反対であった。志賀義雄は、昭和21年6月25日、衆議院本会議で、議会審議延期の動議を提出している。

「趣旨ノ弁明デハゴザイマセヌカラ、自席カラ簡単ニ発言サシテ貰ヒマス――憲法改正案ノ審議ヲ延期スベシト云フ動議ヲ提出シマスノハ、第一ニ草案作成ニ当ツテ日本人民全体ノ意向ヲ忠実ニ取入レルト云フ用意ガ政府ニ於テ欠クル所ガアルト認メラレルカラデアリマス、第二ニ草案発表後日本人ノ各界各層ニ於テ政府ガ進ンデ此ノ草案ヲ十分ニ徹底サセル為ノ手段方法ヲ講ズル点ニ於テ欠クルコトガアツタ、詰リ我々ガ先般ノ総選挙ニ於テ演説会ナドニ臨ンデモ、十分ニ憲法ノ重要性ト云フコトガ日本人全体ノ間ニマダ徹底シテ居ナカツタノデアリマス、憲法ヨリハ食糧ダ、斯ウ云フ声ガ人民ノ間ニハ強イノデス、是デハ折角一国ノ根本法タル憲法草案ヲ審議スル上ニ於テ、日本人全体ニマダ十分ノ関心ガ持タレテ居ナイコトニナリマス、政府ニ於テハ其ノ関心ヲ持タセルコトヲ避クル嫌ヒガアツタノデアリマス、是デハ憲法ヲ審議スルニ付テ十分ナ用意ガナイコトニナリマスカラ、此ノ点ニ付テ審議延期ノ動議ヲ出スモノデアリマスガ、尚ホ関係方面カラモ十分ニ慎重ニ時間ヲ掛ケテ此ノ審議ヲヤレ、斯ウ云フコトデアリマス、之ヲ、十分ニ人民全体ガ此ノ議会ニ対シテ注目ヲ向ケタ状態ノ下ニ於テ審議サレルノデナケレバ、日本人ノ自由ニ表明セラレタル意思ニ依ツテ将来ノ日本ノ政治形態ヲ決定スベシト云フ『ポツダム』宣言ノ趣旨ニモ反スルコトニナリマスノデ、之ヲ審議スルコトハ延期シテ戴キタイ、是ガ私ノ動議デアリマス」

審議延期の理由としては、志賀は、政府草案作成時において「日本人全体ノ意向ヲ忠実ニ取入レル」ことが行われなかったこと、政府草案作成後も日本人全体の関心が高まらなかったこと、という二つの理由を挙げている。ここで注目されるのは、昭和21年4月の総選挙において憲法論議が行われなかったこと、国民の意識としては「憲法ヨリハ食糧ダ」というものだったことを共産党議員が述べていることである。それ以上に注目されるのは、拙速に議会審議を行うのは「日本人ノ自由ニ表明セラレタル意思ニ依ツテ将来ノ日本ノ政治形態ヲ決定スベシト云フ『ポツダム』宣言ノ趣旨ニモ反スルコトニ」なると述べていることである。すなわち、このまま急いで憲法改正を行うことはポツダム宣言違反となると述べていたのである。結局、志賀の動議は否決されるが、憲法改正論議が始まってからも、6月28日の本会議で、野坂も、「私ハ此ノ憲法提出ハマダ時期尚早ダト言ヒ得ルト思フ、此ノ点ニ付テ私ハ金森国務相ノ回答ヲ求メタイト思フ」と抵抗している。

しかし、現実には、日本共産党の要望と正反対に、わずか3か月強の議会審議で拙速に「日本国憲法」が可決されていく。それゆえ、「八月革命」説を肯定したとしても、「日本国憲法」

はポツダム宣言違反の無効憲法となる。日本共産党の本来の立場からすれば、「日本国憲法」無効論の結論にならざるを得ないのである。

野坂や志賀などの日本共産党議員や穂積七郎や細迫兼光が「日本国憲法」に反対できたのは、彼ら共産主義者や社会主義者は、保守系政治家とは異なり、GHQとの親密さからいって、言論の自由をもっていたからである。とはいえ、「日本国憲法」の内容に反対した彼らの態度、いやそれ以前に審議自体に反対した共産党の態度は、正しいものである。この正しい態度に、共産党や社民党の諸君が復帰されんことを望むものである。

「日本国憲法」の成立手続きと内容に反対した事実を隠してきた

しかし、日本の歴史学界と社会科教育の世界を支配してきた共産党は、「日本国憲法」に反対した事実も、そもそも「日本国憲法」の拙速な審議自体に反対し、且つ審議強行がポツダム宣言違反であると主張した事実も隠してきた。この二つの事実は、歴史教科書でも公民教科書でも書かれたことはない。「日本国憲法」に反対したことは「日本国憲法」成立過程の研究書には書かれてきたが、審議自体に反対し審議強行がポツダム宣言違反であると主張した事実は研究書でも書かれたことはない。

その結果、二つの事実は、現在の日本共産党の幹部クラスでも知らないように思われる。いや、「日本国憲法」に反対した事実だけは一応知ってはいようが、そのことを深く考えたことはないように思われる。昭和21年当時の共産党の立場からすれば、「日本国憲法」を有効とすることも、その内容を持ち上げることもトンデモないことのはずである。ところが、共産党は、単に「日本国憲法」有効論をとるだけではなく、第9条という「民族ノ独立ヲ危クスル」（野坂参三）条文を中心にした「護憲」政党になっていくのである。

「日本国憲法」の成立手続きにも内容にも反対した日本共産党は、何故に「日本国憲法」を有効と捉えられるのか、また何故に「民族ノ独立ヲ危クスル」第9条を支持するのであろうか。きちんとした説明をしてもらいたいものである。

第二節　日本及び日本人を差別する「日本国憲法」と公民教科書

「日本国憲法」第9条の存在

共産党に対する疑問はともかくとして、安保法制論議が混迷する最大の理由は「日本国憲法」第9条の存在である。第9条は次のように規定している。

日本国民は、正義と秩序を基調とする国際平和を誠実に希求し、国権の発動たる戦争と、武力による威嚇又は武力の行使は、国際紛争を解決する手段としては、永久にこれを放棄する。
② 前項の目的を達するため、陸海空軍その他の戦力は、これを保持しない。国の交戦権は、これを認めない。

第9条①項の解釈はほぼ共通である。すなわち、侵略戦争他を否定したもので、自衛戦争他を否定したものではないと多数の学説が認めている。これに対して、②項の解釈は、まず「前項の目的を達するため」の「前項の目的」が何を指しているかで説が分かれる。

多数説は、①項の「正義と秩序を基調とする国際平和を誠実に希求し」を指すと捉えるので、自衛戦力も交戦権も認められないとするが、自衛権は認められるので警察力や民間による実力行使は認められるとする。ただし、この多数説は、警察力を超える実力を持つことはできないとする説と「戦力」に至らない自衛のための実力は認められるとする説とに分かれる。前者からすれば自衛隊は違憲となる。後者からも、「戦力」に至ると捉えれば自衛隊違憲論が出てくる。政府は、「戦力」に至らない「実力」として自衛隊合憲説をとっている。しかし、「戦力」ではないので軍隊ではないとされ、警察と同じくポジティヴ・リストで行動せよ、とされているのである。

これに対して、「前項の目的」を①項全体を指すとする少数説がある。この少数説によれば、侵略戦争他のための戦力は放棄するが、自衛のための戦力は放棄しないということになる。したがって、この説によれば、すんなりと自衛隊は合憲となり、自衛隊は「戦力」であり軍隊となるので、ネガティヴ・リストで行動できることになるのである。

海外で自衛隊が行動する場合、いや国内であっても同様であろうが、一番のネックはポジティヴ・リストで行動せよ、という行動基準である。このネックがなくなるにも関わらず、歴代政府は、そして安倍政権も、自衛戦力肯定説の解釈を採用してこなかった。自衛隊員の安全をないがしろにしてきたのである。

この少数説も、自衛戦力はもてるが交戦権はないとする佐々木惣一説と交戦権も認められるとする大石義雄・長尾一紘説に分かれる。自衛隊が十分にその機能を果たすには、大石・長尾説に転換することが必要なのである。

また、筆者は何度も記してきたが、芦田修正（「前項の目的を達するため」の挿入）が帝国議会で行われた時、中国などは日本はこれで軍隊をもてることになった、と理解した。第9条の文言上から言えば、自衛戦力肯定説は十分に成立するのである。自衛戦力肯定説に転換していれば、今日のような安保法制をめぐる混乱は発生しなかったであろう。

「日本国憲法」の日本人差別思想

にもかかわらず、何故に、自衛戦力肯定説に転換できなかったのか。筆者は、「日本国憲法」全体の中に存在する日本人差別思想が大きいと思う。まず「日本国憲法」は日本人差別的なつくられ方をした。同じく敗戦国であった西ドイツの場合は、「憲法」ではなく「基本法」という位置付けを行い、自分たちで草案を起草し、比較的自由な審議を行うことを許された。これに対して、日本の場合は、米国側がわずか8日間で起草した原案を押し付けられ、帝国議会での審議も完全に米国に統制されていた。明らかに、差別的なつくられ方をしたのである。

また、「日本国憲法」を読んでも、露骨な日本人差別思想を表明している。「日本国憲法」前文第一段落は、「平和を愛する諸国民」として諸外国を上位に位置づけ、日本を戦争を起こした「侵略国」として下位に位置づけている。日本人を差別する思想を明確にしているのである。

しかも、前文第二段落は、「平和を愛する諸国民の公正と信義に信頼して、われらの安全と生存を保持しようと決意した」と述べ、安全どころか生存まで諸外国に委ねている。この考え方に影響されて、左翼・進歩派文化人の中には、外国から武力攻撃を受けても、反撃せずに滅んでいけばよいと公言する人が多々存在する。彼らからすれば、米国や中韓その他による差別や虐めは黙って甘受せよ、ということになる。

前文の日本人差別思想は、第９条解釈に大きな影響を及ぼす。下位に位置すべき日本には、普通の国のような自衛戦力を認めるわけにはいかない。日本には、せいぜい「戦力」に至らぬ自衛力しか認めるわけにはいかないということになるのである。

平等権という逆差別思想

前文の日本人差別思想は、権利論にも大きな影響を与える。「日本国憲法」第14条の「法の下の平等」は、本来、機会の平等を定めた規定であり、結果の平等を求める平等権を規定したものではない。

にもかかわらず、戦後日本では、平等権の思想が広がっていく。最初にこの思想が広がったのは公民教科書である。昭和37年ごろから多数の公民教科書に「平等権」の言葉が躍り出し、44年以降はほぼ全社で「平等権」の用語が用いられている。この状態は、『新しい公民教科書』が平成24～27年度版で「法の下の平等」として捉える立場を示すまで継続した。今日も、「平等権」

の思想を表明する教科書が圧倒的な多数派である。

公民教科書の「平等権」思想は憲法学説にも大きな影響を与え、じょじょに「平等権」の言葉を用いる憲法学説が増えていく。とはいっても、今日でも定説にはなっていない。だが、結果の平等を求め差別問題に敏感な「平等権」の思想が憲法学説の中で広がるにつれ、一九八〇年代には、特別永住外国人に地方参政権を認める学説が増えていく。

このような憲法学説の動きは、公民教科書にも大きな影響を与える。平成に入るころから、公民教科書では、差別問題を扱う頁数が異常に増えていく。そして、在日韓国・朝鮮人は強制連行あるいは徴用されてきた人たちの子孫であるから、参政権を認めないのは差別である、という教育が行われるようになっていく。いや、在日外国人に参政権を認めないのは差別であるというメッセージを送る教科書さえも出てくるのである。

公民教科書が扱う差別問題の花形は、在日韓国・朝鮮人問題とアイヌ問題である。公民教科書は、数々の虚構も含めて日本国家の「悪行」を書き記し、〈日本は先住民族アイヌから土地や文化を奪い、差別してきた〉、〈日本は、強制連行又は徴用された人たちの子孫である在日韓国・朝鮮人に、地方参政権さえ与えず、差別してきた〉というメッセージを生徒たちに送ってきた。アイヌ先住民族論も虚構だが、現在の在日韓国・朝鮮人が強制連行又は徴用された人たちの子孫であるというのも虚構である。特に後者はひどい嘘である。こういう嘘がはびこるのも、米国や中韓その他による差別や虐めは黙って甘受せよ、どんなことをされても甘受せよ、という「日本国憲法」前文の思想と平等権思想が存在するからである。

日本及び日本人に対してはどんな悪口を言ってもよい、嘘でも構わない、という風潮は、昭和57（1982）年の教科書誤報事件以降、日本人の中で一挙に強まった。そして、日本の進歩的文化人は、「従軍慰安婦」問題をでっち上げ、韓国に行って日本を叩くように要請し、韓国の反日運動に油を注ぎ続けてきたのである。この風潮は、今も、特に進歩的文化人やマスコミに根深くはびこっている。

以上、安保法制との絡みで、共産党、「日本国憲法」、公民教科書という三つのことを考えてきた。安保法制に反対する人たちの言説を聞くと、特に公民教科書を思い出す。公民教科書は、共産党系の学者と教師が中心になって「日本国憲法」の思想を下敷きにして書いてきた。そして、その公民教科書の思想が憲法学説に影響を与え、「日本国憲法」の運用自体を規定してきたのである。

第三節　公民教科書の四つの否定的特徴

では、公民教科書の思想とはどういうものであろうか。最近30年間に焦点を当てれば、特に四つの否定的特徴が目につく。第一に家族や地域社会などの共同社会解体の思想である。第二に、国家論の欠如から端的に知られるように、国家の解体を目指している。第三に、フランス革命などに体現された全体主義的な民主主義を目指している。第四に、日本国民に対して、アイヌや在日韓国・朝鮮人などに対する様々な贖罪意識を植え付けることを目指している。この贖罪意識を植え付けるためには、公民教科書は、アイヌ先住民族論や在日韓国・朝鮮人被徴用者子孫説などの歴史偽造を行うことに躊躇しない。その意味では、第五に、歴史偽造の精神を公民教科書の特徴として数えることができよう。

贖罪意識を植え付け国家論をタブーとした公民教科書

四つの否定的特徴のうち第二の国家解体と第四の贖罪意識の植え付けという特徴は、昭和20年代以来のものである。昭和20年代の歴史教科書には、侵略戦争論をとるものは少数であったし、日本を犯罪国家とする考え方は皆無であった。これに対して公民教科書は、日本をアジアに対する侵略国家、犯罪国家として捉えていた。例えば昭和27～31年度版の中教出版は、「日本軍は、アジアの国々の、兵士ばかりか、多くの民衆の生命をうばい、国土を荒し、文化財をこわした。そのために、東亜の各国はいまでも侵略の災害を回復するために、苦しんでいる。軍国日本は、世界の民衆に対して大きな罪を犯した。この罪をつぐなうためには、……さっぱりと永久にわれわれの手から武器をすてるがよい」(『中学生の社会科　民主主義と明るい生活』下巻、202頁)とまで記していた。

このように当時の公民教科書は、侵略戦争論・犯罪国家論に基づき、侵略責任を果たすために第9条で戦争と戦力を全面放棄したのだと教えていた。しかし、戦争と戦力の全面放棄という極端な平和主義を説くためには、贖罪意識に訴えるだけでは足りない。そこで、昭和20年代の公民教科書は、国家の姿を消してしまった。ようやく昭和30年度以降には「主権国家」の説明が行われるようになっていったが、それでも、国家とは何か、国家の役割とは何か、といったことはきちんと書かれることはなかった。特に、第一の役割であるはずの国防を国家の役割として明記することは行われてこなかった。国防を国家の役割として教えれば生徒から第9条に対する疑問が沸き出てくることになるから、公民教科書はできるだけ国家について教育しないようにしてきたのである。

このように日本人の贖罪意識に訴えるとともに国家論を教えないことによって平和主義を説く方法は、今日まで一貫して継続している。ただし、贖罪意識を喚起するやり方は、在日韓国・朝鮮人やアイヌの差別問題や沖縄米軍基地問題を強調するものに重点が移ってきている。

家族の解体を目指し始めた公民教科書

昭和20年代以来存在する第二と第四の特徴に続いて、昭和30年代以降の公民教科書は第三の全体主義的な特徴を持つようになっていく。かつて、昭和33年版中学校学習指導要領は、「日本国憲法」の原則として、基本的人権の尊重、平和主義、国民主権、三権分立、間接民主制、議院内閣制の六原則を挙げていた。ここには、国民主権という権力集中を伴う民主主義的原則とともに、三権分立、間接民主制、議院内閣制という立憲主義的原則が挙げられていた。すなわち、昭和33年版指導要領は、立憲主義的な民主主義の立場を採っていたのである。

ところが、日教組に牛耳られていた公民教科書は、指導要領を無視するかのように、昭和30年代以来、「日本国憲法」の原則から三権分立等を全て排除し、基本的人権の尊重、平和主義、国民主権という三原則説をとるようになった。政治意思の決定という観点から見れば、三原則の中には、国民主権という権力集中の原則しか残っていない。必然的に三原則説から全体主義的傾向が出てくることに注意されたい。

しかも、国民主権とは国民が政治決定を自ら行う意味だと解釈され、直接民主制こそが本来の民主主義のあり方であると説かれ続けてきた。しかし、決して、直接民主制が人気投票に堕して扇動的な政治、時には独裁政治を生み出しやすいこと等々の欠点を指摘することはなかった。こうして、昭和30年代以来、公民教科書は、立憲主義的な民主主義をしりぞけ、全体主義的な民主主義を推奨することになった。そして、平成5～8年度版以降になると、立憲主義的な民主主義の元祖である英国政治史を書かない教科書が増加していき、全体主義的な民主主義の元祖であるフランス革命を中心に西欧米国政治史を語ることになるのである。

最後に、第一の共同社会解体の特徴は、一九八〇年代を経て、平成5～8年度版以降に一挙に確立されてくる。これ以降の公民教科書は、日本社会と国家を解体するために夫婦別姓や外国人参政権を説くなど、社民党や共産党の宣伝パンフのような性格を帯び始める。そして、平成24～27年度版と28～31年度版では、多数派教科書は、一挙に家族論に関する教育そのものを削除してしまった。こうして、四つの否定的特徴が出揃ったのである。

以下、第五章と第六章で、特に四つの否定的特徴が平成28～31年度版公民教科書の中でどのように現われているか、検討していくこととしよう。

第五章
各社公民教科書テーマ別比較

第一節　共同体の解体

今日の公民教科書は、日本社会をバラバラな個々人に解体することを狙っているかのようである。日本という一つのまとまりを維持していこうという考え方が存在しないのか、日本文化論をまともに展開できていない（テーマ1）。

そして、家族、地域社会、国家という共同社会を解体する傾向を持っている。何よりも、家族や地域社会に関する教育をおろそかにしているし、国家論も全く展開しない。次いで、家族、地域社会、国家を共同社会と定義することはしない。そして、これらの共同社会を維持していく上で重要な公共の精神、愛郷心、愛国心の教育を全く行わないのである（テーマ2、3、4）。

1　日本文化の特色

日本文化の特色を明らかにした自由社

現行学習指導要領は、「現代社会における文化の意義や影響を理解させるとともに、我が国の伝統と文化に関心を持たせ、文化の継承と創造の意義に気付かせる」と記し、文化を重視し、更には日本文化を重視する姿勢を打ち出した。この影響は平成24〜27年度版を経て、今回の平成28〜31年度版に如実に現れた。全社が日本文化に多くの頁を割くようになっただけではなく、日本文化の特色を明確化しようとはしている。

ところが、文句なく体系的な日本文化論を築いたのは自由社だけである。自由社は、日本文化の特色を、在来文化の上に外来文化を融合する《文化の調和と融合》、和の精神に基づく《社会の融和と連帯》、「ものづくり」の文化伝統に代表される《勤労と勤勉》、《自然との共存》という4点でまとめている。

これらのうち最も重要なのは第二の《社会の融和と連帯》という点である。自由社は、この第二の特色について、「私たちの祖先は、国や社会などを形成し維持していくにあたって、国内、組織内の融和と連帯を重視し、組織を構成するメンバー一人ひとりを大事にする和の精神を大切にしてきました」（10頁）と説明する。

右の《社会の融和と連帯》の精神又は「和の精神」が、天皇と幕府等の実力者を共存させ、権威と権力の分離の体制を生み出した。そして、天皇がもっぱら政治的権威の役割を果たして、幕府や政党といった、その時々の政治権力に正統性を与えてきたわけである。

他に注目されるのは、帝国が比較的体系的な日本文化論を築いていることである。帝国は、「外来文化を受け入れてきた日本の文化」と「自然と一体化した日本の文化」という小見出しの下、自由社が挙げた右の4点を全て挙げている。

多数派教科書における体系的日本文化論の欠如

他の5社はと言えば、例えば東書が「ユーラシア大陸の東に位置する日本は、大陸文化の影響を受けながら歴史的に独自の文化を形成してきました」(18頁)と書いているように、第一の特色しか挙げることができないでいる。後は、せいぜい「自然との共生」という表現で《自然との共存》という特色を挙げている程度である。今後、各社が日本文化論を深めることを期待する。

2 家族

昭和56年度から激減し出した家族論

日本の公民教科書は、ひたすら、家族を解体することを目指し続けている。家族論に関しては、3期に区分できる。家族論に十分な分量を割いていた昭和55(1980)年度まで、急激に家族論の分量を激減させていった昭和56（1981）年度から平成23（2011）年度まで、多数派教科書で家族論が消滅した平成24年度以降、という三期である。

第一期には、家族論に30頁も40頁も当てている教科書はざらに存在したし、十分な家族教育が行われていたと言える。しかし、昭和56年度から劇的に家族論の分量は激減していく。昭和53～55年度版では平均21頁の分量だったものが、56～58年度版では7頁に激減する。第二期の始まりである。そして教科書改訂のたびに頁数は減少し、平成18～23年度版では平均3頁になっていたのである。ただし、平成18～23年度版では家族論に特化した単元が置かれていたことに注目されたい。

指導要領改定で消えていく家族論

ところが、平成20（2008）年3月、中学校学習指導要領が改定された。この指導要領案が発表された時、筆者は驚愕した。指導要領案から「家族」と「地域社会」という言葉が消えていたからである。「つくる会」がパブリックコメントに応じて「家族」と「地域社会」の復活を強く訴えたが、全く無視された。筆者は、これからは、家族論を展開しなくても検定合格できることになるな、と予想した。だが、その後、同年7月に出た指導要領解説書の社会編を見ると、「家族」と「地域社会」という言葉は存在した。それゆえ、これまで通り、各社教科書は家族論をテーマにした単元を設けるのではないかと淡い期待を抱いた。

だが、この期待は完全に裏切られた。平成20年版指導要領の下で作られた平成24～27年度版公民教科書は、全7社のうち、東書、日文、清水の3社は家族論の単元を設けなかった。そして教出は、家族の単元こそ設けたが、わずか1頁しか家族論に当てていなかった。一応、家族論を最低限展開していると思われたのは、自由社、育鵬社、帝国の3社だけであった。

今回の検定結果をみても、同じ傾向が続いている。単元名に「家族」が出てくるのは自由社、育鵬社、帝国、東書の4社存在するが、そのうち東書の場合は当該単元でわずか7行しか家族に充てていない。今回も、最低限の家族論を展開していると見なせるのは、自由社、育鵬社、帝国の3社だけなのである。昭和56年から始まった《公民教科書から家族が消えていく》流れは全く変わらないと言ってよいだろう。それどころか、文科省自身が、指導要領改定によって家族解体を推し進めているのである。次期指導要領の改定では「家族」と「地域社会」の復活が強く望まれるところである。

家族を「身近な社会集団」としか定義しない東書

ここまで分量や単元名といった形式面に注目して家族論について見てきた。では、教科書は、どのように家族を定義しているであろうか。採択率一位の東書は「最も身近な社会集団」(24頁)と、日文は「最小の社会集団」(22頁)、教出は「生活の土台となる社会集団」(24頁)と定義するのみである。間違ってはいないが、これでは家族の定義として余りにもお粗末であり、定義になっていないとも言える。

しかし、これら3社は定義があるだけまだましとも言える。清水に至っては定義しようともしない。あえて清水の家族に対する定義を探すと、【ともに生きる社会をめざして】という単元の冒頭に「私たちは、家族や地域、学校など、さまざまな社会集団をつくり」(20頁)という表現がある。つまり清水は、家族を「社会集団」一般に完全に解消しており、家族固有の価値を全く認めない。それゆえ、家族をめぐる問題を男女平等の問題に還元してしまい、政治編の「平等権」の所で記すのである。

家族論をきちんと展開した自由社

家族の定義として一応評価できるのは、自由社、育鵬社、帝国である。まず帝国から見れば、「私たちにとって家族とは、最も基礎的な社会集団です」(18頁)とある。「基礎的な社会集団」

というのはかつては当たり前に書かれていた定義である。東書等4社にも最低限望まれる記述である。

しかし、家族は単に「基礎的な社会集団」であるだけではない。企業やクラブ、学校といった人為的に作られる集団とは異なり、自然に生まれる共同体である。家族が共同体であることを明記するのは自由社と育鵬社のみである。

2社のうち自由社は、更に第一に、親子関係を「保護―被保護関係」「指導―被指導関係」として捉え、民法に規定された「親権」等を詳述している。育鵬社を含めた他社は家族を「人間形成の場」と説くだけで親子関係についてそもそも書いていない。他社は、親子の「保護―被保護関係」「指導―被指導関係」を上下関係と見なし、この関係をそのまま認めることは平等主義に反すると考えてしまい、親子関係について記さないのであろう。だが、これでは、家庭教育は成立しなくなってしまうだろう。

ただし、帝国が唯一、「民法では家族はたがいに協力しなければならないこと、親は子どもを養ったり教育したりする権利や義務があることを定めています」(19頁)と極めて簡単に親子関係に触れている。

また第二に、自由社は、他の全6社と異なり、家族を祖先から子孫へ「縦のつながり」を伝えていく場であると捉えている。

この2点は、余りにも当たり前のことである。他社も自由社の家族論を取り入れてもらいたいと思うものである。

3　公共の精神、愛郷心・愛国心

愛国心、愛郷心、公共の精神を無視した東書等5社

平成18（2006）年、教育基本法が改正された。教育の目標を定めた同法第2条には、第三号で「公共の精神に基づき、主体的に社会の形成に参画し、その発展に寄与する態度を養うこと」が、同条第五号で「伝統と文化を尊重し、それらをはぐくんできた我が国と郷土を愛するとともに」ということが規定された。つまり、公共の精神、愛郷心、愛国心の育成が、教育の目標として設定されたのである。

そこで、平成24～27年度版には、公民教科書では、公共の精神等の3点が説かれるものとも予想された。ところが、結局、平成23年の教科書採択戦時には、3点を全て展開した教科書は、

自由社1社だけであった。育鵬社は、採択戦時には「各自が地域の一員として公共の精神をもつことが重要です」（30頁）と言うだけで、愛国心も愛郷心も説かなかった。その後、平成24年の教科書使用開始までに愛国心を簡単に記すことになったが、愛郷心を説くことはついになかった。他の東書等5社に至っては、3点全てを無視する態度に出た。

今回も同様で、5社は3点全てを無視したままである。見事、文科省は、あるいは教育基本法は、教科書会社又は公民教科書執筆者によって「馬鹿」にされ続けているのである。

しかし、教育基本法の趣旨からすれば、3点を全て展開すべきであることは言うまでもない。特に「公共の精神」は、自由民主主義社会にとって極めて重要なものである。「公共の精神」が国民の中から失われてしまったら、力の強い者だけが権利を行使することができるようになり、社会秩序が崩壊していくだろう。それに、「公共の精神」について理解していなければ、生徒は政治編で教わる「公共の福祉」の概念についてもきちんと理解できないであろう。その意味でも、国家が嫌いでも自由民主主義を評価するはずの5社は、先ずは「公共の精神」を説くことから始めるべきではないか。

公共の精神、愛郷心、愛国心をきちんと説く自由社

これに対して、5社とは異なり、自由社と育鵬社の2社は3点全てを説いている。より詳細に且つきちんと3点を説く自由社について見ていこう。自由社は、家族論に2単元、地域社会論に1単元使っている。まず【私たちと地域社会】という単元では、公共の精神について「社会の利益と幸福を考えて行動しようとする精神」（31頁）と定義し、この精神を養うことの重要さを強調している。

次いで【家族愛・愛郷心から愛国心へ】という単元で、「愛郷心から愛国心へ」「愛国心と国際社会」「愛国心と社会」という3つの小見出しを置き、愛郷心と愛国心について説明している。まず、「愛郷心から愛国心へ」の小見出しの下、次のように記している。

「国民にとって最も大きな社会である国家は、共同社会の性質ももっています。自分が生まれ育った祖国を大切に思う心を愛国心といいます。オリンピックで日本の選手が活躍したときなどうれしくなるのは、愛国心の自然な表れといえるでしょう。自分を愛する気持ち（自己愛）を、家族や友人も同じようにもっていると気がついたとき、自己愛は他者への愛に広がります。さらに地域社会、郷土、美しい自然環境などの公的なものへと拡大して、愛国心は形成されていきます。故郷をいとおしく思う愛郷心（郷土愛）、そして愛国心は自然な感情として芽ばえ、育っていくものです」（32頁）。

このように愛国心と愛郷心を定義し、最後の「愛国心と社会」の箇所で、「国を愛することはこれから生まれてくる子孫を守ることにもつながっていきます。私たちは、祖先の残したすぐれた伝統や文化を現代に継承しつつ、未来をみつめて次の世代に伝え、そして国家・社会のさらなる発展に貢献しなければなりません」（33頁）と述べて、この単元を締め括っている。すなわち、愛国心は、祖先から子孫に伝統や文化を継承していく上で重要なものだというのである。

愛国心が消えていく流れの継続

しかし、何ゆえに、教科書の多数派は愛国心、愛郷心、公共の精神を説こうとしないのか。最も焦点となる愛国心記述の変遷史を振り返ってみよう。まず昭和20年代には、愛国心が説かれることはなかった。愛国心を記しても、偏狭な愛国心を警戒しようという点をもっぱら強調していた。ところが、昭和30～36年度の時期になると、半数ほどの教科書で愛国心が説かれることになる。

しかし、昭和37（１９６２）年度以降になると、愛国心を説く教科書が減少していく。そして、昭和47年度から61年度の時期には完全消滅してしまう。昭和62（1987）年度以降の時期には、大体、1社ぐらいが愛国心を説く状態となっていくが、昭和37年度以降、愛国心が消えていく流れが続いていたのである。

この流れは強力なものである。この根底には、昭和21（1946）年11月にCCD（米軍民間検閲支隊）が定めた検閲指針がある。検閲指針の第19項目には、「ナショナリズムの宣伝厳密な意味での国家主義の一切の宣伝がこれに相当する」と記されており、国家主義につながる言説が禁止された。それゆえ、愛国心や次項で見る国家論は忌避され続けてきたのである。日本の教科書は、今も検閲指針を守り続けているといえよう。

4　国家論　付属……公共財

国家論の教育を忌避する公民教科書

戦後日本では、一貫して国家論の教育は忌避されてきた。前述のように、CCDの定めた検閲指針によって、国家主義につながる言説が禁止された。その結果、戦後を通じて一貫して、法学・政治学の世界でさえも国家論が忌避されてきた。公民教科書も、昭和20年代には国家の説明を全くしなかった。国内編でも国際編でも国家は登場しなかった。ようやく、国際社会編で「主権国家」が登場するのは昭和30（1955）～36年度の時期になってからであった。

そして、昭和37（1962）～46年度の時期には、半分ほどの教科書で国家の役割とは何かといった記述が登場する。ようやく、国家に関するまともな教育が行われるようになっていくと思われたが、決して国防が国家の役割として据えられることはなかった。それどころか、昭和47（1972）年度以降の時期になると、一挙に国家の役割論を記す教科書は減少し、ほとんどの教科書は国家の役割とは何か、正面から記さなくなっていく。こうして、国際社会編では対外主権国家の教育を行うけれども、国内編では対内的な国家の目的・役割を教えないという風に、検閲指針との間で折り合いが付けられるようになったのである。

改正教育基本法下でも国家は消えたまま

しかし、前述のように、平成18（2006）年、教育基本法が改正され、第2条第五号で「伝統と文化を尊重し、それらをはぐくんできた我が国と郷土を愛するとともに」ということが教育の目標として規定された。それゆえ、愛国心の前提として、国内政治編を展開する前に国家論を説明する教科書が多数になることを、筆者は期待した。これまでのパターンでは、国家の説明は国際社会編の所で「主権平等の原則」及び国家三要素説（主権、国民、領土）が展開されるだけであった。決して、国内政治編で民主主義や人権を展開する前に、そもそも国家とは何か、国家の役割とは何か、といったことが展開されることはなかった。生徒は、国家論を教育されないまま、民主主義や国会・内閣・裁判所について教育を受けていたのである。筆者は、この出鱈目な状況が変化することを期待したのである。

だが、平成24～27年度版では、国内編で国家論を展開したと言えるのは清水と自由社、育鵬社の3社のみであった。ただ、国内編で国家論を展開する教科書は、それまでの清水1社から3社に増加したから、改善したとはいえる成果であった。それに、国家論を2単元にわたって展開し、国防を国家の役割として初めて堂々と設定した自由社教科書の登場は画期的なものだった。

ところが、今回、国家論の記述は大きく後退した。育鵬社は国内編で少し展開していた国家論を国際編に統一してしまったし、清水は育鵬社よりすっきりと分かりやすく展開していた国家論を削除してしまった。

結局、国内編で国家論を展開する教科書は自由社1社だけとなった。自由社は、国内政治編の最初に、国家を共同社会と定義し、その役割を防衛、社会資本の整備、法秩序の維持、国民一人ひとりの権利の保障という4点でまとめた。この4点目の教育は重要である。戦後公民教科書の多数派は、国家の教育をしないどころか、政治権力の必要性さえも教えてこなかった。そして、権力が必要だと教えないまま、権利や民主主義の説明を行い、《立憲主義とは政治権力を制限することです》と説明するものだから、国家や政治権力と個々人とを対立的に捉える思想を育んできたのである。このような思想の拡大を阻止する上でも、自由社の国家論は貴重であるといえよう。

政治権力の必要性は政治編の冒頭に記すべきである

とはいえ、今回、政治権力の必要性を記さないと明確に言える教科書は東書1社となった。圧倒的多数派が政治権力の必要性を認めるようになったことは、特筆される改善点だと言えるかもしれない。

だが、かつては最もしっかりした国家論・政治権力論を展開していた清水は、「政治権力は、一方的な強制力と感じられるかもしれないが、実は、国民がその権力行使を承認しているから成立しているのである」(27頁)とするだけであり、正面から政治権力の必要性を承認しない。

また、今回新たに政治権力の必要性を明言するようになった帝国も、先に民主主義や権利について教えてしまった後に、初めて政治権力の必要性を教えている。帝国は、第2部「私たちと民主政治」第1章「民主主義について考えよう」の箇所で、先ず「国の権力のはたらきが民主的に定められた法によって制限されるという法の支配の原則が、強大な国の権力から私たちの人権を守るために大切になります」(35頁)と記す。また第2章「日本国憲法について考えよう」では、「憲法は、国家の権力を制限して、人々の権利を守る立憲主義という性格をもっています」(36頁)と記す。このように先ず、権力に対する忌避感、悪感情を植え付けてしまった後に、第3章「国民として国の政治を考えよう」で、「政治においては、人々の意見の対立を調整するのにあたり、人々に命令し、従わせる力(権力)が必要とされます」(60頁)と、初めて政治権力の必要性を教えている。

なぜ、帝国は、政治編である第2部の最初に政治権力の必要性を記さないのか、疑問に思う所である。

国防を公共財と規定する教科書の増加

なお、帝国は、新たに政治権力の必要性を認めるようになっただけではなく、警察と国防をともに公共サービス(公共財)と位置づけるように変化した。その結果、警察と国防を共に公共財とする教科書は、元々そうしていた自由社、教出と併せて3社となった。また、東書が新たに警察を公共財と認めるようになり、警察を公共財と認めない教科書は皆無となった。政治権力の必要性を認める教科書の増加とともに、評価できる変化である。

第二節　全体主義的な民主主義を目指す

公民教科書は、立憲主義的民主主義ではなく、全体主義的民主主義を志向する。公民教科書は、フランス革命を最も理想的なものと見なして、英国革命を無視する傾向をもつ（テーマ5）。また、社会主義に対するシンパシーから、資本主義経済の優れた点を指摘することも、社会主義経済の劣った点も指摘することはない（テーマ10）。更に、直接民主主義を本来の民主主義と見なすからか、間接民主主義を近代国家が採用する積極的意義を説こうともしないし、直接民主主義の危険性を指摘することもしない（テーマ9）。

また、「日本国憲法」については、本来違法な成立過程を合理化するために、偽りの「日本国憲法」成立過程史を展開する。特に、議会がＧＨＱに統制されていた事実を絶対に記さない（テーマ6）。そして、その原則に関しては、国民主権、基本的人権の尊重、平和主義の三大原則説をわざわざ採用している。フランス革命の理想視と関連するのであろうが、近代政治に普遍的な権力分立をわざわざ排除してしまう。また、英国革命の無視と関連するのであろうが、天皇が権威を、首相が権力を分け持つ権威と権力の分離の原則も排除してしまうのである(テーマ7、8)。

5　西欧米国政治史・政治思想史

全社が立憲主義の言葉を使う

公民教科書は、昭和20年代以来、まず西欧と米国の政治史ないし政治思想史を記すことを通じて近代の自由民主主義国家の普遍的政治原理を最初に示してから、「日本国憲法」の説明に入っていく構成をとってきた。今回も全社がそのようにしている。

西欧米国政治史・政治思想史に関する記述については、前回を経て今回、大きく改善されたといえる。先ず何よりも目立つ変化は、全社が「法治主義」あるいは「法の支配」と「立憲主義」の言葉を共に用いるようになったことである。平成14～17年度版や18～23年度版では、「法治主義」あるいは「法の支配」の言葉を用いる教科書も、「立憲主義」の言葉を用いる教科書も少数派であったから、大きな改善と言えよう。

フランス革命をめぐる東書等多数派と自由社の対立

さて、立憲主義という言葉を全社が使用するが、その中身はどういうものであろうか。先ず思想家について言えば、全社はロックが基本的人権の尊重、ルソーが国民主権（人民主権）、モンテスキューが権力分立を主張したと記している。だが、清水以外は側注欄等で資料として記すのみである。

次いで、英米仏3国の何れの国の政治史を特にモデルとしているか注意してみると、東書、教出、帝国の3社は英国に触れておらず、明らかに米仏、その中でもフランス革命にモデルとなるべきものを求めている。清水も、英国に触れてはいるが、米仏に力点があり、特にフランス革命を強調している。

これに対して、育鵬社と自由社は、むしろ英国に力点をおいて西欧米国政治史を描いている。残る日文は、英米仏三国の革命全てを詳しく説明している。

総じて、教科書において最も重視されるのはフランス革命である。しかし、フランス革命は、少なくとも手放しで称賛される革命ではない。フランス革命とこの革命を支えたルソーの国民主権（人民主権）思想は、ファシズムや共産主義といった全体主義の元祖ともいうべきものであり、テロリズムを生み出し、恐怖政治を生み出した。今日の自由民主主義国家がモデルとすべき代物ではない。だが、フランス革命の恐怖政治を教科書は指摘しようとはしない。唯一、自由社が「1789年、王の専制政治の廃止を目指しフランス革命が起きた。憲法制定議会で、『人権宣言』が採択され、のちに1791年に制定された憲法にとり入れられた。このときの憲法は立憲君主制を定めたものだったが、やがて革命は過激化し、王政を廃止したばかりか、王を処刑し、今日の「テロ」の語源のテルール（恐怖政治）へ突き進んで行った」（43頁）と指摘している。

権力分立を西欧米国政治史・政治思想史で記さぬ教科書

これに対して、前述のように、他の6社は恐怖政治を紹介しない。この態度と関連するのか、近代の自由民主主義国家の普遍的政治原理ではありえない国民主権を、西欧米国政治史・政治思想史の中で記すのが清水と日文の2社も存在する。逆に、帝国と育鵬社の2社は、もちろん国会等の箇所では権力分立について記すけれども、西欧米国政治史・政治思想史の箇所では本文で記そうとはしないのである。

しかし、権力分立は、自由民主主義国家が守る立憲主義の極めて重要な要素である。芦部信喜著・高橋和之補訂『憲法　第5版』（岩波書店、２０１1年）は、立憲主義の思想に基く憲法について「その趣旨は、『権利の保障が確保されず、権力の分立が定められていない社会は、すべて憲法をもつものではない』と規定する有名な一七八九年フランス人権宣言一六条に示されている」（5頁）としている。フランス人権宣言も芦部も、立憲主義の最重要要素として、権利の尊重と権力分立の二点を挙げていることに注目されたい。ちなみに、フランス革命自体は、国民主権と権利の思想に基き、権力分立を無視し、テロリズムに走ってしまったといえる。

にもかかわらず、権力分立を西欧米国政治史・政治思想史の箇所できちんと書かない教科書が2社も存在することは問題であろう。

6　「日本国憲法」成立過程

議会審議の統制を記した自由社

一貫して最も歴史偽造又は歴史歪曲が激しいのが、「日本国憲法」成立過程の記述である。政府案作成までの経過からみると、ＧＨＱ案が政府案の基になったことは全社が記しているが、マッカーサーによる憲法改正の指示という事実をそもそも書かない教科書が、東書、教出、清水、帝国と7社中4社も存在する。何ともおかしなことと言える。

だが、それ以上におかしいのは、帝国議会における憲法改正審議がGHQによって完全に統制されていた事実が、公民教科書においては無視されていることである。この点を、不十分ながら書いたのは自由社だけである。自由社は、「議員の追放と憲法改正の審議」との小見出しの下、議員の公職追放が行われたと記した後、次のように記している。

「当時は、GHQによって、軍国主義の復活を防ぐという目的から、信書（手紙）の検閲や新聞・雑誌の事前検閲が厳しく行われました。GHQへの批判記事は掲載がいっさい認められず、特にGHQが新憲法の原案をつくったということに関する記事は掲載しないよう、厳しくとりしまられました。従って、憲法審議中、国民は新憲法の原案がGHQから出たものであることを知りませんでした。

このような状況のなかで憲法改正の政府案は6月から10月にかけて帝国議会で審議されました。帝国議会では、主として衆議院の憲法改正特別委員会小委員会の審議を通じて、いくつかの重要な修正が行われました。しかし、小委員会の審議は、一般議員の傍聴も新聞記者の入場も認められない密室の審議でした。この小委員会の速記録は、1995（平成7）年に初めて公表されました」（51頁）。

自由社の記述のポイントは、第一に公職追放によって多くの議員が追放されていったこと、第二にGHQによる厳しい検閲が行われていたこと、第三に帝国議会の審議を主導した衆議院憲法改正小委員会が一般議員からさえも切りはなされた秘密会であったこと、総じて帝国議会がGHQの統制下にあったことを記したことにある。

このような記述は全て事実であるにもかかわらず、初めて現れたものであり、画期的なものである。しかし、更に、小委員会が憲法改正案の修正を行うときには必ずGHQの承認が必要だったことも記してほしいところである。

議会審議の統制を記さない6社

自由社が示した三つのポイントのうち検閲の点は育鵬社も触れている。だが、他の二つのポイントは、自由社以外の6社は全く触れていない。例えば、帝国は、議会審議については、「総選挙で選ばれた衆議院議員もふくむ帝国議会で約3か月にわたり審議され、一部修正のうえ日本国憲法として制定されました」（37頁）と記している。ここからは、議会審議が極めて不自由な異常なものだったことが読み取れない。帝国は、議会審議が普通に行われ、議員たちが自由意思で「一部修正」を行ったかのように記すのである。

また、「日本国憲法として制定されました」という書き方も、実は問題をはらんでいる。「制定」という言葉は、自由社と教出以外の全社が使っている。例えば育鵬社と東書、日文の3社は「日本国憲法の制定」という小見出しを使っているし、日文は【日本国憲法の制定と三つの基本原則】という単元見出しを使っている。

しかし、「日本国憲法」は、大日本帝国憲法の改正という形式で作られたものである。また、金森徳次郎憲法改正担当大臣が示した公権解釈も、「日本国憲法」を大日本帝国憲法の改正欽定憲法として位置づけている。これに対して、宮沢俊義が始めた民定憲法論からすれば、「日本国憲法」は改正憲法ではなく、新しく制定された憲法であるということになり、「制定」という言葉を使うのは当然だということになる。ところが、もはや宮沢の民定憲法論は通説ではなくなっている。つまり、「制定」という言葉を使うということは、一部の学説に偏った立場をとるということなのである。

7 「日本国憲法」の原則

所謂《いわゆる》三大原則説を採る東書等

「日本国憲法」の原則については、教科書は3タイプに分かれる。一つは東書等の5社で、国民主権、平和主義、基本的人権の尊重の3点を「日本国憲法」の原則として掲げるものである。いわゆる三大原則説である。例えば東書は、「国民主権、平和主義、基本的人権の尊重は、日本国憲法の三つの基本原理です」(39頁) と記している。また帝国は、「日本国憲法は『国民主権』『基本的人権の尊重』『平和主義』を三大原則としています」(38頁) と記している。この三大原則説は学習指導要領の立場でもあるから、必然的に教科書の多数派を形成し続けている。

基本は三大原則説、五原則説的でもある育鵬社

二つは育鵬社で、三大原則説をそのまま肯定しているようでもあり、五原則説の立場をとるようでもあるものである。育鵬社は、一方で、第2章「私たちの生活と政治——日本国憲法の基本原則——」の冒頭に置いた「法の入り口」という大コラムで、小コラム「法を学習するにあたって」を設定し、「法の中でもっとも上位にある日本国憲法の基本原則である、基本的人

権の尊重、国民主権、平和主義の主旨について学びます」（45頁）と記している。

ところが、他方で単元【大日本帝国憲法と日本国憲法】では、「日本国憲法の基本原則」の小見出しの下、「日本国憲法は天皇の位置づけを、大日本帝国憲法での統治権の総攬者から、日本国および日本国民統合の象徴へと、とらえ直しました。また、主権が国民に存すること（国民主権）を宣言し、戦争の放棄と平和の希求（平和主義）、国民の基本的人権の尊重をうたうとともに、国政が国民の代表による議会制民主主義に基づくことを確認しました」（49頁）と説明している。この単元本文では、三原則に加えて、象徴天皇と議会制民主主義の二原則を併せた五原則を「日本国憲法」の原則として捉えていると言える。

しかし、にもかかわらず、側注⑦で「日本国憲法の主な基本原則」という図の中で、基本的人権の尊重、国民主権、平和主義の三点を示し、「これらを三大原則とよぶことがあります」（49頁）と記している。象徴天皇と議会制民主主義については「原則」という言葉を用いていないから、育鵬社の立場とは、基本は三原則説だが、五原則説的でもあるとまとめられよう。

七つの原則を掲げた自由社

三つは自由社で、七原則説をとるものである。自由社も、他社と同じく、最初に「日本国憲法の3原則」との小見出しの下、「日本国憲法には3原則があるといわれています」（52頁）というふうに、【日本国憲法の原則】という単元を書き出している。この小見出しの下で3原則を説明した後に、「立憲主義が支える日本国憲法の原則」との小見出しを置き、次のように記している。

「このような3原則を支えているのは、立憲主義の憲法としての原則です。

その第1に、象徴天皇の原則にのっとっています。憲法に規定する天皇は象徴であり、政治権力はもちません。象徴である天皇は、日本の伝統的政治文化に従い、権力機関の長である内閣総理大臣を国会の指名に基づいて任命し、さらに、内閣の指名に基づいて最高裁判所長官を任命します。諸外国では、天皇が国家の元首とみられることがあります。

第2に、法治主義の原則をとっています。憲法は国家が行う行為はすべて、「国権の最高機関」（41条）である国会の定める法律に従わなければならないことを規定しています。

第3に、日本国憲法は前文第1段で、間接民主主義または議会制民主主義の原則を打ち立てています。

第4に、憲法の条文が、第4章で国会、第5章で内閣、第6章で司法と分けて規定していることからもわかるように、三権分立の原則を採用し、立法、行政、司法の三権がたがいに抑制、均衡し合うことを予定しています」（53頁）。

このように、自由社は、いわゆる三原則に加えて、象徴天皇の原則、法治主義の原則、間接民主主義または議会制民主主義の原則、三権分立の原則の四原則を、「日本国憲法」の原則として設定するのである。この七原則説は常識的なものと思われる。もっとも、「象徴天皇の原則」は、本来ならば、公権解釈に従って立憲君主制の原則と記すべきところであろう。検定意見によって、「立憲君主制の原則」から「象徴天皇の原則」に変えられたのである。

とはいえ、「立憲君主制の原則」であれ「象徴天皇の原則」であれ、共にその背景には権威である天皇と権力である内閣総理大臣が機能分化すべきであるという思想がある。そして、この権威と権力の分離の思想は、三権分立や間接民主主義と相俟って独裁政治を防ぐ効能をもつことに注意を喚起したい。

三大原則説の危険性を意識した自由社と育鵬社

では、なぜ、3タイプの教科書が発生するのであろうか。育鵬社や自由社は、何故に、五原則説や七原則説にこだわるのであろうか。それは、三原則説が憲法学界では定説となっていないからでもあるが、それ以上に三原則説が思想的に危険なものだからである。

三原則説は、自由社が挙げる七原則から、法治主義、権力分立、立憲君主制（又は象徴天皇）、間接民主主義の原則を除いた。これらを除いてもっぱら国民主権を強調すれば、国民の信任を得たとされる者が独裁政治を行っても「日本国憲法」に適っているということになる。

言ってみれば、特に三権分立と間接民主主義（議会制民主主義）は自由主義的な原則、国民主権は民主主義的な原則と言える。近代政治では、自由主義と民主主義のバランスの上で初めて、独裁政治を排除し、穏健で建設的な政治を生み出すことができる。にもかかわらず、自由主義的な原則を排除してしまっては、民主的かもしれないが独裁的な専制政治が登場することを阻止できないであろう。自由社は、このような問題意識から、七原則説にこだわったのである。育鵬社が五原則説的な記述を行う背景にも、同じような問題意識があるものと思われる。

8　天皇論

歴史と天皇を切り離す東書等5社

これまで酷過ぎたからでもあるが、天皇論はかなり改善された。公的行為を紹介する教科書が増えたし、何よりも単元名に天皇を登場させる教科書が、自由社と育鵬社以外に2社登場した。東書は【国民主権と天皇の地位】という単元を、教出は【国民の意思による政治—国民主権と象徴天皇制】という単元を設けた。戦後の公民教科書は、天皇という存在を極めて軽く扱い続けてきた。小見出しやサブ小見出し扱いさえもしない時代もあったし、比較的天皇を重んずる教科書でも小見出し扱いであった。ところが、『新しい公民教科書』が4頁用いて天皇論を展開した影響か、天皇の位置付けが高くなったのである。

しかし、学習指導要領には、わざわざ「日本国及び日本国民統合の象徴としての天皇の地位と天皇の国事に関する行為について理解させる」と規定してある。公民教科書は、何ゆえに天皇が「象徴」とされているのか、何ゆえに「象徴」に相応しいのか、説明しなければならないはずである。ところが、自由社と育鵬社以外の5社は、日本の歴史から天皇の地位を読み解こうとはしない。したがって、生徒は、5社の教科書を読んでも、一向に、天皇の地位を理解できないことになるのである。5社は、特にわずか4行で天皇について記述している清水は、学習指導要領違反ではなかろうか。

歴史と天皇を結び付ける自由社と育鵬社

これに対して、自由社と育鵬社は、日本の歴史から天皇の地位を読み解こうとしている。自由社から見れば、「日本の歴史において、権威と権力が分離するようになったのちは、天皇はみずから権力をふるうことなく、幕府などそのときどきの政治権力に正統性をあたえる権威としての役割を果たしてきました。日本国憲法のもとでの天皇も、日本の政治的伝統にならった役割を果たしています」(58頁)と記す。すなわち自由社は、「日本国憲法」下の天皇も基本的に権威として捉えようとしている。

そして、自由社は、現実に諸外国から元首として遇されている天皇について、「対外的には、天皇は諸外国から日本国を代表する元首としての待遇を受けることがあります」とも記している。学問的には正しい天皇元首論につながる見解を表明したのである。

育鵬社も、歴史的伝統に基づき、天皇を象徴及び権威として捉えようとしている。今回の育鵬社は「天皇は……古くから続く日本の伝統的な姿を体現したり、国民の統合を強めたりする存在となっており、現代の立憲君主制のモデルとなっています」(51頁)と記している。現代日本の政治体制を「立憲君主制」と捉えたと言えるかは分からないが、「立憲君主制」という言葉が検定を通ったのである。画期的なことと言えよう。

9　間接民主主義と直接民主主義

間接民主主義の積極的意義を説く自由社と育鵬社

「日本国憲法」は、間接民主主義すなわち議会制民主主義の原則を採っている。また、学習指導要領も、「議会制民主主義の意義について考えさせる」（内容（3）イ）と記しており、直接民主主義にはまったく触れていない。それゆえ、公民教科書は、間接民主主義を民主政治の基本型として扱うべきである。

最も「日本国憲法」及び学習指導要領に忠実に民主主義を解説するのが自由社である。自由社は、【議会制民主主義と権力分立】という単元で「議会制民主主義の意義」という小見出しを置き、次のように記している。

「日本国憲法は前文で、『日本国民は、正当に選挙された国会における代表者を通じて行動し』と規定し、議会制民主主義をわが国の政治の原則と定めています。選出された代表者は議会（国会）に集まって政治のあり方を討議するので、議会制民主主義は間接民主主義、または代議制民主主義とも呼ばれます。

議会制民主主義は、国民全員が政治に参加する直接民主主義にはない長所をもっています。政治は、幅広い国民の利害や意見を踏まえたうえで最善の決定をする仕事です。議会制民主主義における代表者は、政治を職業とする政治家として、その政治の能力を高度に磨き上げる機会が与えられるのです」(76頁)。

このように自由社は、間接民主主義の長所を説く。その長所が出てくる理由については、別の箇所で「国民一人ひとりは、決して政治に必要な知識をすべてもっているわけではありません。そのため、政治に優れた能力をもっている人を代表として選び、政治に専念してもらうことにより優れた政治を期待しました。選ばれた代表の優れた能力によって、議論を効率よく行うことができます」(44頁)と説明している。素人である国民が直接議論するよりも専門家である議員たちに議論を任せた方が上手くいくというのである。

育鵬社も、「日本国憲法」が間接民主制の原則を採っていることを記し、「目先の利益にとらわれず、国民全体のために広い視野から、また中長期的な視点で冷静にものごとを判断できる人物を選挙で選び、その代表者が集まって政治を行うことを理想とする間接民主制(議会制民主主義)が広く行われています」(87頁)と述べている。国民一人ひとりよりは政治家の方が中長期的視点があり、冷静な判断ができることを、間接民主主義の積極的な長所として考えているのである。

間接民主主義の積極的意義を説かない東書等5社

これに対して、他の5社は、間接民主主義の積極的意義を説こうとしない。例えば東書は、「人々が直接話し合いに参加するやり方（直接民主制）もありますが、一度に大勢が集まるのは困難ですし、複雑な物事を決めたりするのには適しません。そのため、多くの国では代表者を選挙で選び、その代表者が集まって議会を作り、物事を話し合って決めるというやり方（間接民主制）が採られています。これを議会制民主主義ともいいます」（75頁）と記す。

すなわち、多数が一度に集まれないこと、複雑な物事を決められないこと、という二つの欠点が直接民主制にはあるから、仕方なく間接民主主義が採られているのだというのである。ここには、やはり、昭和20年代以来連綿として続く、直接民主主義こそが民主主義の理想型であるという幻想が存在するのであろう。東書等5社も、自由社や育鵬社の記述にならう必要があろう。

直接民主主義の危険性を記した自由社

なお、最後に、自由社の「古代ギリシャの直接民主主義」という小コラムを紹介しておきたい。

「古代ギリシャのポリス（都市国家）の一つであったアテネでは、成人男子の自由民が全員集まって議会を開く直接民主主義を行っていた。

直接民主主義では大勢の自由民の意見はまとめにくく、それをまとめるために集まった人の感情に訴えるリーダーが出現しやすい。

古代ギリシャではそのリーダーが独裁者になることを警戒して、ほとんどの官職は、くじ引きによって1年任期で選んで担当させていた。その結果、素人同然の人たちが行政を行うことになり、行政は効率的とはいいがたかった」（45頁）。

一方で直接民主主義によって選ばれる有能なリーダーがポピュリズムに陥り独裁に走りがちなこと、他方で独裁を恐れる余り無能なリーダーを選びがちとなり非効率となること、という相矛盾するような2点のことを指摘している。この2点は、特に前者は、今日の直接民主主義的システムによく当てはまる。その意味で、自由社の記述に注目しておきたい。

10　市場経済と計画経済

計画経済の失敗を記さぬ4社

日本の経済システムは、そして世界の支配的な経済システムは、市場経済である。学習指導要領も、「市場経済の基本的な考え方について理解させる」（内容「(2)ア）と記している。従って、公民教科書には、市場経済の仕組みの長所と短所を端的に記すことが求められる。その際、計画経済との比較において記す方法が優れていると言える。

ところが、まず東書と教出は、そもそも計画経済について全く言及しない。言及を行う日文と清水も計画経済が失敗したことを記さない。例えば清水は、側注①で「資本主義経済に対し、社会主義経済は、工場や設備（生産手段）の公有を前提とした経済である。かつてのソ連や中国では、さらに国家が生産や流通を統制していた」（112頁）と記すだけである。

失敗を記すが計画経済の仕組みの短所を記さぬ育鵬社等

次に、育鵬社と帝国の二社は、計画経済の失敗を記してはいる。だが、二社の記述を読んでも、何故に失敗したのか、計画経済の仕組みのどこに問題があったか、理解できない。例えば育鵬社は、「社会主義経済」という小コラムで、「旧ソビエト連邦の強制的な集団農場化や強引な工業化、中華人民共和国の大躍進政策などは、相ついで失敗し、飢餓や貧困の原因となり、多くの犠牲者を出しました。今も北朝鮮では、多くの国民が飢餓に苦しんでいます」（147頁）と記すだけである。

計画経済の仕組みの短所を記す自由社

最後に残る自由社だけが、計画経済と市場経済をきちんと比較している。自由社は、【市場経済の特色】という単元を設け、まず市場経済の長所として「経済成長と豊かさの増大」を、短所として「貧富の差」を挙げる。そして「貧富の差」を解消するために始められた計画経済について次のように記す。

「この市場経済に対して、各種の経済財の生産量と価格、さらには消費量までを国家の計画に基づいて決めていく計画経済があります。計画経済は、理論上は、経済財の生産量に過不足が起こらず、競争がないため平等で貧富の差のない社会を築くことができるとされました。しかし、実際は、消費者一人ひとりの要望は無視され、競争がないため生産技術の開発も停滞し、計画を決める国家官僚に権力と特権が集中し、独裁政権が生まれやすくなるなど、非効率的で不公正な経済制度であることが明らかとなりました」（114頁）。

このように自由社は、一人ひとりの要望の無視、競争不在の故の技術停滞、独裁政権の誕生といった3点を、計画経済の短所として挙げる。その上で、「ミニ知識　市場経済の公正と効率」という小コラムで、更に短所を次のように記している。

「このような計画経済の生産のしくみでは、労働者は努力や工夫の有無にかかわらず賃金が同じであるため、労働意欲が減退し、技術の発展も停滞してしまった。また、複雑で予測しにくい経済の動きをあらかじめコントロールすることは不可能なことでもあった。計画経済の考え方としては賃金を平等にし、公正な経済の運営を目標としたのだが、効率が悪く、国民の豊かな経済生活を実現することはできなかった。しかも、国民の自由に対する欲求を抑圧してしまった」(115頁)。

傍線部から知られるように、計画経済の仕組みでは、労働意欲の減退、経済の動きのコントロール不可能性、非効率性、自由の抑圧といった問題がある。それゆえ、計画経済より市場経済の方が優れていることになる。自由社は、上記引用に続いて「市場経済では、計画はしないが、競争を公正に行わせることによって、自由を抑圧せず、結果として、豊かな生活を効率よく実現することに成功した」(同)と結論づけている。

第三節　日本を差別国家と位置づける

公民教科書は、日本国民に対して、アイヌや在日韓国・朝鮮人などに対する様々な贖罪意識を植え付けることを目指している。そのために、「法の下の平等」を平等権に読み替えて逆差別思想の法的根拠を作り出すとともに、アイヌ先住民族論や《在日韓国・朝鮮人は徴用された者たちの子孫である》という偽りの論理を展開している（テーマ11、12、13）。

アイヌ等への贖罪意識の植え付けは平成に入ってからのものだが、公民教科書は、昭和20年代以来、アジアに対する侵略を行ったとか、アジアに対して大きな損害を与えたと記すことによって、中韓を初めとするアジアの諸民族に対する贖罪意識を植え付けようとしてきた。そして、その贖罪意識を根拠にして、戦争と戦力の放棄を規定した第９条の存在を正当化してきた。今日も、基本的に同じ状況が続いている（テーマ14）。

11　法の下の平等

差別問題に関する記述分量の大幅増加

公民教科書における自由と平等に関する記述分量の変化を追いかけてみると、顕著な事実に気付く。それは、平等に関する記述、すなわち差別問題を中心にした記述が最近急速に増加してきた事実である。昭和53～55年度版までの公民教科書は、自由権に関する記述を中心に行っており、平等に関する記述をせいぜい1頁ほど行うだけであった。ところが、昭和56～58年度版、59～61年度版を経て、62～平成元年度版になると、平等に関する記述は4頁平均に増加する。

その後、じょじょに増加していき、今回の28～31年版では、自由社を除けば、6～7頁平均まで増加している。前回との大きな違いは、東書が6頁から8頁に、育鵬社が5頁から7頁に分量を増加させたことである。育鵬社が挙げる差別問題は、部落、女性、外国人、障害者、アイヌ、ハンセン病元患者、エイズ感染者といったものであるが、そのうち部落からアイヌまでの5つは差別問題を記すときの定番となっている。

このように、一方で平等に関する記述が大幅に増加してきたにも関わらず、自由権に関する記述は増加していない。大体、2頁で自由権を説明する形が続いている。今回も、清水と教出が自由権に4頁あてている以外は全社が2頁で済ませている。しかし、自由権は権利の基本である。せめて清水や教出程度の分量を当てるべきではないだろうか。

平等権か、法の下の平等か

差別問題の記述増加は、結果の平等を求める平等権思想と関連している。今回も、東書等5社の多数派は、法の下の平等ではなく、平等権という言葉を用い、平等権の思想を基本としている。例えば東書は、平等を扱った単元のタイトルを【平等権――共生社会を目指して】、帝国は【基本的人権の尊重と平等権】としている。平等権の思想からすれば、結果の違いは全て不平等に、更には不当な差別に見えてしまう。そしていわゆる差別問題に焦点を当てて大幅に頁を割くことにもなる。その結果、後述のように、外国人参政権問題を差別問題の一つとして取り上げる発想も生まれてくるのである。

これら5社に対して、自由社は【権利の平等と社会権】という単元名を用いているし、この単元に「権利の平等」という小見出しを置き、次のように記している。

「日本国憲法は、第13条で『すべて国民は、個人として尊重される』と規定し、第14条で『すべて国民は、法の下に平等であって、人種、信条、性別、社会的身分又は門地により、政治的、経済的又は社会的関係において、差別されない』と定めています。このように、国民のだれもが一個の人格として差別なく尊重され、自由な社会的活動の機会を等しく享受できることの保障を法のもとの平等、または権利の平等といいます。しかし、憲法が保障する平等とは、あらゆる社会的活動への参加の機会が国民全員に平等に開かれていること（機会の平等）であって、各人の努力や、能力、適性のちがいによって生じた社会的役割のちがいや差をなくすこと（結果の平等）ではない点に注意する必要があります」（66頁）。

このように自由社は、平等権という言葉を全く用いていない。そして、「法の下の平等」を権利の平等と捉え、これは機会の平等を保障するものであって、結果の平等を保障するものではないと明言している。つまり、機会の平等を求める《法の下の平等》の思想を表明しているのである。

同様に育鵬社も、前回の単元名【平等権】を変えて、【法の下の平等】と改称し、「法の下の平等」という小見出しを用いている。平等権という言葉は一か所で残ってはいるが、《法の下の平等》の思想を基本的に表明したものとして歓迎したい。

12　在日韓国・朝鮮人

■清水書院が記す在日韓国朝鮮人は強制連行された者の子孫

日本には現在，約200万人の外国人が住んでいる。そのなかの約25%が韓国《かんこく》・朝鮮籍《ちょうせんせき》の人びとである。それらの人びとは，日本による植民地支配▶4後，やむをえず日本へ移住してきた人びとの子孫《しそん》も少なくない。

▶4 1910年に日本政府は韓国併《へい》合《ごう》をおこない，第二次世界大戦中には，多くの朝鮮半島の人びとを強制労働のために日本に連行した。

真っ赤なうそをつく東書、教出、清水

平成22（2010）年3月10日、衆院外務委員会で、高市早苗議員の質問に答える形で、外務省は、徴用されて日本にやって来た者のうち、残留していた韓国・朝鮮人は昭和34（1959）年の時点で245人であると答えた。つまり、徴用された韓国・朝鮮人は、戦後になって、大多数が朝鮮半島に帰国してしまっていたのである。

しかし、平成18〜23年度版では、在日韓国・朝鮮人とは徴用のために日本に連れてこられた人たちの子孫であるという嘘が、8社中、日本書籍新社、日文、東書、教出、清水の5社の中で記されていた。実は検定合格段階では大書（大阪書籍）もこの嘘を記していたが、使用本段階で訂正したのである。

平成24〜27年度版では、日本書籍新社が撤退し、元々日文が出していた教科書も撤退したため、東書、教出、清水の3社だけが、

この嘘を掲載していた。今回も同じ3社が、この真っ赤な嘘を掲載し続けている。例えば東書は「2012年現在、日本には約53万人の在日韓国・朝鮮人が暮らしています。この中には、1910（明治43）年の日本の韓国併合による植民地支配の時代に、日本への移住を余儀なくされた人たちや、意思に反して日本に連れてこられて働かされた人たちとその子孫も多くいます」（47頁）と記す。また、教出は、「かつて政府は朝鮮を支配し、第二次世界大戦中には、多くの朝鮮人が日本に連れてこられました。戦後、朝鮮の独立によって祖国にもどった人もいましたが、多数の人々が日本に定住し、現在もその子孫が多く暮らしています（在日韓国・朝鮮人）」（49頁）と記す。

最後の清水は、「日本には現在、約200万人の外国人が住んでいる。そのなかの約25%が韓国・朝鮮籍の人びとである。それらの人びとは、日本による植民地支配後、やむをえず日本へ移住してきた人びとの子孫も少なくない」（43頁）と記したうえで、側注④で「1910年に日本政府は『韓国併合』をおこない、第二次世界大戦中には、多くの朝鮮半島の人びとを強制労働のために日本に連行した」（同）とまで述べる。朝鮮人徴用を強制連行と位置づけ、強制労働と明言していることに注目されたい。在日韓国・朝鮮人被徴用者子孫説という嘘に加えて、強制連行、強制労働の嘘が加わっているのである。東書、教出、清水の記述を検定合格させた文科省は一体何をしているのであろうか。

在日韓国・朝鮮人に選挙権等を認めないのは差別とする清水等4社

では、これら3社は、何故に明白な嘘を教科書に掲載し続けるのか。それは、明らかに、在日韓国・朝鮮人は不当に差別された可哀そうな人たちであるというイメージを強固にして、彼らの権利を拡大しようという動機から来ている。清水は、上記記述に続けて、「民族の誇りをもって日本社会で活躍する在日韓国・朝鮮人（在日コリアン）も多いが、学校生活や就職での差別をさけるため、本名を名のれず、日本名でくらしてきた人びともいる。日本でともに生活しながら、日本国籍をもたない彼らには、参政権や公務員になる権利などにも制約が残っている」（43頁）と述べる。すなわち、在日韓国・朝鮮人に参政権や公務員になる権利に関して差別があるというのである。他にも帝国が同様の主張をしているし、教出と日文は、選挙権や公務員になる権利について差別があるとしている。合計4社である。

しかし、公務員になる権利も選挙権も参政権に含まれるから清水や帝国の書き方はおかしいが、いずれにしても、これら二つの権利は日本国民だけに認められるものである。二つの権利について差別があるという4社の記述は偏ったものだと言えよう。また、現実の世界で問題にされているのは参政権一般ではなく地方選挙権だけである。また、公務員になる権利一般ではなく、地方公務員になる権利である。教科書は、世の中以上に、在日韓国・朝鮮人の権利を拡大しようとする傾向を持っているのである。

結局、在日韓国・朝鮮人の由来について嘘を書かず、二つの権利に関する制約を差別問題に仕立てていないのは自由社と育鵬社だけである。清水を初めとした5社の記述は是正が必要である。特に、在日韓国・朝鮮人の由来に関する清水、東書、教出の嘘記述を検定合格させた文科省の責任は大きいと言わねばならない。

13 アイヌ

アイヌ先住民族説の偽造

アイヌ問題は、前回から在日韓国・朝鮮人問題に代わって差別問題の花形になりつつある感がある。前回、自由社以外の全社は、アイヌ差別について半頁から1頁もの分量を割くようになった。更に今回は、採択率一位の東書が単元本文1頁、大コラム2頁を使ってアイヌ問題について記すようになった。

しかも、教科書が扱う数ある差別問題の中で、最も出鱈目なのがアイヌに関する記述である。今回、自由社と育鵬社以外は、アイヌを民族と位置づけ、更に先住民族と位置づけている。アイヌは民族と言えるほどの強力な結合性をもった集団ではないし、そもそも北海道の先住民ではない。アイヌは、北海道の縄文人が本州から移住してきた農耕民と同化し、樺太から侵入してきたオホーツク人を吸収同化して、9世紀から13世紀頃にかけて出来あがった集団であり、まだ千年前後の歴史しか有していない。

オホーツク人が北海道に侵入してきてアイヌになっていったという側面を重視すれば、先住民などではなく、後からやって来た「侵略者」だということになる。仮に、かつては先住民だったと言えるとしても、現在アイヌと名乗る人たちも、アイヌ語で生活しているわけではなく日本語で生活しているし、和人の血の方が濃い場合がほとんどである。つまり、アイヌである以上に和人なのである。従って、現在のアイヌは、到底「先住民族」とは言えないのである。

アイヌは国連宣言の「先住民族」に当てはまらない

にもかかわらず、なぜ、東書等5社は、「先住民」や「先住民族」とするのか。それは、背景に北海道アイヌ協会を中心にした政治運動があるからである。この政治運動を受けて平成20

年6月6日、衆参両院で「アイヌ民族を先住民族とすることを求める決議」が可決された。この決議については、5社が全て触れている。例えば帝国は次のように記している。

「アイヌの人々の伝統文化を取りもどし、振興させるため、1997（平成9）年にアイヌ文化振興法が施行されました。そして、2007年に国連総会で「先住民族の権利に関する国際連合宣言」が採択されたことを受けて、08年には、アイヌの人々を先住民族とすることを求める国会決議がなされました。私たち一人ひとりも、アイヌの人々に対する差別をなくすとともに、アイヌの人々の伝統や文化、民族としてのほこりを尊重していくことが必要です」（45頁）。

帝国の言うように、「先住民族の権利に関する国際連合宣言」を受けて、国会決議が行われた。しかし、国連宣言の「先住民族」とは、アメリカ・インディアンやアボリジニのような人たちのことを指している。彼らは、全く接点のなかった、はるか遠くからやってきた白人たちに、土地を奪われ虐殺された人たちである。彼らの権利を守るためにつくられたのが「先住民族」という概念なのである。それゆえ、アイヌは、国連宣言の「先住民族」とは似ても似つかぬ存在である。国会決議は余りにも出鱈目なものであり、撤回すべきものである。5社の教科書の記述も修正すべきものと言えよう。

と考えてくれば、アイヌ問題に全く触れなかった自由社の態度は、一つの識見を示すものと言える。最後の育鵬社は、「アイヌの人々への差別……も克服しなければならない課題となっています」（69頁）と極めて簡単にふれ、2頁大コラム【「ともに生きる」ためにできること】の中で半頁を使って知里幸恵の生涯を紹介している。このような育鵬社の記述態度が最も優れたもののように思える。

14　平和主義

日本は戦争で大きな被害を他国に与えたとする多数派

歴史教科書に顕著な日本犯罪国家観や侵略戦争史観は、「日本国憲法」の平和主義の土台となっている。すなわち、自由社と育鵬社以外の5社は、連合国もマッカーサーも登場させず、日本は戦争を反省して自ら第9条を作ったという物語を築いている。5社のうち帝国は、「第二次世界大戦の反省にたって平和主義を選択し、戦争を放棄し、戦力をもたないことを宣言しています」（38頁）とするだけであるが、「反省」の前提には、日本が戦争で悪いことをしたという歴史物語がある。

この歴史物語を、他の4社は次のように語っている。東書は「日本は、第二次世界大戦で他の国々に重大な損害をあたえ」（42頁）と、日文は「かつての日本は、日中戦争や第二次世界大戦を通じて、アジア・太平洋地域を侵略し、ほかの国々に深刻な損害をあたえました」（68頁）と、教出は「かつて戦争によって、他国の人々の生命や人権を奪い」（66頁）と、清水は「日本は、第二次世界大戦において、ほかの国ぐにの多数の人びとを殺傷し、ばく大な被害をあたえた」（40頁）と記す。総じて言えば、公民教科書は、日本は重大な損害を他国に与えたという概括的な歴史物語を記すのである。

公民教科書でこのような歴史物語を記すためには、歴史教科書で日本の「悪行」を虚構であろうが取り上げて置くことが必要である。歴史教科書に見られる日本犯罪国家観や侵略戦争史観は、「日本国憲法」の平和主義を生徒に教え込むためにこそ、展開されているのである。

自衛戦力肯定説を紹介した自由社

以上に見た5社のうち日文以外の4社は、憲法学上ほとんど存在しない解釈を示している。例えば東書は「憲法第9条は、戦争を放棄し、戦力を持たず、交戦権を認めないと定めています」（42頁）と記している。前に掲げた帝国と同じ内容である。東書・帝国等4社は、第9条は戦争も戦力もどのような趣旨であれ全面的に放棄したものだという解釈を示すのである。

しかし、戦力全面放棄説は多数説であるが、戦争全面放棄説は必ずしも多数説ではない。むしろ少なくとも第9条①項の解釈としては少数説である。多数説は、第9条①項で放棄された戦争とは「国際紛争を解決するための手段として」の戦争すなわち侵略戦争だけであり、自衛のための戦争は放棄されていないと解釈している。自由社と育鵬社は、この多数説の立場を明確に示している。最後に残る日文も、前回の戦争全面放棄説を改め、「第9条で、戦争や武力の行使などを、国際紛争を解決する手段として永久に放棄することを定めました」（68頁）と記している。前後を読めば、日文も、「国際紛争を解決するための手段として」の戦争を侵略戦争と理解していることははっきりと知られる。

3社の中で注目されるのは、自由社が大コラムの中で主要な第9条解釈を整理して紹介していることであろう。特に注目されるのは、第三の解釈として佐々木惣一・大石義雄の自衛戦力肯定説を紹介したことである。

「**第3の解釈**　第1項は侵略戦争を禁止しているが、自衛のための戦争は禁止していない。また、第2項は、侵略戦争の放棄という第1項の『目的を達するため』の戦力不保持の規定であり、自衛のための戦力の保持を禁止したものではない。従って、自衛隊の存在は憲法に違反しない」（74頁）。

この解釈に立てば、自衛隊は戦力・軍隊として位置づけることが可能となり、ポジティブ・リストではなく、ネガティブ・リストで行動できることになる。ポジティブ・リストで行動しているようであれば、自衛隊は、自国の防衛活動であれ、国連平和維持活動であれ、十分に働けないであろう。

法解釈として自衛隊を肯定するかは五分五分

さて、各社は自衛隊について肯定的であろうか。否定的であろうか。東日本大震災などの災害活動などで自衛隊に対する信頼が高まってきたため、全体的な印象としては否定的な感じはない。だが、本来の活動である防衛を担う組織としての自衛隊について肯定的か否定的か検討してみると、事はそう簡単ではない。

教科書は三タイプに分かれる。まず自由社と育鵬社は肯定的である。次いで日文と帝国の2社は否定的である。そして、東書、教出、清水の3社は肯定五分否定五分の立場である。全体的には、肯定なかば否定なかばというところであろうか。五分五分と言える東書を引いておこう。

「政府は、主権国家には自衛権があり、憲法は『自衛のための必要最小限度の実力』を持つことは禁止していないと説明しています。一方で、自衛隊は憲法第9条の考え方に反しているのではないかという意見もあります」(42頁)。

傍線を引いた「一方で」という接続詞に注目されたい。この部分が「しかし」という接続詞であれば、違憲論に力点を置いた書き方だといえる。東書は、「一方で」という接続詞を使うことによって、政府見解と違憲論とを対等に扱っているのである。

15 沖縄の米軍基地

米軍基地の74%があるとの偏向報道と偏向記述

沖縄に関する報道は偏っている。例えば、平成19(2007)年に沖縄戦記述問題で開かれた11万人集会は、前述のように実際は1万5千人から2万人程度であったという。また、平成22(2010)年4月25日の沖縄県民大会に9万人が集まり、普天間基地の沖縄県内移設に反対する意思を示したという報道は真っ赤な嘘であった。この時も2万人以下であったという(産経新聞平成22年4月26日は3万人、世界日報平成22年5月3日は約1万2千人と報じている)。

これらの完全な嘘以外に、嘘ではないが、沖縄に関する著しく偏った報道がある。全国の米軍基地の74パーセントが沖縄に集中しているという報道である。狭い沖縄に74パーセントも負担が集中しているわけだから、県外又は国外に何が何でも移転すべしという主張に結びつくわけである。

確かに、米軍専用施設の74％は沖縄に集中しており、全国一位である。だが、自衛隊と共用する分も含めた全ての米軍施設のうち、沖縄に存在するのは全国の23％である。全国一位は、沖縄ではなく、34％の北海道である。日本の国防のあり方としては、北海道と沖縄に多いのは当然であろう。74％に注目するか、23％に注目するかで随分印象が異なることを指摘しておこう。

さて、公民教科書に目を向けてみると、東書等5社の教科書も、74パーセントという数字だけを取り上げ、沖縄の負担の大きさを強調している。例えば、清水は、「沖縄では、第二次世界大戦末期、はげしい地上戦がおこなわれ、一般の人びとも甚大な被害を受けた(沖縄戦)。また、1952年に日本が独立を回復したあとも、沖縄は1972年までアメリカ軍の統治下におかれた。いまも日本にあるアメリカ軍基地や訓練場の約74％が沖縄におかれ、住民の生活空間を圧迫している」(95頁)と記す。ここでは23％という数字は無視され、74％という数字だけが踊っている。そしてまた、沖縄の負担過重の観点だけが存在し、安全保障上の観点が全く存在しないことが注目される。

74%と23%を共に取り上げた育鵬社と自由社

これに対して、74%だけではなく、23%という数字も取り上げたのが育鵬社と自由社である。前回から2つの数字を共に取り上げていた自由社は、「沖縄県は中国、台湾に近く、戦略的に大変重要な位置にある。このため、全国のアメリカ軍の専用施設面積および自衛隊との共用施設面積の23%（専用施設面積のみで計算すると74%）が、国土面積の0.6%の沖縄県に集中しており、県の面積の10%を占めている。この県民負担の軽減が政治問題となっている」（165頁）と記す。傍線部から知られるように、沖縄の基地の軍事上、安全保障上の重要さを端的に指摘するとともに、負担軽減の問題も記述している。

今回新たに23%という数字を取り上げた育鵬社も、負担軽減の観点とともに安全保障の観点からも、沖縄の米軍基地問題に言及している。

「在日アメリカ軍基地は青森県、東京都、神奈川県、山口県などと同様に、沖縄県にも残っています。沖縄には、国内のアメリカ軍の専用施設の約74%が存在します（自衛隊との共用施設も含めた場合は全国の約23%）。

日米安全保障条約に基づく日米安保体制は日本の防衛の柱であり、アジア太平洋地域の平和と安定に不可欠です。

一方で、地域住民の生活環境への影響を考え、日本政府は沖縄をはじめとする各地域の実情にあった負担軽減を行っています。沖縄では、基地の整理・縮小や住宅密集地区にある普天間飛行場の辺野古への移設などを進めています」（59頁）。

二つの数字を示す自由社と育鵬社が、負担軽減の観点と安全保障の観点の二つとも持っているのに対し、74％の数字だけを示す東書等5社が負担軽減の観点しか持っていないことは興味深い事実である。やはり、自由社と育鵬社のように、二つの観点から沖縄の基地問題を扱い、二つの数字を取り上げるべきではないだろうか。

第四節　諸外国を日本の上位に位置づける

公民教科書は、国際社会という名の諸外国すべてを上位に位置づけ、国際社会の代表格としての国連を賛美する（テーマ18）。とともに、「持続可能な社会」を強調しても、決して「持続可能な国家」を主張しない（テーマ20）。公民教科書においては、諸外国の下位に位置する日本は、決して、諸外国に対して対等にふるまえる存在ではないのである。

それゆえ、公民教科書は、日本の国家主権解体を志向することになる。領土問題及び領土をめぐる問題に関してだけは国家主権を守る書き方をしているけれども（テーマ17）、その他の問題については全て国家主権を解体するような記述を行っている。例えば、通常普通に用いられる国益という言葉は、公民教科書においては存在しないし、自国の国旗・国歌の尊重は決して説かれない（テーマ16）。また例えば、日本国家の主権と日本人の人権が侵された拉致問題について極めて軽い扱いしかしないのである（テーマ19）。

16　国旗・国歌

自国の国旗国歌の敬重は説かぬ東書等5社

かつて公民教科書には国旗国歌についての記述は存在しなかった。平成5～8年度版からは、平成元年指導要領改定によって国旗国歌の記述が登場した。しかし、公民教科書は、仕方なく国旗国歌の相互敬重は説くけれども、自国の国旗国歌の敬重は決して説かない態度を貫いてきた。新しく登場した『新しい公民教科書』平成14～17年度版が自国の国旗国歌の尊重を説くようになっても、事態は全く変わらなかった。

今回も、自由社と育鵬社を除く5社全てが、国旗国歌の相互敬重だけを説いている。例えば東書は、「主権国家は、国家の象徴として、国旗と国歌を持っています。各国の国旗や国歌にはその国の歴史や文化が反映されています。日本では、1999（平成11）年に法律で『日章旗』が国旗、『君が代』が国歌と定められました。国どうしが尊重し合うために、たがいに国旗・国歌を大切にしていかなければなりません」（171頁）と記す。

これに対して、育鵬社と自由社は、相互敬重だけではなく、自国の国旗国歌の尊重も説いている。育鵬社は「それぞれの国の人々が、自国の国旗・国歌に愛着をもつのは当然のことです。国旗・国歌に敬意を払うということは、その国そのものに対して敬意を払うことになるので、それらを相互に尊重し合うのが国際儀礼になっています」（181頁）と記す。また自由社は、「国旗と国歌に対する敬愛は、国を愛する心情につながっています。また、国際社会では、他国の国旗と国歌に対して、自国のそれと同等に敬意を表するのが基本的礼儀となっています」（145頁）と記している。

国益という言葉を使わぬ東書等5社

自由社の記述は当たり前のことを記したに過ぎないとも言えるが、国旗国歌に対する敬意を愛国心と結び付けて論じていることが注目される。いみじくも、前述のように、愛国心を教科書の中で説くのは、自国の国旗国歌への尊重をも説く自由社と育鵬社だけである。

また、この2社は、国益という観点を持ち、「国益」という言葉を用いている。2社はともに外交の説明をする中で「国益」という言葉を用いている。例えば育鵬社は、「外交は国際社会のルールに基づいて行われますが、各国は自国の利益、すなわち国益を守ろうとするために、ときには軍事力や経済力を利用することがあります」（190頁）と記している。

東書等5社は、愛国心も説かないし、国益という言葉も用いない。だからこそ、国旗国歌の相互敬重しか説かないのである。愛国心、国益、国旗国歌という三者の関連性を確認しておきたい。

17　領土問題・領土をめぐる問題

固有の領土・北方領土と竹島が不法占拠された――東書等5社

最も改善されたのは、文句なく、領土問題・領土をめぐる問題に関する記述である。分量からしても、前回の自由社に続いて、育鵬社と東書が領土問題・領土をめぐる問題に関する大コラム2頁を設定するようになったし、帝国は1単元2頁全体を使って領土問題・領土をめぐる問題について記している。他では、教出が1頁半、日文が1頁、清水だけは小コラムで18行使っている。前回では10行ほどで記すのが平均的であったし、十分な分量を使っていたのは自由社だけであったから、分量の面でまず改善されたことを確認しておきたい。

内容的に見ても、少なくとも自由社、育鵬社、東書、帝国の4社は書くべきことを十分に書いている。日文と清水も一応合格点のことを書いている。北方領土と竹島の記述から検討してみると、自由社、育鵬社、東書、帝国、日文の5社は、この2つが日本固有の領土であり、北方領土はロシアに、竹島は韓国に不法占拠されていると記している。

例えば東書は、北方領土については「1951年のサンフランシスコ平和条約で、日本は千島列島を放棄しました。しかし、歯舞群島、色丹島、国後島、択捉島の北方領土は、千島列島にふくまれない日本の固有の領土です。第二次世界大戦後にソ連が不法に占拠した北方領土の返還を、日本は、ソ連を継承したロシア連邦に求めています」(171頁)と記している。また、竹島については「竹島は、隠岐諸島の北西に位置し、島根県隠岐の島町に属する日本の固有の領土です。しかし、韓国が不法に占拠していることから、日本は、韓国に対して抗議を続けています」（171頁）と記している。

尖閣について中立的な書き方をする教出

これに対して、清水は固有の領土だという点は記すが、不法占拠の点を記さない。逆に教出は、不法占拠の点は明記しているが、固有の領土だと明言しない。そればかりか、教出は「北方領土や、日本海に位置する竹島（島根県）は、歴史的にも国際法の上でも日本固有の領土であるというのが日本政府の立場です。しかし、現在、これらの島々は不法に占拠されています」（181頁）と記す。右の「日本政府の立場です」というのはおかしな書き方である。なぜ、他社のように「日本固有の領土である」と言い切らないのであろうか。疑問に思うところである。

同様の言い方は、尖閣についても見られる。教出は、「また、尖閣諸島（沖縄県）については、日本固有の領土であり、領有権の問題は存在しないというのが日本の立場です。しかし、中国は自国の領土であると主張し、対立関係が続いています」（181頁）と述べている。この書き方では、日本と中国の立場が並列的に述べられているだけであり、日本の側に理があるということが生徒には分からないことになる。極めて問題のある書き方である。

教出以外の6社は、日本の立場から尖閣問題について記している。6社は全て明治28

（1895）年に日本の領土に編入した事実を記し、そのうち自由社、育鵬社、東書、帝国の4社は尖閣を「日本固有の領土」としている。教出には、6社の書き方を見倣ってもらいたいものである。

国益の衝突する例として領土問題を位置づけた帝国

さて、今回、最も改善されたのが帝国である。前回の帝国は何しろ竹島と尖閣について唯一記述していなかった教科書である。ところが、今回は【領土をめぐる問題】という単元を設定し、北方領土、竹島、尖閣の3問題について全て取り上げて必要かつ十分なことを記している。それればかりか、帝国は、この単元の最初を「世界では領土をめぐる争いが起こり、戦争にいたるものも少なくありません。その大きな原因は、国と国との利益の対立です。どの国もその領土を広げ、多くの資源を手にしようとするならば、国と国との争いが続いてしまいます。日本も近隣諸国との間で、近年、領土をめぐってさまざまな動きがあります」（168頁）と記している。

国益という言葉こそ使っていないが、「国と国との利益の対立です」という言い方は注目される。帝国には、国益と国益の衝突する場として国際社会を捉える世界観が一定あるようである。そして、この後に、北方領土、竹島、尖閣の3問題について記しているのである。極めて分かりやすい展開となっている。この展開の仕方は、他社も見倣うべきではないだろうか。

18　国際連合

国際社会は、日本人が考えがちな甘い世界ではない。そのことを端的に示すのが、国際社会の中心に位置する国連とは、元来、第二次世界大戦で日本やドイツ等と戦った連合国のことであり、国連とは軍事問題を中心にした組織だということである。そして、国連が未だに日本やドイツなどを対象とした敵国条項を抱えているということである。特に、連合国の一員が日本の行動を「侵略政策の再現」とみなすことができる場合には、日本に対して勝手に武力行動をとることができるとする規定がある（国連憲章53条）。

にもかかわらず、今回も、東書、日文、教出、清水の4社は国連幻想を植え付ける教育を行っている。未だに多数派教科書が国連幻想に浸っていることをまず確認しておきたい。

敵国条項を記す教科書が3社に増加

しかし、自由社の『新しい公民教科書』は、日本が国連の敵国として位置づけられていること

■敵国条項を記す帝国書院

国際連合の課題

国連の活動は，加盟国からの拠出金《きょしゅつきん》によってまかなわれているため，活動資金や人員は限られています。また，安全保障理事会の常任理事国しか拒否権を使えないため，大国の考えが反映されやすいという声もあります。日本は，常任理事国になるための取り組みを行っていますが，国連の発足から60年以上がたっても，新たに常任理事国として認《みと》められた国はありません。日本をふくむ第二次世界大戦における連合国の敵国に関する国連憲章《けんしょう》→p.227の規定も残されています[2]。このような課題はありますが，国連がかかわることで平和が実現した国や地域も少なくありません。日本は世界第２位の資金を分担《ぶんたん》するなど，国連の活動を支えるうえで中心的な役割を果たしています。

2 こうした規定は，旧敵国条項《じょうこう》ともよばれます。1995年に国連総会で廃止《はいし》を求める決議が採択《さいたく》されましたが，改正は実現していません。

とを示した。すなわち【国際連合の成立と機構】という単元本文で、「わが国は１９５６（昭和31）年に加盟が認められ、以来、安保理の非常任理事国にたびたび選出されるなど、主要メンバーとして責任を担っています。また、分担金などの拠出金額も世界有数です。しかし、現在にいたるまで旧敵国とされています」（153頁）と記した。

その上で、側注⑤で国連とは連合国のことだということを、教科書として初めて指摘した。そして連合国の敵であった日本やドイツなどを対象とした敵国条項が存在するということも記している。すなわち、「国際連合の正式名はＵｎｉｔｅｄ Ｎａｔｉｏｎｓだが、これは第二次世界大戦のときのイギリス・アメリカなどの『連合国』を意味する。

国連発足時、日本などは敵国として位置づけられ、今日もなお、敵国条項が残っている」（153頁）と記すのである。

このように敵国条項を記す教科書は、前回は自由社と育鵬社の2社であったが、今回新たに帝国が記すようになり、7社中3社になった。帝国は敵国条項の中身にふれないし、育鵬社の書き方は粗すぎるが、大きな前進と言えよう。

この動きと関連して、自由社、育鵬社、日文、教出、帝国の5社が、日本が常任理事国化の運動を行っていることを記すようになった。前回は自由社、育鵬社、日文の3社だけであったから、大きな変化と言える。

国連憲章は個別的・集団的自衛権を保障している

最後に自由社の国連に関する記述で注目しておきたい点がある。自由社は、同じ【国際連合の成立と機構】という単元で、国連憲章の説明を行い、「侵略された国は、安全保障理事会が必要な行動をとるまで、主権国家の固有の権利として個別的自衛権および集団的自衛権を行使してもよいとしました」（152頁）と記している。自由社の言う通り、国連憲章上は、独立国には個別的自衛権と集団的自衛権が保障されているのである。このことを記したのは自由社だけであるが、重要な事実であるから他社も記すべきであろう。

19 日本人拉致問題

軽すぎる拉致問題に関する記述

日本人拉致問題については、前回では単なる外交問題の位置付けを行うのが多数派の立場であったが、今回は、自由社、育鵬社、東書、日文、帝国の5社が人権問題と位置づけている。そして、そのうち東書以外の4社は、主権問題・安全保障問題とも位置づけている。位置付け方が深化したことは一応改善と言える。

しかし、拉致問題への教科書の扱い方には、余り熱意は感じられない。何しろ、大コラム2頁で扱うのは自由社と育鵬社のみであり、東書、日文、清水は1行乃至2行で記している。帝国に至っては、単元やコラムの本文では扱わず、「拉致被害者の帰国」という写真キャプションで展開するだけである。索引を見ても、清水と東書は拉致問題を載せてない。全般的に、教科書の拉致問題に対する態度は余りに軽すぎると言えよう。

特に、教出と清水が未だに単なる外交問題として拉致問題を位置づけていることが問題である。例えば清水は、【世界平和と日本の役割】という単元で「諸外国との友好」の小見出しを置き、「日本人の拉致問題など未解決の課題もあり、国交正常化が難航している」（96頁）と記した上で、側注②で「日朝の国交正常化が模索され、2002年9月、日朝両首脳が会談をおこなった。そこで北朝鮮による日本人拉致問題や安全保障の問題など両国間の諸課題が話しあわれ、これらを交渉で解決していくことに合意して『日朝平壌宣言』に署名した。だが、拉致問題の解決をめぐり、日朝の交渉は引き続き難航している」（96頁）と記すだけである。清水は、人権問題等といった位置付けを行わず、単にいろいろな外交問題の一つにすぎないと考えているのである。

上手くまとめられた育鵬社

十分な分量を以て拉致問題について記すのは自由社と育鵬社だけである。育鵬社は、【平和主義と防衛】という単元で「日本の防衛の課題」という小見出しを置き、防衛課題の一つとして拉致問題を挙げる。また、「国際社会における人権」という単元の欄外で「北朝鮮による日本人拉致問題を伝える新聞」という写真キャプションを掲げ、「日本国内に侵入したり、あるいは海外で日本人を拉致した北朝鮮の行為は、国家主権と人権の重大な侵害です」（79頁）とする。すなわち、安全保障問題・主権問題であるとともに、人権問題でもあるとするのである。そして、【北朝鮮による日本人拉致事件】（182〜183頁）という大コラムを設定し、拉致問題について詳しく説明している。まず、「連れ去られた中1女子」「『きっと助けてあげる』」との小見出しの下、横田めぐみさんが拉致された時の様子や父親の滋さんによる中学生に対する訴えを共感的に記す。次いで「少なくとも17人が被害」の小見出しの下、日本人拉致問題の全体像を示すとともに、「国際社会も大きな関心」の小見出しの下、日本政府が拉致問題をめぐってどのように取り組んでいるか、特に国際社会への働きかけに注目して記している。全体として、上手くまとめられている。

スパイ防止法の欠如と拉致事件の関連を示した自由社

自由社は、大コラム【もっと知りたい　日本人拉致問題】を設定し、リード文で「北朝鮮は、なぜ日本人を拉致したのであろうか。この重大な人権侵害と国家主権侵害を、日本はなぜ防げなかったのであろうか」と設問し、北朝鮮が拉致を行った理由を次のように記している。

「日本人拉致問題の背景には、朝鮮半島における北朝鮮と韓国との対立がある。北朝鮮は韓国に対していろいろな破壊活動を仕掛けるために、工作員教育を行ってきた。その工作員教育の一つに、日本人化教育課程があった。日本人化計画のためには、日本語や日本の生活習慣を教える日本人教官が必要となり、日本人を拉致してきた」（162頁）。

このように北朝鮮による日本人拉致の動機を記したうえで、自由社は、多数の拉致事件の被害者が出た日本側の理由として、スパイ防止法の欠如を指摘している。

「最初の本格的な拉致事件である宇出津事件のとき、日本の警察は、久米裕さんを能登半島の宇出津海岸まで連れていき北朝鮮工作員に引きわたした在日朝鮮人を逮捕し、拉致の事実を自白させていた。だが、スパイ防止法がない日本では、工作員を罰することができなかった。そこで、捜査当局は、国外移送目的拐取罪での起訴を考えた。ところが、被害者である久米裕さんが見つからないと証拠が出てこないと判断して、不起訴にしてしまったのである」（163頁）。

傍線部から知られるように、拉致問題の本質的理由は、「日本国憲法」の平和主義によってもたらされたスパイ防止法の欠如にある。その点を自由社は抉り出しているのである。他社も、日本人拉致問題の背景に迫ってもらいたいものである。

20 「持続可能な社会」「人間の安全保障」

世界には、資源・エネルギー問題、地球環境問題とともに、人口爆発や貧困・飢餓といった問題があふれている。これらの問題に対処するために、国連は「人間の安全保障」と「持続可能な社会」という概念を提唱し、世界に広めてきた。前回から、この二つの概念は、大多数の公民教科書にも登場してきた。今回は全ての教科書が二つの概念の説明を行っている。

二つの概念は、その発生経緯からしてもそれなりに必要な概念ではある。だが、共に国連が提唱した概念であり、国連が独立国家を含む世界全体に対して影響力を行使していくためのイデオロギーでもある。下手な使い方をすれば、日本国家を滅ぼしていく可能性のあるものである。特に「人間の安全保障」は、独立国家に対する内政干渉を合理化する理論となり得る。

東書等が説明する「人間の安全保障」

「人間の安全保障」に関する教科書記述から見よう。採択率一位の東書は、【世界平和のために】という単元を設定し、「より良い地球社会を目指して」という小見出しの下、「近年では、国だけでなく一人一人の人間に着目し、その生命や人権を大切にするという『人間の安全保障』の考え方が提唱されています」（201頁）と記したうえで、小コラム「公民にアクセス　人間の安全保障」で「人間の安全保障」という概念の説明を行っている。

「従来の安全保障は、国家が自国の国土と国民を守るという『国家の安全保障』の考え方が中心的でした。しかし、グローバル化の進展で、国家の安全保障だけでは人々の安全と平和を確保できない場合も見られるようになってきました。そこで、人間一人一人に着目した『人間の安全保障』という考え方が生まれ、世界的に広まっています」（201頁）。

比較的わかりやすい説明を行っているが、人間一人ひとりに対する「人間の安全保障」に対する責任は国家にあるということが明確になっていない。自由社以外の5社も同様である。このような認識では、きちんと国民の安全と平和を守っている独立国家に対して内政干渉していこうとする動きが国際社会の中にあった時、その動きに全く対抗できないであろう。東書には国家論など存在しないから、対抗しようとする意識など端からないのであろう。

自由社が説明する「人間の安全保障」

「人間の安全保障」に対する責任は国家にあるということを明確に述べているのは自由社だけである。自由社は次のように「人間の安全保障」について説明している。

「『人間の安全保障』とは、民族紛争や人権問題、人口爆発、貧困・飢餓、資源・エネルギー問題、地球環境問題とともに登場した考え方である。これらの問題は、個々の人間の生存や安全をいちじるしく脅かす。この脅威を取り除く責任は、本来、国家にあるが、この責任を果たすことができない国家も存在している。そこで、国際社会が協同して、個々の人間の安全を守るべきであるという考え方が出てきた。そのために、本来国家について使われる『安全保障』という言葉の意味を拡大して、『人間の安全保障』という言葉が作られた」（181頁）。

このような概念として把握されていれば、「人間の安全保障」という理論が通常の独立国家に対して内政干渉する道具として使われることはないであろう。他社も、同様の説明を行う必要があろう。

「持続可能な国家」と書く教科書は一つもない

次に「持続可能な社会」という言葉であるが、「人間の安全保障」よりはるかに良く使われる。元々「持続可能な開発」という言い方が元祖だったが、この言葉が発展して「持続可能な社会」という言葉が現れた。

この言葉は、平成20年3月に改定された新指導要領の重要キーワードとして取り入れられた。新指導要領の［公民的分野］部分は、社会科全体のまとめにあたる内容（4）イ「よりよい社会を目指して」の箇所で、「持続可能な社会を形成するという観点から、私たちがよりよい社会を築いていくために解決すべき課題を探求させ、自分の考えをまとめさせる」と記した。

この指導要領を受けて、今回、全社が「持続可能な社会」について論ずる箇所を最後に設けた。すなわち東書は終章「より良い社会を目指して」、日文は第5編「私たちの課題――持続可能な社会を目指して」、教出は終章第1節「持続可能な未来へ」(第2節は存在しない)、清水は第3編第2章「持続可能な未来へ」、帝国は第5編第1章「持続可能な社会について考えよう」、育鵬社は第5章第2節「持続可能な社会をつくるために」、自由社は終章「持続可能な社会を目指して」の中で論じた。その際、教出以外の全社は、「持続可能な社会」という言葉を最大のキーワードとして用いた。これに対して、教出だけは、タイトルにもある通り、この言葉を「持続可能な未来」という言葉に変えて用いた。また、最初の「公民の学習を始めるにあたって」という箇所では「持続可能性」という言葉に変えて用いている。

さて、自由社の平成22年度検定では「持続可能な国家」という表現が検定を通らなかった。自由社の執筆者たちは、「持続可能な社会」の中に、社会、国家、世界を含めて考えた。そこで、何箇所かで「持続可能な国家」という言葉を使った。端的には、終章タイトルは、検定申請本では「持続可能な国家と社会を目指して」というものだった。ところが、検定を通じて、「持続可能な国家」という言葉は全て削除され、終章タイトルは「持続可能な社会を目指して」というものに変化した。「国家」という言葉が終章タイトルから消えたのである。教科書調査官によれば、「持続可能な社会」「持続可能な世界」という言葉は使えるが、指導要領に照らして「持続可能な国家は、用語として不適切」であるということだった。ただし、終章の最後の単元は「持続可能な日本と世界」と題されている。ここには、何とか、日本国家の持続可能性という思想を残したいと考えた自由社執筆者の想いが残されている。

「持続可能な国家」が検定を通らない理由

では、何ゆえに、公民教科書においては、「持続可能な世界」は許されるが、「持続可能な国家」は許されないのか。これは、やはり指導要領の全体的な思想から言って許されないのであろうと推定される。

指導要領の内容（4）「ア　世界平和と人類の福祉の増大」では、第一文として、「世界平和の実現と人類の福祉の増大のためには、国際協調の観点から、国家間の相互の主権の尊重と協力、各国民の相互理解と協力及び国際連合をはじめとする国際機構などの役割が大切であることを認識させ、国際社会における我が国の役割について考えさせる」と記されている。

ここには、2点の問題がある。一つは、目的が「世界平和の実現と人類の福祉の増大」とのみ謳われており、日本国家の繁栄又は日本国民の福祉が目的として掲げられていないことである。二つは、「国際協調の観点」だけが存在し、「国益の観点」あるいは「自国の主権尊重の観点」が存在しないことである。日本の国益よりも「国際社会」という名の諸外国の国益を重視する思想、すなわち〈世界に尽くす日本〉という思想が明確に背景にある。極論すれば、「世界平和の実現と人類の福祉の増大のため」ならば日本国家など滅んでも構わないという思想が見て取れるのである。

このような指導要領の思想からすれば、「持続可能な世界」はよいが、「持続可能な国家」はやはりダメなのである。

第六章
各社公民教科書の総合評価

第一節　三位グループの公民教科書

第五章では、各社公民教科書を20のテーマについて論じてきた。その前に、筆者は以下の26項目について各社の記述を比較検討した。

1　(1) 日本文化の特色
　(2) 宗教……テーマとして設定していない
2　(3) 家族
3　(4) 公共の精神……⑸と併せて一テーマ
　(5) 愛国心、愛郷心……⑷と併せて一テーマ
4　(6) 国家論……(19)と併せて一テーマ
5　(7) 西欧米国政治史・政治思想史
　(8) 日本歴史と立憲主義……テーマとして設定していない
　(9) 大日本帝国憲法……テーマとして設定していない
6　(10)「日本国憲法」成立過程

(11)「日本国憲法」の原則　7

(12) 天皇論　8

(13) 法の下の平等　11

(14) 在日韓国・朝鮮人　12

(15) アイヌ　13

(16) 平和主義　14

(17) 沖縄の米軍基地　15

(18) 間接民主主義と直接民主主義　9

(19) 公共財……⑥と併せて一テーマ

(20) 市場経済と計画経済　10

(21) 国旗・国歌　16

(22) 領土問題・領土をめぐる問題　17

(23) 国際連合　18

(24) 日本人拉致問題　19

(25) 核兵器問題……テーマとして設定していない

	自由社	育鵬社	東書	日文	教出	清水	帝国
合計点	116	83	42	47	47	38	52
平均点	4.46	3.19	1.62	1.81	1.81	1.46	2

20（26）「持続可能な社会」「人間の安全保障」

東書など7社の教科書について項目ごとに五段階で評価を行い、巻末に評価表を掲げた。7社の総合点と平均点は表のようになる。

この表を参考に分類すれば、一位グループとして自由社1社、二位グループとして育鵬社1社、三位グループとして帝国、教出、日文、東書、清水の5社が位置している。したがって、自由社VS育鵬社VS帝国等5社という対立構図があると言える。更に三位グループである5社について見れば、上位に帝国、中位に教出及び日文、下位に東書及び清水と三つのサブグループに分類できることが分かる。

また、26項目に関する各社教科書の分析と20テーマについて論ずる中で、公民教科書には、総じて四つの否定的特徴があることが改めて分かった。第一に、その家族論の分量の少なさや公共の精神及び愛国心・愛郷心などの無視から見られるように、家族や地域社会など共同社会の解体を目指している。第二に、国家論の欠如や国益という言葉の欠如から端的に知られるように、国家の解体を目指している。第三に、「日本国憲法」三原則説の採用から端的に知られるように、フランス革命などに体現された全体主義的な民主主義を目指している。第四に、アイヌ先住民族論や在日被徴用者子孫説に端的に見られるように、歴史偽造又は歪曲をしてでも日本国民に対して様々な贖罪意識を植え付けることを目指している。

以下、三位グループの中で下位サブグループに属する採択率一位の東書から見ていこう。

(1) 東京書籍……家族と国家の解体を狙う

家族の解体を目指す

東書は、四つの否定的特徴をすべて持っているが、清水書院とともに、特に第一と第二の特徴を最も強く持っている教科書である。つまり、端的に言えば、家族と国家の解体を目指す教科書である。

今回、東京書籍からは批判の的だった「地球市民」の言葉が消えた。だが、原理的には、個人と「地球社会」の中間にある家族、地域社会、国家を全て破壊しようという思想は全く変わらない。ちなみに、東京書籍の歴史教科書の結びには「地球市民」という言葉が存在する。

まず、家族からみると、前回、東書は「家族」という言葉が入っている単元を一つも設定しなかった。これには大いに驚かされた。さすがに、今回は副題に「家族」という言葉を入れた単元を一つ設けた。しかし、その単元名は【少子高齢化——変わる人口構成と家族】というもので、主題は少子高齢化にあり、ここでは家族というものがどういうものか、全く説明がない。家族の定義を探すと、別の単元【社会集団の中で生きる私たち】の「家族と地域社会」という小見出しの下、「家族は、私たちが最初に出会う最も身近な社会集団です」とあるだけである。ここには「共同体」どころか「基礎的な社会集団」という位置付けさえも存在しない。企業やクラブなどの利益社会との区別立てがなく、極めて軽い存在として、家族を捉えていることが知られる。

家族を軽視する東書は、前回と今回、家族に充てた分量を大幅に減らした。その分量は、かつては20頁ほど存在したが、昭和56～58年度版以降じょじょに減少していき、平成18～23年度版では4頁まで減少していた。そして、前回と今回は更に大幅に分量を減らし、1頁未満になってしまったのである。何とも恐ろしい変化である。まるで、家族という存在の破壊を狙っているかのようである。

政治権力の必要性さえも記さない

ここまで第一の特徴を見てきたが、次いで第二の特徴を見ていこう。公民教科書は、だいたい、文化・社会編、政治編、経済編、国際社会編という順序で構成される。それゆえ、政治編の冒頭に国家論が必要である。だが、東書は、自由社以外の5社と同じく、国家論を記さない。それどころか、政治権力の必要性さえも記さない。必要性を記さないでおいて、【立憲主義と日本国憲法】という単元で、次のように述べている。

「国の政治権力は強大で、国民の自由をしばることができます。そこで、この政治権力から人権を守り、保障していくために、憲法によって政治権力を制限するという考えが生まれました。これを立憲主義といいます」(38頁)。

この記述は間違いとも言えないが、こういう教育を受ける生徒は、政治権力なんかない方がよい、あってもできるだけ脆弱な方がよいと考えるだろう。このように記すならば、猶更、政治権力の必要性を明記する必要があろう。ところが、40年以上前から、東書は、決して政治権力の必要性を記すことはなかった。東書の政治権力解体・国家解体思想は、筋金入りなのである。

東書の国家解体思想は、普通に使われる国益という言葉も観点もないことに現れている。また、現代日本にとって最重要課題の一つと言える日本人拉致問題について、単元本文1行と1枚の写真とそのキャプションで済ませていることにも現れている。

ただし、改善された点がないわけではない。その最大のものは、領土問題・領土をめぐる問題に関する記述であろう。東書は、2頁以上のスペースを用い、日本の立場から問題について解説している。この点は評価できよう。

安倍首相の写真を17枚も掲げる東書

なお、東書を読み進めていくと、安倍晋三首相の写真の異常な多さに気付かされた。数えてみると、何と全部で17枚も存在する。安倍首相の写真が全くないとすれば、それもおかしな話ではある。だが、内閣総理大臣の指名や党首討論の写真として、数枚程度安倍首相の写真が載せられるのであればうなずけるが、17枚とは異様な多さである。

この安倍首相の写真の多さは、他社にも共通した特徴である。他社における写真の数を調べてみると、見落としが少しあるかも知れないが、育鵬社の14枚、日文、教出、帝国の10枚、清水の7枚、自由社の3枚となる。10枚以上もの写真を用いている東書や育鵬社等5社の姿勢は、多少ともおかしいのではないか。特に17枚もの写真を用いる東書が表現する思想は、安倍内閣とは相当程度対立するものである。にもかかわらず、ここまで安倍首相という最高権力にすり寄るとは、まさしく驚きである。何ともいやな感じにさせられた。

(2) 清水書院……最も歴史偽造的・左翼的な教科書

国家論を削除した清水書院

次いで、東書とともに下位サブグループに属する、従って最も改善すべき点の多い清水について見ていこう。

清水も、四つの否定的特徴を有している。それらの中でも、第一の共同社会解体、第二の国家解体、第四の歴史偽造又は歪曲による贖罪意識の植え付け、という3点で際立った教科書である。第一の特徴から見れば、清水書院は、家族をテーマとする単元を特に設けることはしないし、家族に触れた分量は2段組みで7行程度しかない。

分量のことよりも、清水が問題なのは、家族の定義をしようともしないことである。前述のように清水は、家族を「社会集団」一般に完全に解消しており、家族固有の価値を全く認めない。東書以上に、家族というものに固有の価値を認めていないのである。

第一の特徴は前回から強固に存在するものだが、第二の特徴は、今回大きく増幅された。清水は、今回の公民教科書の中では、最も大きく変化した教科書である。自由社が登場するまでは最も本格的な国家論を展開する教科書であったし、当然ながら政治権力の必要性も明記していた。前回も、自由社に次いできちんとした国家論を展開していた。ところが、今回、国家論を削除した。そればかりか、政治権力の必要性さえも明確には肯定しなくなった。この変化には、大いに落胆させられた。しかも、政治権力を明確に肯定しないまま、政治権力を制限するのが立憲主義なのだということを多くの箇所で強調している。明らかに清水は、反国家・反権力の思想を強めたのである。

在日韓国・朝鮮人＝強制連行されてきた者の子孫説の展開

この反国家・反権力の思想は、歴史偽造や歪曲を行ってでも、日本国民にアイヌ、沖縄、在日韓国・朝鮮人、そして中韓に対する贖罪意識を植え付けようとする態度を生み出す。その最たる例が、在日韓国・朝鮮人を強制連行されてきた者たちの子孫だとする説明である。清水は、【平等権（2）】という単元の本文で、「日本には現在、約200万人の外国人が住んでいる。そのなかの約25％が韓国・朝鮮籍の人びとである。それらの人びとは、日本による植民地支配後、やむをえず日本へ移住してきた人びとの子孫も少なくない」（43頁）と記したうえで、側注で「1910年に日本政府は「韓国併合」をおこない、第二次世界大戦中には、多くの朝鮮半島の人びとを強制労働のために日本に連行した」（同）と説明している。すなわち、戦前に朝鮮人が強制連行されてきたとするばかりか、強制連行されてきた者たちの子孫が現在の在日韓国・朝鮮人であるとするのである。

しかし、徴用という合法的行為を「強制労働のために日本に連行した」と表現するのはそもそもおかしいが、徴用された者で日本に残った人たちはわずか245人である。それゆえ、とんでもない嘘を清水は語っていることになろう。ここまで嘘を書く教科書は、今日では他に存在しない。しかも清水は、この嘘を根拠にして、在日韓国・朝鮮人に参政権がないことや公務員になる権利が制約されているのは差別ではないかと主張しているのである。

(3) 日本文教出版……社会契約説と侵略戦争論

社会契約説による国家成立論

東書、清水の下位サブグループに続いて、日文と教出の中位サブグループを検討しよう。日文から検討するならば、日文も四つの否定的特徴を有している。日文は、これらの特徴のうち第一の共同社会解体、第四の贖罪意識の植え付けという2点について、極めて特色のある記述を行っている。

第一の特徴から見るならば、その中でも家族解体の傾向が著しい。家族論をテーマとする単元を設定していないし、家族記述の分量はわずか11行にすぎない。それに、家族の定義も「最小の社会集団」とするだけであり、「共同体」どころか「基礎的な社会集団」とさえもしない。東書と同じく、いかにも軽い捉え方である。

この家族軽視の背景には、バラバラな個々人の集合体として社会一般をとらえる、行き過ぎた個人主義の考え方がある。この考え方から、日文は、「きまりを守る責任とその評価」という単元で、「国家も、国民がたがいの存在や生き方を尊重し合うことを約束し、必要な政府をつくるという契約によって成立しているとみなすこともできます（社会契約）」（29頁）と述べている。社会契約説による国家成立論である。このような説明は他社には存在しないから、日文の個人主義は際立ったものといえよう。

日本は侵略を反省して第9条を採用した、との物語

次に第四の特徴について見れば、贖罪意識の植え付けは、「平等権」や平和主義について記した箇所で行われている。何よりも、第9条について記した箇所で「かつての日本は、日中戦争や第二次世界大戦を通じて、アジア・太平洋地域を侵略し、ほかの国々に深刻な損害をあたえました」（68頁）と記し、この「侵略」などを反省して第9条を定めたとしている。歴史教科書の中でさえも減少してきた「侵略」という位置付けを、全社の中で唯一、日中戦争と大東亜戦争に対して行っている点が注目される。

政治権力の必要性だけは認める

最後に第二の特徴に関して触れておこう。上記のように一方で展開しなくてもよい契約国家論を明確にしながらも、日文は、政治編の冒頭では全く国家論を展開しようとはせず、国家の定義も役割も記さない。また、国益という言葉さえも使っていないし、拉致問題についても、単元本文2行と写真1枚とそのキャプションで済ませてしまうのである。

このように国家解体の傾向を持ちながらも、日文は、政治編の最初の方の部分で、東書や清水とは異なり、政治権力の必要性を2度も明確化している。例えば、2回目には「政治を行うために、きまり（ルール）を定め、命令を強制する力が政治権力です」（34頁）と述べている。

何ともおかしなことではあるが、戦後公民教科書の世界では政治権力の必要性を認める教科書は基本的に少数派であり続けたという事実がある。それゆえ、この点では、日文は評価できよう。

(4) 教育出版……甚だしい歴史偽造による贖罪意識の植え付け

領土をめぐる他人事のような書き方

教出も、四つの否定的特徴を有しているが、第一の共同社会解体、第三の全体主義的民主主義という特徴についてては特に言うべきことはない。これに対して、第二の国家解体、第四の贖罪意識の植え付けという点では、教出の記述は極めて特色のあるものである。

まず第二の特徴からふれれば、国家解体の傾向は、これまで見てきた3社に比べれば弱いものである。しかしながら、第五章でもふれたように、領土をめぐる第三者的な書き方が非常に気になった。まず、北方領土や竹島について「北海道の東にある歯舞群島、色丹島、国後島、択捉島の北方領土や、日本海に位置する竹島(島根県)は、歴史的にも国際法の上でも日本固有の領土であるというのが日本政府の立場です。しかし、現在、これらの島々は不法に占拠されています」(181頁)と述べている。「日本固有の領土であるというのが日本政府の立場です」

とは、他人事のような書き方である。

だが、上記記述はまだ良い方である。不法占拠が明記されており、日本側に理があると読めるからである。これに対して、尖閣については「日本固有の領土であり、領有権の問題は存在しないというのが日本の立場です。しかし、中国は自国の領土であると主張し、対立関係が続いています」（181頁）と記している。これでは、日本と中国の何れに理があるか分からない書き方である。改訂を望むものである。

しかし、評価できる点も存在する。特に、自由社、帝国とともに、警察と国防の両者を公共財の一つとして捉えていることは評価できよう。

在日被徴用者子孫説という歴史偽造

次に第四の特徴についてであるが、教出は、【差別をしない、させない――平等権②】という単元で、在日韓国・朝鮮人だけではなく、外国人一般への差別問題を扱っている。

「かつて政府は朝鮮を支配し、第二次世界大戦中には、多くの朝鮮人が日本に連れてこられました。戦後、朝鮮の独立によって祖国にもどった人もいましたが、多数の人々が日本に定住し、現在もその子孫が多く暮らしています（在日韓国・朝鮮人）。また、一九八〇年代以降は、主にアジアや南米から、多くの労働者や留学生が日本にやって来て、そのまま定住するケースが増えています。

現在、日本に住む外国人には、日本国籍がない場合、選挙権や被選挙権、公務員になることなどに制限があります。また、地域の住民としてともに暮らしながら、雇用や住宅への入居などをめぐって差別を受けている人々も少なくありません」(49頁)。

右の文章には多くの問題がある。第一段落から言えば、「政府は朝鮮を支配し」というのはおかしな文章表現である。また、大戦中に「日本に連れてこられました」というのは徴用で日本に来た人のことを指しているのであろうが、彼らのほとんどは朝鮮半島に帰還している。にもかかわらず、「現在もその子孫が多く暮らしています」と記すのは、政府答弁にも反する、著しい歴史偽造である。検定をなぜ通るのか、疑問に思う所である。

次に第二段落であるが、ここでは、在日韓国・朝鮮人といった特別永住外国人と一般外国人との区別、国政と地方政治の区別、選挙権と被選挙権の区別、といった違いが全て捨象されて説明されている。要するに、国政と地方政治の区別なく、日本に住む外国人全てに選挙権も被選挙権も公務員になる権利も全て与えるべきである、与えないのは差別であるというイメージ作りをしているのである。

北海道旧土人保護法がアイヌの土地を奪ったとの歴史歪曲

教出は、アイヌ差別問題の箇所でも、ひどい歴史偽造乃至歪曲を行っている。自由社と育鵬社以外の他社と同じく、アイヌ先住民族説という嘘を振りまくだけではなく、「かつて明治政府は、北海道旧土人保護法を制定して、アイヌ民族の土地を奪い」（48〜49頁）と記す。北海道旧土人保護法は、アイヌを保護するために設けられたもので、アイヌの土地を奪うために設けられたものではない。他社もこの法律に対して否定的な位置付けをしてはいるが、「アイヌ民族の土地を奪い」とまで記す教科書は清水と教出だけである。

歴史偽造乃至歪曲ではないが、沖縄米軍基地問題について、教出は偏向した不正確な記述を行っている。教出は、この問題について全社の中で最も力を入れ多くの分量を割いて記している。まず他社と同じく、単元2【日本の安全保障と平和主義のこれから】の「日本にある米軍基地」と題した地図の説明として「米軍専用の基地は83か所……で、総面積の約74％は、沖縄県に集中しています」(68頁)と記す。74％という数字だけを記し、23％という数字には触れない。そして、同じ頁に「保育園の上空を飛ぶオスプレイ（2012年沖縄県宜野湾市）」という写真を掲げ、その説明文で「アメリカ軍が開発した最新鋭の輸送機『オスプレイ』は、日本の基地への配備も始まっていますが、その安全性を懸念する声があります」（68頁）として、オスプレイの危険性を強調する形をとっている。日文と帝国もオスプレイについて触れているが、その「安全性を懸念する声」があるなどとは書いていない。オスプレイは他のヘリコプターよりも安全だとも言われるから、教出の書き方は偏向しているといえよう。

（5）帝国書院……最も内容が改善されたが最も全体主義的な教科書

大きく改善された国際社会編

三位グループの最後として帝国を見よう。帝国については、四つの否定的特徴のうち、第一の家族を中心とした共同社会解体の傾向は必ずしもあてはまらない。もちろん不十分さはあるが、これまで見てきた東書等の4社と異なり、1単元本文2頁を使って家族論を展開している。し、共同体という言葉こそないが、「最も基礎的な社会集団」と家族を定義している。育鵬社程度には家族を重視していると言えよう。

また、第二の国家解体の傾向も必ずしも当てはまらない。総体として、帝国書院は、歴史教科書とともに大きく改善された。特に国家解体の傾向が弱くなり、対外主権を守ろうという観点が強く打ち出されるようになった。したがって、国際社会編の記述が改善され、その中でも領土をめぐる記述が大きく改善された。前回の帝国書院は、竹島と尖閣の問題を唯一記述していなかった教科書であった。しかし、今回は、【領土をめぐる問題】という単元を設け、2頁の分量で北方領土・竹島・尖閣について明確に日本側の立場から説明している。

そればかりではない。この単元の最初に「領土をめぐる問題とその原因」という小見出しを置き、「世界では領土をめぐる争いが起こり、戦争にいたるものも少なくありません。その大きな原因は、国と国との利益の対立です。どの国もその領土を広げ、多くの資源を手にしようとするならば、国と国との争いが続いてしまいます」（168頁）と記している。国益という言葉こそ用いていないが、国際社会を国益と国益のぶつかり合う競争社会と捉えていることが分かる記述である。当たり前のことではあるが、自由社と育鵬社以外の教科書が国際社会＝競争社会論を明確化したことに注目しておきたい。

更に良い意味で驚かされたのが、国連に関する記述である。日本の常任理事国化の取り組みに加えて敵国条項の削除問題も紹介している。敵国条項の具体的中身こそ記していないが、未だに削除されないのは不当であるというメッセージを送っている。

自衛戦争の権利まで明確に否定する帝国書院

このように対外主権の観点が強くなり、国際社会編の記述が大きく改善されたにもかかわらず、帝国は、対内主権及び政治権力・防衛力の脆弱化を狙っているような記述を行う。国内政治編で国家論を全く展開しないどころか、政治編に入って民主主義や平和主義、人権等を30頁ほどかけて教育してから初めて政治権力の必要性を明言する。しかも、その平和主義は、全社の中で最もお花畑的なものである。コスタリカの例を紹介し、自衛隊違憲論に力点を置いた書き方をするだけではなく、「第9条で戦争を放棄し、戦力を保持しないことや、国が戦争を行う権利を認めないことを定め、平和主義を宣言しています」（40頁）とまで記す。このように自衛戦争を行う権利まで明確に否定されれば、日本は他国から侵略されれば滅んでいくしか道はなくなるであろう。ともかく、この書き方には驚かされた。次回には、せめて、この文言を削除してもらいたいものである。

最も全体主義的な教科書

とはいえ、総合的に言えば、帝国には第一の共同社会解体の傾向、第二の国家解体の傾向は当てはまらない。これに対して、第三の全体主義的な傾向、第四のアイヌ等への贖罪意識の植え付け、という2点の特徴は、帝国も強固に持っている。2点のうちでも、特に気になるのは、帝国が7社の中で最も全体主義的民主主義を目指していることである。

帝国は、第五章で見たように、西欧米国政治史をフランス革命中心に描いている。また、西欧米国政治史・政治思想史の箇所では権力分立を本文で取り上げていないし、「日本国憲法」の原則から権力分立など自由主義的な原則を排除した三大原則説を明言する。更には間接民主制採用に関しては、「社会が大規模になり、人々の願いや利害がさまざまに分かれていると、直接民主制を国の政治のすべてにおいて行うことはできません」(60~61頁)という消極的理由しか挙げようとしない。間接民主制の積極的な意義も直接民主制の危険性も何ひとつ示さないのである。この背景には、直接民主制こそが理想的な民主主義であるという全体主義的な発想があるのである。

第二節　一位、二位グループの公民教科書

(6)　育鵬社……国家論を退化させた教科書

評価できる改善点

三位グループの5社に続いて、二位グループにある育鵬社について見ていこう。今回、育鵬社は、2点の大きな改善を行った。一つは、【平等権】という単元名を【法の下の平等】という名称に変化させた。単元を読むと、「平等権」という言葉が少し残っているとはいえ、逆差別思想を発生させる「平等権」を「法の下の平等」に転換したことは、大いに評価できよう。二つは、曲がりなりにも「愛国心」や「公共の精神」を掲載し、簡単な説明を行ったことである。前回の育鵬社は、「愛国心」を掲載せず、「公共の精神」についても言葉は載せながらも説明を行わなかった。今回、育鵬社は、教科書改善運動を担う教科書としては最低限のことは行ったと言える。この点は評価できよう。

政治編の前の国家論を削除した育鵬社

しかし、改悪されたものもある。国家論関係である。前回は内容はともかくとしても、民主主義や人権、国会や内閣などを教える政治編に入る前に、国家の定義を行い、不十分ながら国家の役割にふれていた。従来の教科書は、国家について教えないまま民主主義等を教えようという出鱈目なことを行っていたから、政治編の直前に国家論を書いただけでも評価できることであった。ところが、今回は、政治編の前に置いていた国家論を国際社会編に移してしまったのである。次回には、是非とも政治編の冒頭に国家論を置き、国家とは何か、その役割は何か、体系的に記してもらいたいものである。

四つの否定的特徴と育鵬社

以上が目についた大きな変化であるが、さて、育鵬社は、四つの否定的特徴を持っているだろうか。基本的には四つとも全て持っていないと言えよう。特に第四の贖罪意識の植え付けという特徴はほとんど持っていないと言ってよい。在日韓国・朝鮮人被徴用者子孫説を展開せず、しかも在日に選挙権等がないことを差別とは捉えていないし、アイヌ先住民族説も採用していない。第四の否定的特徴は基本的に克服していると言えよう。

これに対して、他の三つの否定的特徴の克服については、何とも心もとないところがある。

特に第一と第二の否定的特徴に関してそのように言える。第一の共同社会解体という否定的特徴に関しては、日本社会の紐帯を確かなものにするうえで重要な日本文化論が体系的に構築されていない。育鵬社の捉え方は現象的であり、決して体系的、本質的な捉え方をしようとはしない。育鵬社は、いろいろな所で、日本文化を紹介し、その良さを伝えようとしてはいる。だが、育鵬社は、第1章2節「現代社会の文化と私たちの生活」の単元1【文化の意義と影響】で、「日本の文化の特徴」という小見出しの下、わずか8行で次のように述べるだけである。

「日本は自国の文化にその時代の外来文化も受け入れながら、新しい文化を生み出してきました。例えば日本語もそうです。……このように日本の文化は、中国とも欧米ともちがう独自の文化を築いています」(25頁)。

育鵬社が日本文化論として述べた所はこの部分だけである。何と、東書らと同じく、外来文化の融合という形でしか、日本文化論を論じられないのである。これに比べれば、帝国の方が体系的で優れた日本文化論を築いていることは、第五章で見たとおりである。

また、第二の国家解体という否定的特徴に関しては、政治編の前に国家論を展開しないこともさりながら、公共財の中に国防を含めていないことも気にかかる。第五章で見たとおり、自由社のみならず教出や帝国さえも国防を含めているからである。

日本文化論、家族論、国家論の体系化を

なお、育鵬社の公民教科書は、安倍政権の広報誌のような感じがする。広報誌的性格は、端的に、安倍晋三首相の写真が東書に次いで14枚も存在することに現れている。もっとも、安倍内閣とは思想的に相当程度対立するはずの東書や日文、教出、帝国が10枚以上もの写真を掲げていることに比べれば、安倍内閣と思想的に近い関係にある育鵬社が多くの写真を掲載するのは自然なことであるとも言えよう。

また、育鵬社の教科書は、前述のように、物事の捉え方が理論的ではなく現象的である。ある意味で最も本質的かつ重要な日本文化論は、全く体系化されておらず理論的ではないし、同じく重要な国家論や家族論も同様である。次回には、日本文化論、国家論、家族論を理論的、体系的に展開されることを望みたい。

(7) 自由社……家族と国家を守る教科書

最後に一位グループの自由社について見ていこう。もう一度記せば、公民教科書は、第一に

社会解体、第二に国家解体、第三に全体主義的な民主主義、第四にさまざまな贖罪意識を植え付ける反日主義、という四つの否定的特徴を持っている。これらの否定的特徴が色々に作用して、歴史教科書以上に、日本に害毒を流してきた。自由社は、これら四つの否定的特徴を克服しようとしている。特に家族解体、国家解体の傾向と闘うために、家族論と国家論などを理論的に提示することに力を注いでいる。したがって、『新しい公民教科書』を一言で特徴づけるならば、家族と国家を守る教科書、と表現するのが相応しい。以下、特に言うべきことのない第四の否定的特徴に関わること以外について見ていくこととしよう。

家族解体の動きに歯止めをかける教科書

第一の否定的特徴に関してみれば、何よりも公民教科書では家族解体の傾向が続いている。多数派教科書では、家族論をテーマとする単元は存在しなくなっている。自由社は、この傾向に歯止めをかけるために、2単元の分量を全て家族論に用いている。そして、家族とはそもそも何なのかという本質論を展開し、教科書史上初めて、家族がもつ四つの意義を明らかにした。すなわち、家族が最小の共同社会であること、家族間の愛情を育む場であること、子供を保護し教育する場であること、祖先から子孫への縦のつながりと把握できること、という4点で家族の意義をまとめた。

初めて本格的な国家論を展開した

第二の否定的特徴に関してみれば、何よりも、昭和20年代以来、公民教科書は国家論を体系的に展開してこなかった。自由社の教科書は、唯一、政治編の最初に国家とは何か、国家の役割とは何か、学習した上で、国内の政治のしくみについて学んでいくスタイルを採用している。それゆえ、国内政治にとって重要な立憲主義や民主主義、基本的人権について理解しやすい構成になっている。

自由社の国家論で最も特筆されるのは、教科書史上初めて、近代国民国家の役割を、①国防、②社会資本の創設、③法・社会秩序の維持、④国民一人ひとりの権利の保障という4点で整理したことである。

①②と関連するが、一国の経済は、外国からの侵略を防ぐ防衛力と、国内の治安を維持する警察力が整備されて初めて、安定し発展する。そこで、多数派教科書と異なり、経済学の常識に従って、国防と警察を公共財であると明記している。

天皇が権威としての役割を担っていることを描いた

第三の否定的特徴に関してみれば、何よりも、昭和30年代以来、公民教科書は全体主義的な思想である「日本国憲法」三大原則説を採用して国民主権なるものを重視し、天皇という存在を蔑にしてきた。しかし、日本の政治文化の最大の特徴は、権威と権力の分離の体制にある。少なくとも鎌倉幕府以降の時代には、天皇という国家最高の存在は、権力を自ら行使せず、国民の中から生まれた幕府等の政治権力に正統性を与える権威としての機能を果たしてきた。今日の「日本国憲法」下でも、天皇は同様の役割を果たしている。

そこで、自由社は、三大原則なるものに権力分立や「象徴天皇」等を加えた七原則説を展開した。そして、天皇や国会の地位を日本歴史のなかに正当に位置づけようとしている。【もっと知りたい　立憲主義を受け入れやすかった日本の政治文化】という大コラムでは、「権威としての天皇」という小見出しの下、天皇という存在の本質が権威という点にあり、権威と権力の分離の体制こそ日本の立憲主義を準備したことを書いている。また、「合議の伝統」の小見出しの下、聖徳太子の17条憲法や町寄合・村寄合などの例に基づき、日本には合議の伝統があることを述べる。そして、近代日本は、「古くから合議を重んじる伝統があったために、近代西欧で発達した議会での話し合いを重んじる立憲主義を容易に受け入れることができたのである」（49頁）と結論づけている。

このように前近代からの日本史の中に立憲主義の基礎を見出しているのは、自由社だけではない。育鵬社も、天皇の地位に関してだけは多少とも行っている。他社も同様のことをすべきであると思われる。

第七章
教科書で改善されたもの、改善されないもの

第一節　10年間で歴史教科書は改善されたのか

ここまで、平成28～31年度版歴史教科書と公民教科書について各社の比較作業を行ってきた。その中で、大きく驚くことが続出した。思った以上に、教科書が改善されていることに気付いたのだ。歴史教科書における「南京大虐殺」の大減少や「侵略」記述の大減少だけではなく、公民教科書においても、話題になったように、領土問題・領土をめぐる問題に関する記述が改善された。また、初めて、ほとんどの教科書が政治権力の必要性を記すようになったし、全教科書が公共財の中に警察を包含するようになった。本当にバカみたいな話だが、戦後教科書の中で政治権力の必要性を明記する教科書は少数派であるし、警察を公共財と捉えない教科書が常に一定程度存在し続けたのである。

各社記述を比較検討する中で以上のようなことに気付いたが、本当に教科書は、全般的に改善されたのであろうか。この点を明確にするために、平成24～27年度版教科書と18～23年度版教科書に対しても比較検証の作業を行い直した。前述のように、平成28～31年度版教科書に対しては、歴史教科書では《縄文時代》以下50の分析項目を、公民教科書では《日本文化の特色》

以下26の分析項目を設定し、各項目についての五段階評価を行った。平成24〜27年度版と18〜23年度版の教科書に対しても、この28〜31年度版分析と同じ分析項目について、同じ採点基準で五段階評価を行った。すると、明らかに、歴史教科書においても、公民教科書においても、18〜23年度版から28〜31年度版への10年間で大きな改善の跡を見出すことができた。

まず歴史教科書から見ていくならば、50項目全体の評価結果をまとめると次頁の表のようになる。教科書会社の略記は以下の通りである。自由＝自由社、育鵬＝育鵬社、扶桑＝扶桑社、日新＝日本書籍新社、東書＝東京書籍、大書＝大阪書籍、教出＝教育出版、清水＝清水書院、帝国＝帝国書院、日文＝日本文教出版、学舎＝学び舎。なお、平成24〜27年度版以降の日文は、大書の教科書を受けついだものである。もともと日文が出していた教科書は検定不合格を契機に出版を停止した。

■歴史教科書平成18～23年度版、24～27年度版、28～31年度版の全体評価

	扶桑	育鵬	東書	大書	教出	清水	帝国	**5社**	日新	日文	**全体**
18年度版合計	188		96	96	91	102	103	**97.6**	72	89	**104.6**
平均	3.76		1.92	1.92	1.82	2.04	2.06	**1.95**	1.44	1.78	**2.09**
	自由	育鵬	東書	日文	教出	清水	帝国	**5社**			**全体**
24年度版合計	209	182	101	93	109	112	108	**104.6**			**130.6**
平均	4.18	3.64	2.02	1.86	2.18	2.24	2.16	**2.09**	学舎		**2.61**
28年度版合計	222	179	105	93	107	110	121	**107.2**	77		**126.8**
平均	4.44	3.58	2.1	1.86	2.14	2.2	2.42	**2.14**	1.54		**2.54**

全体評価は大きく改善された――18～23年度版から24～27年度版

上記表から知られるように、平成18～23年度版から24～27年度版になるときに、教科書は大きく改善された。全社の平均値を出して比較してみると、

平成18～23年度版50項目合計の平均値は104.6、項目あたりの平均値は2.09、

平成24～27年度版50項目合計の平均値は130.6、項目あたりの平均値は2.61

となる。著しい改善と言える。このような数値の改善は、何よりも、明らかに反日主義教科書のリーダーであった日本書籍新社が撤退したこと、教科書改善運動を担う教科書が扶桑社1社から自由社と育鵬社の2社に増えたこと、以上二つの理由による。

しかし、改善理由はそれだけではない。昔から教科書を出しつづけて

きた東書、大書（日文に変化）、教出、清水、帝国の5社に焦点を合わせて比較してみると、
平成18～23年度版50項目合計の平均値は97.6、項目あたりの平均値は1.95、
平成24～27年度版50項目合計の平均値は104.6、項目あたりの平均値は2.09
となる。5社は東書を初めとして採択率が高い教科書が多いが、これら5社に絞っても一定の改善があったと言えよう。

全体評価は横ばい――24～27年度版から28～31年度版へ

右のように18～23年度版から24～27年度版にかけて大きな改善があったが、24～27年度版から28～31年度版にかけては改善が見られない。同様に、全社の平均値を出して比較してみると、
平成24～27年度版50項目合計の平均値は130.6、項目あたりの平均値は2.61、
平成28～31年度版50項目合計の平均値は126.8、項目あたりの平均値は2.54
となる。わずかというべきか無視できない数値というべきか、ともかく数値的には低下している。その理由は明らかに、日本書籍新社の後継とも言うべき学び舎の登場である。そこで、学び舎を除いて数値を出し平成24～27年度版と比較してみると、
平成24～27年度版50項目合計の平均値は130.6、項目あたりの平均値は2.61、

平成28〜31年度版50項目合計の平均値は133.9、項目あたりの平均値は2.68となる。わずかというべきか無視できない数値というべきか、ともかく数値的には上昇している。

また、東書等5社に焦点を合わせて比較してみると、

平成24〜27年度版50項目合計の平均値は104.6、項目あたりの平均値は2.09、

平成28〜31年度版50項目合計の平均値は107.2、項目あたりの平均値は2.14

となる。この数値も、わずかというべきか無視できない数値というべきか、ともかく上昇している。総合的に考えるに、24〜27度年版から28〜31年度版にかけては、全体評価は横ばいと捉えるのが適当だろう。とはいえ、この10年間の変化という視点からすれば、全体的に教科書は大きく改善されたと言ってよいだろう。

歴史の中心部分に関する記述の改善

では、具体的にはどのような項目について改善が見られたのであろうか。端的に言って、歴史の中心部分に関する記述が改善されたと言える。例えば、縄文土器の制作年代と縄文時代の開始年代が10年の間に、多数派教科書では1万年前から1万数千年前に遡るようになった。ま

た、「ジャポニスム」の記述が一挙に広がったし、幕末維新期の記述において植民地化の危機を捉えている教科書は、18～23年度版では扶桑社と清水の2社であったが、28～31年度版では自由社、育鵬社、教出、清水、帝国の5社に増加してくるのである。

他には、一九六〇年安保改定、湾岸戦争の記述も不十分ながら改善された。安保改定に関しては、平成18～23年度版では米国との対等化という視点をもった教科書は扶桑社1社であったが、28～31年度版では自由社、育鵬社、東書、日文、清水の5社に増加した。湾岸戦争については、平成18～23年度版では8社中自由社、日書、教出、清水の4社しか取り上げていなかったが、24～27年度版では7社中日文と帝国を除く5社が、28～31年度版では日文以外の7社が取り上げるようになったのである。

帝国書院の大きな改善

ここまで各社全体の動きについて見てきたが、個別各社に注目してみよう。最も興味深いのは、帝国の動きである。帝国は、18～23年度版103点↓24～27年度版108点↓28～31年度版121点と毎回評価を良くしてきている。特に前回から今回にかけて意識的に教科書改善を図ったように見える。前述のように、帝国の記述は、画期的な変化を見せた。特に文禄・慶長の役のことを、

「朝鮮侵略」ではなく、「文禄・慶長の役」という小見出しの下に記すように変化した。この変化には最も驚かされた。自由社や育鵬社以外が「秀吉の朝鮮侵略」という小見出しを使うのは定番化しており、ゆるぎないものと思われてきたからである。

また、帝国は、国際連盟設立に際して日本が人種差別禁止条項を提案し、米国等の反対で否決された史実を取り上げた。この史実は、米国を善玉、日本を悪玉とする東京裁判史観にとっては不都合な真実である。だから、『新しい歴史教科書』が登場するまでは、戦後日本の歴史教科書は常に無視してきた。今回、この史実を取り上げる教科書が、自由社、育鵬社、帝国と3社に増加したことは、教科書の改善を示す大きな出来事と言えよう。

扶桑社から進化した自由社

次に注目されるのは、扶桑社版を土台にして作られた二つの教科書が対照的な動きをしていることである。自由社に焦点を当てれば、扶桑社18〜23年度版188点↓24〜27年度版209点↓28〜31年度版222点と動いてきており、着実に教科書改善の道を歩んできたことが見える。実に10年間で34点の上昇である。これに対して、育鵬社に焦点を当てれば、扶桑社18〜23年度版188点↓24〜27年度版182点↓28〜31年度版179点と、明らかに教科書改善の道を逆戻りし始めたことが分かる。実に9点の減少である。

では、自由社が最も改善した点は何であろうか。それは、何よりも、対中韓隷属史観を克服する動きを強めたことである。その点は、今回平成28～31年度版で「南京事件」の記述を行わなかったこと、24～27年度版から通州事件を取り上げたことに端的に現れている。また、対韓関係では、今回の自由社は、教科書史上初めて創氏改名について本当のことを記した。創氏だけが強制されたこと、日本式の氏を名乗るかどうか、改名するかどうかは本人の自由に任されていたことを記したのである。

その結果、対中韓隷属史観の克服度合いにおいて、自由社と育鵬社は対立するに至った。自由社が克服度合いを強めたのに対して、育鵬社は意識的に対中韓隷属史観を部分的にまとうことさえも行った。それは中国語読み・韓国語読みのルビを振る原則を立てたことに最も現れているが、50項目の中では、24～27年度版でも28～31年度版でも、稲作朝鮮半島伝来説を意識的に採用したことに端的に現れている。育鵬社は、平成24～27年度版以来、扶桑社版で採用していた稲作大陸伝来説とともに、到底成り立たない朝鮮半島伝来説をも採用するに至ったのである。また、育鵬社の対中韓隷属史観は、「南京事件」を肯定する立場から検定に臨んでいたことにも現れている。扶桑社版では、申請本では「南京事件」について疑問を呈するような書き方をしていたから、大きな後退である。

扶桑社から退化した育鵬社

このように、育鵬社は、扶桑社よりも対中韓隷属史観を強めたが、それ以上に、歴史の中心部分の記述を改悪した。育鵬社の中では、自虐史観が明確な形を取り出したと思われる。ここ10年間ほどの歴史教科書は、明治維新の記述を著しく改善してきた。ところが、今回、この動きを逆行させるような事態が発生した。四民平等政策について、育鵬社は、「身分制度の改革」という小見出しを用い、「新たな身分が記載されました」と記した。また、育鵬社は、「有権者は総人口の1.1％（約45万人）にすぎませんでした」と記した。何と、育鵬社は、明治維新と明治立憲国家形成を冷笑する姿勢を示し始めたのである。

平成18～23年度版の扶桑社と比較するならば、扶桑社は「四民平等」の小見出しの下、四民平等政策を身分制度の廃止と位置づけていたし、制限選挙については「選挙権は満25歳以上の男子で、直接国税15円以上を納める者に限られていた。この当時、イギリス、フランス、アメリカなどでも、身分や性別などの制限のない普通選挙は行われていなかった」（161頁）と記していた。ちゃんと、欧米諸国と日本との同時代性を把握していたのである。

他にも、育鵬社には、鎌倉幕府１１８５年説の採用、天皇権威と信長の切り離し、といったことも目についた。明らかに、扶桑社版よりも、天皇の政治的権威性を多少とも軽視するように変化したのである。

要するに、扶桑社の内容を退化させたのが育鵬社であり、進化させたのが自由社であるとまとめられるよう。

第二節　10年間で公民教科書は改善されたのか

次に公民教科書については、《日本文化の特色》以下26項目について五段階評価を行った。ただし、平成18〜23年度版については、26番目の項目である《「持続可能な社会」「人間の安全保障」》を分析項目として設定するのは不適当であるので、25項目について五段階評価を行った。26項目全体の評価結果をまとめると次のようになる。

■公民教科書平成18～23年度版、24～27年度版、28～31年度版の全体評価

	扶桑		東書	大書	教出	清水	帝国	**5社**	日新	日文	**全体**
18年度版合計	60		33	38	35	40	34	**36**	34	35	**38.6**
18年版平均	2.4		1.32	1.52	1.4	1.6	1.36	**1.44**	1.36	1.4	**1.55**
	自由	育鵬	東書	日文	教出	清水	帝国	**5社**			**全体**
24年度版合計	115	75	36	40	43	41	42	**40.4**			**56**
24年度版平均	4.42	2.88	1.38	1.54	1.65	1.58	1.62	**1.55**			**2.15**
28年度版合計	116	83	42	47	47	38	52	**45.2**			**60.7**
28年度版平均	4.46	3.19	1.62	1.81	1.81	1.46	2	**1.74**			**2.34**

全体評価の改善――18～23年度版から24～27年度版へ

上記表から知られるように、平成18～23年度版から24～27年度版になるときに、教科書は大きく改善された。全社の平均値を出して比較してみると、

平成18～23年度版25項目合計の平均値は38.6、項目あたりの平均値は1.55、

平成24～27年度版26項目合計の平均値は56、項目あたりの平均値は2.15

となる。著しい改善と言える。このような数値の改善は、歴史教科書の場合と同じく、何よりも、明らかに反日主義教科書のリーダーであった日本書籍新社が撤退したこと、教科書改善運動を担う教科書が扶桑社1社から自由社と育鵬社の2社に増えたこと、以上二つの理由による。

しかし、昔から教科書を出しつづけてきた東書、大書（平成24年度から日文に変化）、教出、清水、帝国の5社に焦点を合わせて平均値を比較してみると、

平成18～23年度版25項目合計の平均値は36、項目あたりの平均値は1.44、

平成24～27年度版26項目合計の平均値は40.4、項目あたりの平均値は1.55となる。5社は東書を初めとして採択率が高い教科書が多いが、これら5社に絞ると、それほどの改善とは言えない。とはいっても、多少とも改善されたとは言えよう。

全体評価は大いに改善――18～23年度版から28～31年度版へ

次に平成24～27年度版から28～31年度版にかけてはどうであろうか。同じように、全社の平均値を出して比較してみると、

平成24～27年度版26項目合計の平均値は56、項目あたりの平均値は2.15

平成28～31年度版26項目合計の平均値は60.7、項目あたりの平均値は2.34

となる。ここでも、多少とも改善している。

また、東書等5社に焦点を合わせて比較してみると、

平成24～27年度版26項目合計の平均値は40.4、項目あたりの平均値は1.55

平成28～31年度版26項目合計の平均値は45.2、項目あたりの平均値は1.74

となる。この数値も、多少とも上昇している。18～23年度版から24～27年度版への変化も24～27年度版から28～31年度版にかけての変化も目覚ましいものではないが、この10年間の変化と

いう視点からすれば、全社平均で言えば、項目平均の数値が18〜23年度版の1.55から28〜31年度版の2.34に上昇しており、東書等5社の平均でいっても、18〜23年度版の1.44から28〜31年度版の1.74に上昇している。10年間で、全体的に教科書は大きく改善されたと言ってよいだろう。

4年前に平成24〜27年度版を検討した時は、5社の教科書が特に改善されたとは感じなかった。ところが、今回の平成28〜31年度版を検討するとかなり大きく改善された印象をもった。このたび18〜23年度版、24〜27年度版、28〜31年度版について点数評価をしてみて、その印象に一つの裏付けを得ることになった。

国家主権の絡む項目に関する記述の改善

では、具体的にはどのような項目について改善が見られたのであろうか。端的に言って、国家主権が絡む項目に関する記述が改善されたと言える。例えば、章の初めで触れたように、領土問題・領土をめぐる問題に関する記述は著しく改善された。10年前には、竹島と尖閣について書かない教科書が全8社中5社と多数を占めていた。書いている東書、大書、扶桑社の3社のうちでも、大書は「島根沖の竹島は、韓国もその領有を主張しています。」沖縄県西方の尖閣諸島は、第二次世界大戦後、アメリカの統治下におかれましたが、沖縄返還とともに日本の領土にもどりました。しかし、中国もその領有を主張しています」(159頁)と中立的な記述を行っていた。韓国や中国の不当な主張に対して理解を示していたのである。

ところが、平成24~27年度版になって一挙に改善され、更に28~31年度版になって改善された。28~31年度版では全社が竹島と尖閣の問題について扱っているし、分量の多寡はあれども、教出以外の記述は、日本の立場から書かれており、一応十分なことを書いている。例えば東書は、竹島について「竹島は、隠岐諸島の北西に位置し、島根県隠岐の島町に属する日本の固有の領土です。しかし、韓国が不法に占拠していることから、日本は、韓国に対して抗議を続けています」(171頁)と記している。

また、前に記したように、初めて、ほとんどの教科書が政治権力の必要性を明記するようになったし、全教科書が公共財の中に警察を包含するようになった。更に、国防を公共財の中に含めて捉える教科書が、18~23年度版では清水1社だったものが、28~31年度版では教出、自由社、帝国の3社に増加してきている。治安維持や安全保障の重要性が少しは認識されるようになったのであろうか。

敵国条項を記す教科書が3社に

他に特筆されるのは、国連に関する記述の改善である。従来は国連幻想を植え付ける教育ばかり公民教科書はしてきたが、平成14～17年度版の扶桑社『新しい公民教科書』は、日本が国連の敵国として位置づけられていることを記し、敵国条項の存在を示した。敵国条項を記すのは18～23年度版でも扶桑社1社だったのが、24～27年度版では自由社と育鵬社の2社に増加し、28～31年度版では自由社、育鵬社、帝国の3社になった。昭和20年代以来、公民教科書は国連幻想を振りまくだけであったから、極めて大きな改善と言えよう。

帝国書院の大きな改善

ここまで各社全体の動きについて見てきたが、個別各社に注目してみよう。興味深いのは、帝国と清水の動きである。帝国は、18～23年度版34点→24～27年度版42点→28～31年度版52点と毎回評価を良くしてきている。項目平均で見ると、18～23年度版1.36→24～27年度版1.62→28～31年度版2と上昇してきており、更に改善ぶりがうかがえる。

具体的に改善した項目は、やはり国家主権が絡むものである。例えば、平成24～27年度版では唯一竹島と尖閣の問題に触れていなかった帝国であるが、今回は一挙に単元2頁で必要かつ十分な記述を行うようになった。また、これまで政治権力の必要性を明記してこなかったが、

28～31年度版になって明記するようになった。これまで公共財の中に含めてこなかった国防を、28～31年度版になって含めるようになった。そして、何よりも敵国条項のことを明記するように変化した。顕著な変化であり、顕著な改善と言える。

清水書院の意図的な改悪

以上見た帝国と反対に、清水は、合計点で18～23年度版40点↓24～27年度版41点↓28～31年度版38点、平均点で18～23年度版1.6↓24～27年度版1.58↓28～31年度版1.46と、10年間でわずかながら評価を下げてきた。評価が低下したのは、平成28～31年度版の7社の中では清水だけである。

では、どういう項目で清水は評価を下げたのであろうか。なによりも、清水は、自由社が登場するまで唯一展開していた国家論を、28～31年度版になって展開しなくなった。そればかりか、政治権力の必要性さえも明確には肯定しなくなった。肯定しているとも読めるが、これまで本当に明確に肯定していたから、その変化には大いに驚かされた。しかも、政治権力を明確に肯定しないまま、政治権力を制限するのが立憲主義なのだということを多くの箇所で強調している。

関連するのであろうが、清水は、18~23年度版では公共財の中に国防を含めていたにもかかわらず、24~27年度版、28~31年度版では含めていない。明らかに清水は、意識的に、反国家・反権力の思想を強めたのである。

他には、清水だけではないが、家族論が劣化した。清水は、家族の定義をしようともしない。家族を「社会集団」一般に解消しており、家族固有の価値を全く認めないのである。

自由社も育鵬社も進化してきた

最後に、自由社と育鵬社についてみよう。自由社は、合計点で扶桑社18~23年度版60点↓24~27年度版115点↓28~31年度版116点、平均点で18~23年度版2.4↓24~27年度版4.42↓28~31年度版4.46となる。育鵬社も、合計点で扶桑社18~23年度版60点↓24~27年度版75点↓28~31年度版83点、平均点で18~23年度版2.4↓24~27年度版2.88↓28~31年度版3.19と、歴史教科書の場合とは異なり、着実に改善を重ねてきている。扶桑社版の公民教科書のレベルが低かったからでもあるが、改善が進んできたことは評価しておきたい。

第三節　本質的改善が行われないのは何故か

以上、10年間の教科書記述の変化を概観し、全体として、歴史教科書も公民教科書も大きく改善されてきたことを示してきた。しかし、改善されたといっても、第三章と第六章でまとめたように、歴史教科書の否定的特徴も、公民教科書の否定的特徴も、相変わらず存在し続けている。

具体的に言えば、歴史教科書においては、古代史における対中韓隷属史観は強固に存在するし、侵略表記が減少したとはいっても、日本が悪いから戦争になったという大筋は全く変わらないし、日本の「悪行」とされてきたもので消えたものは一つもない。公民教科書においても、家族と地域社会が潰されていくスピードは速くなっているし、相変わらず、国家論は何の進展も見せていない。すなわち、本質的改善は全く行われないままである。

歴史教科書が本質的に改善されない理由

本質的改善が行われない根源には、『歴史教科書の歴史』以来何度も指摘してきたように、ＧＨＱの定めた30項目の検閲指針、東京裁判、「日本国憲法」、共産主義思想という四つの存在がある。

四つの存在と歴史教科書との関係から見ていけば、《歴史の中心部分の流れが分からない》という歴史教科書の第一の否定的特徴は、「日本国憲法」第1条と第9条に由来する。第1条が天皇主権を否定して国民主権を定めたものと理解されていった結果、戦後の言語空間では天皇を軽視する傾向が生まれた。この傾向が歴史学及び歴史教科書にも現れ、天皇権威を無視していく傾向を生み出す。

また、第9条は安全保障の観点、防衛の観点を国民から奪っていった。そして、歴史学者や歴史教科書執筆者も安全保障の観点、防衛の観点を持たないまま歴史記述を行うことになる。歴史教科書の歴史記述は、天皇権威を無視し、防衛の観点を持たずになされるわけだから、日本歴史の大きな流れが掴めないのは当然なのである。歴史教科書を通読しても、何故に7世紀に無理して律令国家が作られていったか、何故に16世紀末に三英雄による統一国家形成が成功したのか、といったことがよくわからないということになるのである。

対中韓隷属史観という第二の否定的特徴は、検閲指針で《朝鮮人に対する批判》と《中国に対する批判》が禁止されていることと関連する。この検閲指針は、伝統的に日本人の中に存在する華夷秩序思想と相俟って、教科書誤報事件以降、対中韓隷属史観を生み出してきたのである。

共産主義思想という第三の否定的特徴は、初期のＧＨＱが共産党と共産主義思想を庇護したことに由来する。ＧＨＱは、占領初期のホワイトパージを大学等の教育機関においても徹底的に行った。だが、占領後期のレッドパージは、教育機関においては行わなかった。その結果、戦前期から大学においてはマルクス主義が大きく浸透していたこともあり、学問と教育の世界を共産党系学者や教員が牛耳ってきた。当然に、歴史教科書には共産主義思想が現れてくるわけである。

東京裁判史観という第四の否定的特徴は、文字通り、東京裁判に由来する。東京裁判は、日本の戦争を「侵攻的戦争」（aggressive war　日本人はわざわざ侵略戦争と誤訳していく）と断罪し、「南京事件」を初めとした日本軍の「悪行」とされるものを並べ立てて、日本側の戦争の《理》を完全に否定した。東京裁判は事後法で裁くなどの大きな違法性をもった裁判であったが、日本はこの裁判を全く批判せずにきた。その結果、この裁判の思想は強固に残り続け、歴史教科書に現れ続けている。東京裁判の思想からすれば、歴史教科書に対して日本側が戦争を始めたとする記述を求めるのは当然であるということになろう。

公民教科書が本質的に改善されない理由

次いで公民教科書との関係について見れば、共同社会の解体という第一の否定的特徴は、学問と教育の世界を共産党系の学者や教員が牛耳ってきたことから生じた。彼らは当然にマルクス主義的、共産主義的な考え方をしてきたが、マルクス主義の経典にエンゲルスの『家族・私有財産・国家の起源』という書物がある。この経典は、家族、私有財産、国家の三者を否定的に捉え、無くしていくべきものと位置づけている。この思想に影響された公民教科書執筆者は、家族論と国家論を明確に展開せず、家族と国家を否定する方向に生徒を導いていこうとするのである。

国家解体という第二の否定的特徴は、国家を否定的に捉える共産主義思想の影響もあろうが、「日本国憲法」、というよりも端的に「日本国憲法」第9条の存在と関連している。自衛戦力さえも否定したとされる第9条に疑問を抱かせないためには、国家の第一の役割が国防であることを隠す必要がある。そのためには、そもそも国家とは何か、国家の役割とは何か、といった問題の建て方をしない方が無難である。だからこそ、「日本国憲法」に根底的に規定された公民教科書は、決して国家論を本格的に展開してこなかったのである。

全体主義的民主主義という第三の否定的特徴は、共産主義思想及び「日本国憲法」第1条と関連している。共産主義思想は、そもそも全体主義的な民主主義を目指しているし、君主制を忌避するだけではなく、権力分立制と相容れないどころか、それ以前に法治主義とも相容れない。そこで、共産主義思想に影響された憲法学者や公民教科書執筆者たちは、日本国が君主国であること、天皇が君主及び元首であることを否定し続け、「日本国憲法」の基本原則の中から、立憲主義的な原則である権力分立と立憲君主制の原則を排除したのである。

歴史偽造を施してでもアジア諸国や在日韓国・朝鮮人等に対する《贖罪意識の植え付け》をしようという第四の否定的特徴も、端的に言って、「日本国憲法」第9条を守るために存在する。自衛戦力を日本にもたせないためには、国家論を教えないだけでは足りない。中学生であっても、自衛戦力なしに日本を守れるのかという疑問は当然出てくる。この疑問を封じて第9条の必要性を生徒に対して説くために、まず歴史教科書で日本の「悪行」を虚構であろうが取り上げて置かなければならない。そして公民教科書で、日本は重大な損害を他国に与えたのだから自衛戦力をもつべきではないと続けるのである。つまり、公民教科書の背景には、東京裁判の思想が存在し続けているのである。

更に言えば、アイヌや沖縄に関して歴史偽造乃至歪曲が行われるのは、共産主義思想の影響を受けた人たちが、国家を否定的に捉え、日本国家の解体を望ましいことと考えてしまうからでもある。

以上、歴史教科書と公民教科書に本質的な改善が行われない背景として、ＧＨＱの定めた30項目の検閲指針、東京裁判、「日本国憲法」、共産主義思想という四つの存在を挙げてきた。しかし、四つの存在と、特に検閲指針、東京裁判、「日本国憲法」の三者と闘う姿勢を示す有力な政治的、社会的勢力は存在しない。また、これらと闘う姿勢を示す有力な学者集団も思想集団も存在しない。安倍首相は戦後レジームの解体、日本を取り戻すと言うが、戦後レジームを作り上げて日本を無くしてきた検閲指針、東京裁判、「日本国憲法」と闘おうとはしない。それどころか、東京裁判の思想も「日本国憲法」の思想も肯定してしまったうえで、戦後レジーム解体と言い続けている。しかし、そんな理屈に合わないことは不可能だと言っておこう。

昨年、戦後70年を迎えるに際して、安倍首相は、談話を発表した。この談話は、まさしく、東京裁判及び「日本国憲法」の思想と闘わない安倍首相の姿勢の表現である。また、改善されながらも本質的に改善されない歴史教科書、公民教科書の姿勢とも密接な関係にある。第八章では、安倍談話と歴史教科書・公民教科書の思想との関連を探っていくこととしよう。

第八章　安倍談話と歴史・公民教科書

第一節　安倍談話——国際社会の属国日本の今後

平成27（2015）年8月14日、安倍談話が出された。総じて談話に対する評判は良く、保守派の間でも絶賛の声が上がり、今後の歴史教育の羅針盤であるとまで言う人さえ現れた。

安倍談話が発表される直前の8月6日、「20世紀を振り返り21世紀の世界秩序と日本の役割を構想するための有識者懇談会」（以下、有識者懇と略記）の報告書が出された。北岡伸一国際大学学長がリードした有識者懇は、この報告書の中に「満洲事変以後、大陸への侵略」という文言を挿入した。そのため、《「侵略」入れろ》の大合唱が起こり、安倍首相は窮地に立たされた。筆者は、この文言がそのまま安倍談話に入ることを恐れた。この文言が入れば、再び、満州事変以降の戦いを「侵略」と規定する教科書が多数派になると思われたからである。だが、「侵略」という言葉は入ったが、「満州事変以後、大陸への侵略」という表現ではなくなった。筆者は、とりあえず最悪の事態が避けられたと思い、一先ずほっとした。

しかし、10日ほどして、きちんと小見出しを入れながら読み直してみた。すると、恐ろしいまでの属国日本の姿が見えてきた。渡邉正廣『MADE　IN　USA　日本国憲法』（新人物往来社、1973年）が「日本国憲法」＝「捕虜収容所服務規程」と言う人がいると紹介しているが、まさしく日本の姿は「捕虜収容所列島」と捉えるのが相応しいかもしれない。先ず安倍談話を全文掲げよう。

安倍談話は戦争までの道のりと戦争自体に触れた第一部、戦後史における国際社会と日本との関係史をまとめた第二部、これからの方針を謳った第三部の三部構成になっている。漢数字の一、二、三と部見出し、段落番号を示すアラビア数字と小見出し、そして傍線は、筆者が入れたものである。

一　大戦への道のりと大戦そのもの——戦争原因は日本にあり

（1）20世紀の歴史から未来への知恵を学ぼう

終戦七十年を迎えるにあたり、先の大戦への道のり、戦後の歩み、二十世紀という時代を、私たちは、心静かに振り返り、その歴史の教訓の中から、未来への知恵を学ばなければならないと考えます。

（2）植民地支配と日露戦争

百年以上前の世界には、西洋諸国を中心とした国々の広大な植民地が、広がっていました。圧倒的な技術優位を背景に、植民地支配の波は、十九世紀、アジアにも押し寄せました。その危機感が、日本にとって、近代化の原動力となったことは、間違いありません。アジアで最初に立憲政治を打ち立て、独立を守り抜きました。日露戦争は、植民地支配のもとにあった、多くのアジアやアフリカの人々を勇気づけました。

（3）民族自決の動きの広がりと戦争違法化の潮流

世界を巻き込んだ第一次世界大戦を経て、民族自決の動きが広がり、それまでの植民地化にブレーキがかかりました。この戦争は、一千万人もの戦死者を出す、悲惨な戦争でありました。人々は「平和」を強く願い、国際連盟を創設し、不戦条約を生み出しました。戦争自体を違法化する、新たな国際社会の潮流が生まれました。

（4）経済のブロック化により《力の行使による解決》路線を選択した

当初は、日本も足並みを揃えました。しかし、世界恐慌が発生し、欧米諸国が、植民地経済を巻き込んだ、経済のブロック化を進めると、日本経済は大きな打撃を受けました。その中で日本は、孤立感を深め、外交的、経済的な行き詰まりを、力の行使によって解決しようと試みました。国内の政治システムは、その歯止めたりえなかった。こうして、日本は、世界の大勢を見失っていきました。

（5）（6）「新しい国際秩序」への挑戦者となり敗戦した

満州事変、そして国際連盟からの脱退。日本は、次第に、国際社会が壮絶な犠牲の上に築こうとした「新しい国際秩序」への「挑戦者」となっていった。進むべき針路を誤り、戦争への道を進んで行きました。

そして七十年前。日本は、敗戦しました。

（7）国内外に斃れた人々に深く首を垂れます

戦後七十年にあたり、国内外に斃れたすべての人々の命の前に、深く頭を垂れ、痛惜の念を表すとともに、永劫の、哀悼の誠を捧げます。

(8) 三百万余の同胞の命が失われた

先の大戦では、三百万余の同胞の命が失われました。祖国の行く末を案じ、家族の幸せを願いながら、戦陣に散った方々。終戦後、酷寒の、あるいは灼熱の、遠い異郷の地にあって、飢えや病に苦しみ、亡くなられた方々。広島や長崎での原爆投下、東京をはじめ各都市での爆撃、沖縄における地上戦などによって、たくさんの市井の人々が、無残にも犠牲となりました。

(9) 中国、東南アジア等でも犠牲があった

戦火を交えた国々でも、将来ある若者たちの命が、数知れず失われました。中国、東南アジア、太平洋の島々など、戦場となった地域では、戦闘のみならず、食糧難などにより、多くの無辜の民が苦しみ、犠牲となりました。戦場の陰には、深く名誉と尊厳を傷つけられた女性たちがいたことも、忘れてはなりません。

(10) (11) 国内外の人々の犠牲の上に現在の平和がある

何の罪もない人々に、計り知れない損害と苦痛を、我が国が与えた事実。歴史とは実に取り

返しのつかない、苛烈なものです。一人ひとりに、それぞれの人生があり、夢があり、愛する家族があった。この当然の事実をかみしめる時、今なお、言葉を失い、ただただ、断腸の念を禁じ得ません。

これほどまでの尊い犠牲の上に、現在の平和がある。これが、戦後日本の原点であります。

二　過去の反省とお詫びを受け入れてくれた国際社会に感謝する
――国際社会の属国であることの表明

(12) 戦争の惨禍を繰り返さない

二度と戦争の惨禍を繰り返してはならない。

(13) 武力の威嚇や行使は、国際紛争を解決する手段として二度と用いない決意

事変、侵略、戦争。いかなる武力の威嚇や行使も、国際紛争を解決する手段としては、もう二度と用いてはならない。植民地支配から永遠に訣別し、すべての民族の自決の権利が尊重さ

れる世界にしなければならない。

(14) 法の支配を重んじ、不戦の誓いを堅持してきた

先の大戦への深い悔悟の念と共に、我が国は、そう誓いました。自由で民主的な国を創り上げ、法の支配を重んじ、ひたすら不戦の誓いを堅持してまいりました。七十年間に及ぶ平和国家としての歩みに、私たちは、静かな誇りを抱きながら、この不動の方針を、これからも貫いてまいります。

(15) 反省とお詫びの気持から、アジアの平和と繁栄のため尽力してきた

我が国は、先の大戦における行いについて、繰り返し、痛切な反省と心からのお詫びの気持ちを表明してきました。その思いを実際の行動で示すため、インドネシア、フィリピンはじめ東南アジアの国々、台湾、韓国、中国など、隣人であるアジアの人々が歩んできた苦難の歴史を胸に刻み、戦後一貫して、その平和と繁栄のために力を尽くしてきました。

(16) この立場は今後も変わらない

こうした歴代内閣の立場は、今後も、揺るぎないものであります。

(17)(18)(19)引揚者が無事帰還できたこと等を心に留めなければならない

ただ、私たちがいかなる努力を尽くそうとも、家族を失った方々の悲しみ、戦禍によって塗炭の苦しみを味わった人々の辛い記憶は、これからも、決して癒えることはないでしょう。

ですから、私たちは、心に留めなければなりません。

戦後、六百万人を超える引揚者が、アジア太平洋の各地から無事帰還でき、日本再建の原動力となった事実を。中国に置き去りにされた三千人近い日本人の子どもたちが、無事成長し、再び祖国の土を踏むことができた事実を。米国や英国、オランダ、豪州などの元捕虜の皆さんが、長年にわたり、日本を訪れ、互いの戦死者のために慰霊を続けてくれている事実を。

(20)(21)中国人や元捕虜の寛容さを心に留めなければならない

戦争の苦痛を嘗め尽くした中国人の皆さんや、日本軍によって耐え難い苦痛を受けた元捕虜の皆さんが、それほど寛容であるためには、どれほどの心の葛藤があり、いかほどの努力が必要であったか。

そのことに、私たちは、思いを致さなければなりません。

㉒ 寛容の心により国際社会に復帰できたことに感謝します

寛容の心によって、日本は、戦後、国際社会に復帰することができました。戦後七十年のこの機にあたり、我が国は、和解のために力を尽くしてくださった、すべての国々、すべての方々に、心からの感謝の気持ちを表したいと思います。

三 価値を共有する国とともに「積極的平和主義」を掲げる
――中国との対峙

㉓ 子孫は謝罪しなくてよいが、過去の歴史に正面から向き合わねばならない

日本では、戦後生まれの世代が、今や、人口の八割を超えています。あの戦争には何ら関わりのない、私たちの子や孫、そしてその先の世代の子どもたちに、謝罪を続ける宿命を背負わせてはなりません。しかし、それでもなお、私たち日本人は、世代を超えて、過去の歴史に真

正面から向き合わなければなりません。謙虚な気持ちで、過去を受け継ぎ、未来へと引き渡す責任があります。

(24) 我々が生きてこれたのは米豪欧のおかげだ

私たちの親、そのまた親の世代が、戦後の焼け野原、貧しさのどん底の中で、命をつなぐことができた。そして、現在の私たちの世代、さらに次の世代へと、未来をつないでいくことができる。それは、先人たちのたゆまぬ努力と共に、敵として熾烈に戦った、米国、豪州、欧州諸国をはじめ、本当にたくさんの国々から、恩讐を越えて、善意と支援の手が差しのべられたおかげであります。

(25) アジアと世界の平和と繁栄に尽くす責任がある

そのことを、私たちは、未来へと語り継いでいかなければならない。歴史の教訓を深く胸に刻み、より良い未来を切り拓いていく、アジア、そして世界の平和と繁栄に力を尽くす。その大きな責任があります。

(26) 力による現状打開路線を反省し、法の支配と平和的・外交的解決の原則を掲げる

私たちは、自らの行き詰まりを力によって打開しようとした過去を、この胸に刻み続けます。だからこそ、我が国は、いかなる紛争も、法の支配を尊重し、力の行使ではなく、平和的・外交的に解決すべきである。この原則を、これからも堅く守り、世界の国々にも働きかけてまいります。唯一の戦争被爆国として、核兵器の不拡散と究極の廃絶を目指し、国際社会でその責任を果たしてまいります。

(27) 戦時下に女性の尊厳や名誉が傷つけられた過去をくり返さないようリードする

私たちは、二十世紀において、戦時下、多くの女性たちの尊厳や名誉が深く傷つけられた過去を、この胸に刻み続けます。だからこそ、我が国は、そうした女性たちの心に、常に寄り添う国でありたい。二十一世紀こそ、女性の人権が傷つけられることのない世紀とするため、世界をリードしてまいります。

(28) 紛争を招いたブロック化の過去に学び、自由経済を発展させていく

私たちは、経済のブロック化が紛争の芽を育てた過去を、この胸に刻み続けます。だからこそ、我が国は、いかなる国の恣意にも左右されない、自由で、公正で、開かれた国際経済システムを発展させ、途上国支援を強化し、世界の更なる繁栄を牽引してまいります。繁栄こそ、平和の礎です。暴力の温床ともなる貧困に立ち向かい、世界のあらゆる人々に、医療と教育、自立の機会を提供するため、一層、力を尽くしてまいります。

(29)(30) 価値を共有する国々とともに「積極的平和主義」を掲げていきます

私たちは、国際秩序への挑戦者となってしまった過去を、この胸に刻み続けます。だからこそ、我が国は、自由、民主主義、人権といった基本的価値を揺るぎないものとして堅持し、その価値を共有する国々と手を携えて、「積極的平和主義」の旗を高く掲げ、世界の平和と繁栄にこれまで以上に貢献してまいります。

終戦八十年、九十年、さらには百年に向けて、そのような日本を、国民の皆様と共に創り上

げていく。その決意であります。

平成二十七年八月十四日

内閣総理大臣 安倍 晋三

第一部――日本が戦争を仕掛け、数々の悪行を働いた

見出しを入れながら読んでみると、戦争自体に触れた第一部の要旨は、簡単にまとめてしまえば、《力の行使による現状打開路線を選択した日本に戦争原因がある》ということで尽きている。日露戦争勝利やブロック経済に触れてはいるが、結局、日本が《力の行使による現状打開》路線を選んだから悪いという話になってしまっている。有識者懇の報告書と全く同じ自虐史観が展開されている。

報告書も安倍談話も、ともに、一九二〇年代以降の中華帝国主義の動き、ソ連やコミンテルンの動き、中国が戦争をしたがり且つ仕掛けたこと、米国が戦争を計画したことなどを全て省

略してしまっている。

また、第10段落には「何の罪もない人々に、計り知れない損害と苦痛を、我が国が与えた事実」と記されており、日本だけが「悪行」を働いたことにされている。そして、その「悪行」の一つとして、第9段落では「戦場の陰には、深く名誉と尊厳を傷つけられた女性たちがいたことも、忘れてはなりません」というふうに、虚構の慰安婦問題が取り上げられている。これらの点も、報告書と全く同一である。

有識者懇報告書より良くなった点は、「満州事変以後、大陸への侵略」という直接的具体的な表現が消え、「侵略」という言葉が戦後史を記した箇所に移されたことだけである。しかし、同時に、報告書にあった「アジア解放のために戦った人は勿論いたし、結果としてアジアにおける植民地の独立は進んだが、国策として日本がアジア解放のために戦ったと主張することは正確ではない」という文言も消えた。傍線部にあるアジアを日本が解放したという結果の指摘が消えてしまったのである。結局、総体として、戦争に至る経過及び戦争自体についての歴史観は、報告書と大同小異と言ってよかろう。

第二部――国際社会の属国日本

戦後史に触れた第二部も、報告書と同一の思想で書かれている。この部分を見ると、本当に日本は国際社会の中で差別された存在だということが分かる。第二部の要旨は、《過去の反省とお詫びを受け入れてくれた国際社会に感謝する》ということで尽きている。講和条約を結んで何十年もたって感謝の意を日本が表さなければならないというのは、国際法にもとる事態である。これは、人種平等の理念に反する扱いである。

こうなってしまう根拠は、敵国条項、いやそれ以上に「日本国憲法」前文及び第9条の存在であろう。「日本国憲法」前文及び第9条は、日本の被差別性を表して余りあるものであり、日本が独立国ではないことを示して余りあるものである。報告書も安倍談話も同一の思想を、被差別国家日本の思想、国際社会の属国日本の思想を展開しているのである。

第二部で注目されるのは、第13段落の「事変、侵略、戦争。いかなる武力の威嚇や行使も、国際紛争を解決する手段としては、もう二度と用いてはならない」という文言である。この部分は、一見、「日本国憲法」第9条①項と同様の思想をそのまま記しただけであり、「侵略」を入れろという声を上手くかわした文言だとも見える。しかし、「もう二度と用いてはならない」という部分に注目すれば、安倍談話は、《かつて日本は「侵略」を行いました》と認めたことになるのである。

第三部——米豪欧の属国として中国と対峙する

第三部は、総体的な論理としては一定評価できる。第三部は、報告書とはずいぶん違う思想から書かれている。明確に米豪欧という価値観を共有する諸国と連携して、法の支配を守らない国（明らかに中国）と対峙していくという趣旨のことが述べられている。法の支配を守らない国との対峙は、報告書では全くなかった観点である。ここで面白いのは、第一部第二部で《力の行使による現状打開》路線をとっていたとして戦前日本を批判した論理（史実に合わない論理だが）を以て中国への対峙が説かれていることである。

ともあれ、第二部で国際社会の属国ですという表明を行った安倍首相は、具体的には米国（豪欧）の属国として「積極的平和主義」を奉じて生きていきますと述べているのである。

軍隊を持たない属国が自主独立の国家にのし上がるには、まずは軍隊を持った属国から始めなければならない。これは、インドなどの歴史に鑑みてもそういえる。その方向性を安倍首相は示したとは捉えられよう。とはいえ、安倍首相は、いつ、軍隊を持った属国に日本を引き上げてくれるのだろうか。軍隊を持った属国に早く日本を引き上げなければ、日本は滅亡してしまうかもしれない。一刻も早く引き上げるためには、すぐに第9条解釈を自衛戦力肯定説に転換することが必要であると述べておこう。

第三部で挙げられた四つの施策

さて、第三部は、日本が行う具体的な施策として4点挙げている。第一に、第26段落では、国際紛争の解決に当たって平和的・外交的解決の原則を堅持していきますと言う。第二に、第27段落では、戦時下に女性の尊厳や名誉が傷つけられた過去をくり返さないよう世界をリードしていきますと言う。第三に、第28段落では、紛争を招いたブロック経済の過去に学び、自由経済を発展させていきますと言う。そして最も安倍首相が強調したかったことであろうが、第四に、第29段落では、自由、民主主義、人権といった価値を共有する国々とともに「積極的平和主義」を掲げていきますと言う。

四つの施策のうち、第三、第四の施策は、明治維新以来の日本の歩みから当然出てくるものであり、一応支持してもよいものだろう。これに対して、第一、第二の施策は問題性をはらむものである。

第一の施策から見ていくならば、平和的・外交的解決の原則は当然の原則ではある。しかし、国連の常任理事国及び核保有国は、米ロ中・北朝鮮を初めとして、「力の行使」で紛争を解決しようとしてきた諸国であることに注目すべきである。また、米ロ中・北朝鮮などが、安全保障上脅威となりやすい日本の近隣諸国であることにも注目すべきである。ところが、殊更に安倍談話は、過去に「力の行使」による解決を求めたことを反省したから、平和的・外交的解決の原則をとると宣言している。しかも「核兵器の不拡散と究極の廃絶を目指し、国際社会でその責任を果たしてまいります」と核保有国にならないことまで宣言しているのである。このようなことで、日本の安全保障は大丈夫なのであろうか。

ただし、平和的・外交的解決の原則は戦後日本がずっと維持してきた方針でもあり、安倍首相がこのように述べたとしても、ほとんど実害はないとも言える。

慰安婦問題の解決を世界に約束してしまった安倍談話

これに対して、慰安婦問題に関する第二の施策は、極めて問題のある施策である。安倍談話は、第一部の第9段落で「戦場の陰には、深く名誉と尊厳を傷つけられた女性たちがいたことも、忘れてはなりません」と記し、続けて第10段落では「何の罪もない人々に、計り知れない損害と苦痛を、我が国が与えた事実」と記した。つまり、安倍談話は、日本が慰安婦の「名誉と尊厳を」深く傷つけたと述べているのである。そのうえで、第三部の第27段落では、「私たちは、二十世紀において、戦時下、多くの女性たちの尊厳や名誉が深く傷つけられた過去を、この胸に刻み続けます。だからこそ、我が国は、そうした女性たちの心に、常に寄り添う国でありたい。二十一世紀こそ、女性の人権が傷つけられることのない世紀とするため、世界をリードしてまいります」と宣言している。

このように「世界をリードしてまいります」とまで恰好よく宣言すれば、当然に世界から、どのようにリードしていくのかと問われることになる。そのように問われれば、安倍首相は、具体的に何かをしなければならなくなる。韓国や米国から「韓国人慰安婦の問題をまず解決してくれ」と突っ込まれれば、何かしなければならなくなる。このような宣言は、極めて危険なものと言えよう。

国益の観点の無い安倍談話

以上のように、安倍談話とは、まとめてしまえば、日本は戦前に《力の行使による現状打開》路線を選んで数々の悪行を働いたことを反省し、国際社会の属国であることを表明し、具体的には、米（豪欧）の属国として法の支配を守らぬ中国と対峙していきますと宣言しているのである。安倍談話の精神においては、米国の属国である日本は、譬え虚構であろうとも、慰安婦問題を韓国との間で解決しろと言われれば、従うしかないことになる。だからこそ、慰安婦問題に関して世界をリードするとする第二の施策を述べざるを得なかったのであろう。

特に第二部と第三部を読んでいて感じることだが、安倍談話には国益の観点がない。国益の観点がないから、韓国による竹島の不法占拠も、中国による尖閣領海侵犯も、ソ連による北方領土不法占拠も、北朝鮮による日本人拉致も核兵器保有も全て取り上げない。これらの日本の国益のかかった問題を取り上げないでおいて、有識者懇報告書と同じく、慰安婦問題という虚構の問題を取り上げている。実は、領土を守り、拉致被害者を取り戻すことこそ、単に国益を守るだけではなく、法の支配に基づく世界秩序を築く上で第一に日本が行うべきことである。

第一部から第三部まで一貫しているのは、日本の行動を評価する基準は国益では勿論なく、国際法でさえもないことである。安倍談話と有識者懇報告書においては、ひたすら、国際社会という名の外国が基準になって日本が裁かれるという形になっている。そして、何れにおいても、日本はひたすら国際社会という名の諸外国に尽くすべき存在としてのみ描かれている。

ただし、繰り返すが、有識者懇報告書と明確に違うのは、安倍談話が価値観を共有する国VS法の支配を守らない国との対立軸を第三部に持ち込んだことである。この点だけは、談話を一定評価してもよいのかもしれない。

第二節　安倍談話の背景としての歴史・公民教科書

第一節では安倍談話自体について見てきた。筆者は、安倍談話を読んでいる時、既視感に囚われた。安倍談話の思想が、余りにも歴史教科書や公民教科書の思想と似ているのだ。第一部から見れば、第一部は歴史教科書の多数派記述と全く同一の思想で書かれている。

第一部の記述を更に詳細に読みこめば、第4段落の第2文「しかし、世界恐慌が発生し、欧米諸国が、植民地経済を巻き込んだ、経済のブロック化を進めると、日本経済は大きな打撃を受けました」というところまでの前半部分と、この後に続く第3文「その中で日本は、孤立感を深め、外交的、経済的な行き詰まりを、力の行使によって解決しようと試みました」以下の後半部分で、大きく二つに分けることができる。

後半部分から見るならば、後半の要点は、第一に《日本が力の行使による現状打開路線を選択したことによって戦争が始まった》、第二に《日本は、数々の悪行を行った》、という2点でまとめられる。この部分は、史実と余りにも異なっており、全く評価できない記述となっている。

この後半部分の記述が歴史教科書の多数派と同一であることは特に説明するまでもなかろう。とはいえ、第一部には「侵略」という言葉がない。これは、歴史教科書との大きな違いではないだろうか。このような疑問が出てきても不思議ではないが、前述のように、今回の歴史教科書では、「侵略」記述を行う教科書は少数派に転落している。結局、第一部の後半部分は、歴史教科書の多数派と同一のことを述べているのである。

次いで前半部分についてであるが、この部分の要点は、第一に《西洋の植民地支配の波がアジアに押し寄せ、その危機感から日本は近代化を行い独立維持に成功した》、第二に《日露戦争がアジア・アフリカを勇気づけた》、第三に《第一次世界大戦の悲惨な経験から、植民地化にブレーキがかかり、戦争違法化の潮流が生まれた》、第四に《世界恐慌の後、欧米諸国が経済のブロック化を進めた結果、日本経済は大きな打撃を受けた》、という4点にまとめられる。

この前半部分は、第三の点が多少とも引っかかるが、おおよそ史実に基づいたことを述べており、一応肯定的に評価できる。それゆえ、「日露戦争は、植民地支配のもとにあった、多くのアジアやアフリカの人々を勇気づけました」という一文と、「欧米諸国が、植民地経済を巻き込んだ、経済のブロック化を進めると、日本経済は大きな打撃を受けました」という一文が入れられたことを過大に評価し、画期的な歴史認識を示したと捉える人さえ現れた。しかし、右の4点の内容は、今回の歴史教科書も書いている内容に過ぎない。ここでは、日露戦争のアジア・アフリカへの影響がどのように教科書で記されているか、ブロック経済についてどのように記されているか、紹介しておこう。

8社中5社が《日露戦争がアジア等を勇気づけた》と書いている

まず、日露戦争のアジア等へ与えた影響についての記述に触れておきたい。教科書の歴史を振り返れば、昔から、かなりの教科書、半数程度の教科書が、常に、アジアに希望（あるいは自信、勇気）を与えた、と書いていた。『新しい歴史教科書』が登場する直前の平成9〜13年度版では、7社中、日書、清水、帝国、日文の4社がアジアに希望を与えたと記していた。例えば帝国は、「日露戦争において日本がロシアに勝ったことは、アジアの人々に、独立への希望と自信をあたえました」（217頁）と記していた。

しかし、平成14〜17年度版では、アジアに希望（あるいは自信、勇気）を与えたとする教科書は、8社中、清水、帝国、扶桑社の3社に減少する。ところが、18〜23年度版では、新たに教出がアジアに希望を与えたと書くようになり、8社中4社に増加する。そして、24〜27年度版では、7社中、自由社、育鵬社、教出、清水、帝国の5社が、アジア又はアジア・アフリカに希望（あるいは自信、勇気）を与えた、と記している。今回の28～31年度版でも、同じ5社が同様の記述を行っている。例えば帝国は、「日本が日露戦争に勝利したことは、植民地支配に苦しむアジアの人々に、近代化や独立への希望と自信を与えました」（182頁）と、清水は「この戦争での日本の勝利は、白人でない民族の国が白人の国を打ち負かしたという点で、ヨーロッパ列強諸国の圧政に苦しむアジア・北アフリカの人びとを勇気づけた」（193頁）と記している。自虐的と言われる清水が、安倍談話以上に感情のこもった表現をしていることに注目されたい。

なお、最大手の東書であるが、平成9～13年度版で「日露戦争での日本の勝利は、インドや中国などアジアの諸国に刺激をあたえ」（219頁）と記し、14～17年度版と18～23年度版でも同様の記述を続けていた。だが、24～27年度版ではアジアへの刺激という記述を削除してしまう。ところが、今回、アジアへの刺激という記述を復活させ、「日露戦争での日本の勝利は、インドやベトナムなど、欧米列強の植民地であったアジアのさまざまな民族に刺激をあたえ、民族運動は活発化しました」（179頁）と記している。東書にしても、希望、自信、勇気を与えたとまでは書かないが、刺激を与えたと書き続けてきたことに留意されたい。

結局、安倍談話の日露戦争に関する見解は、特に画期的なものではなく、平成24～27年度版と28～31年度版の多数派教科書と同類のものだったのである。

教科書の多数派はブロック経済を批判的に書いている

次いで、ブロック経済について書いているかどうか、どのように記しているか、紹介しておきたい。平成9〜13年度版以来の教科書を検討してみると、既に9〜13年度版では、7社中6社がブロック経済という用語を用い、その説明を行っていた。だが、9〜13年度版では、ブロック経済が戦争の背景にあることを指し示すような教科書は存在しなかった。

ところが、平成14〜17年度版では、新しく登場した『新しい歴史教科書』が、《世界恐慌の後、欧米諸国が経済のブロック化を進めた結果、日本経済は大きな打撃を受けた》ということを明確に記した。この影響は、平成24〜27年度版を経て、28〜31年度版で大きく現れた。28〜31年度版では、全8社がブロック経済という用語を用いて、その説明を行うようになった。そして、そのうち5社が、戦争の背景にブロック経済が存在することを指し示す記述を行っている。採択数の多い東書と帝国の記述を以下に紹介しよう。

東書は、【世界恐慌とブロック経済】という単元の下、「ブロック経済」という小見出しを設け、次のように記している。

「大不況の中で、イギリスは、本国と植民地との関係を密にし、オーストラリア、インドなどとの貿易を拡大する一方、それ以外の国の商品に対する関税を高くしました。このように、関係の深い国や地域を囲いこんで、その中だけで経済を成り立たせる政策をブロック経済といいます。植民地の多いフランスも、同じようにブロック経済を採りました。

これに対して、植民地の少ないイタリア、ドイツ、日本などは、自らのブロック経済を作ろうとして、新たな領土の獲得を始めました。

このように各国は、10年ほど続いた深刻な不況に対して、それぞれ自国第一の政策を追求したので、国際連盟などによってできあがった国際協調の体制は大きくゆらぎました」(213頁)。

帝国は、【欧米諸国が選択した道】という単元の下、「ブロック経済」という小見出しを設け、次のように記している。

「イギリスでは、本国と植民地や、関係の深い国や地域との貿易をさかんにしようと、外国の商品に高い税をかけてしめ出すブロック経済を行いました。同様に多くの植民地などをもつフランスやアメリカもこの政策を行ったため、世界中で自由貿易が行われなくなりました。この政策は、国際協調よりも自国の経済回復を優先させたものでした。このため、植民地の少ない日本・イタリア・ドイツなどは不満をもつようになり、国家間の対立を生む原因となりました」(216頁)。

東書も帝国も、ブロック経済政策が国家間の対立を生んだこと、連合国となっていく英仏米が自国のことのみに専念するエゴイズムを持っていたことを明確にしている。東書と帝国以外にも、日文、自由社と育鵬社の3社が、ブロック経済政策が国家間の対立を生んでいったことを明確に書いている。8社中5社である。教科書の数から言っても、東書や帝国の採択率の高さから言っても、教科書の多数派はブロック経済が戦争の背景にあったことを書いているといってよいだろう。ブロック経済についても、別に、安倍首相は大層素晴らしいことを述べたわけではなく、自虐教科書が書いていることを述べたにすぎないのである。

結局、安倍談話の第一部は、10年前の歴史教科書とは異なるが、平成28〜31年度版歴史教科書の多数派と同様の思想を展開したに過ぎないのである。

安倍談話と歴史教科書の四つの否定的特徴

従って、安倍談話にも歴史教科書の四つの否定的特徴はすべてあてはまる。見やすいものから見れば、日本が針路を誤ったから戦争になった、日本は数々の悪行を行ったとするのは、第三の否定的特徴である東京裁判史観又は対欧米追随史観そのものである。また、特に第9段落で中国のことを真っ先に取り上げ、慰安婦問題に触れていることから分かるように、第二の否定的特徴である対中韓隷属史観の特徴も有している。この対中韓隷属史観は、欧米のブロック経済化の動きは取り上げているのに、一九二〇年代以降の中華帝国主義の動きを省略している点にも現れている。

中華帝国主義の動きを隠すのは、第三の否定的特徴である共産主義思想、というよりも共産主義幻想が安倍談話の制作者の中に残存しているからでもあろう。だからこそ、欧米のブロック経済化の動きは取り上げているのに、ソ連やコミンテルンの動きを取り上げないのであろう。

最後に第一の否定的特徴である《歴史の中心部分の流れが分からない》という点も、あてはまる。幕末維新期の箇所を述べた第2段落には対外防衛の観点、安全保障の観点が明確にあるが、第3段落以降にはそれらの観点が存在しない。だからこそ、中国が日本に対して戦争を仕掛けた事実、ソ連が日本と中国を戦うように仕向けていった事実、米国が日本との戦争計画を立てていた事実を無視してしまうのである。このように対外防衛の観点を持たなければ、歴史の基本的な流れを掴むことなど出来なくなるのは当然であろう。

安倍談話第二部と公民教科書——お花畑世界観と被差別国家日本

第一部に続いて第二部について言えば、第二部は公民教科書とそっくりの思想で貫かれている。前述のように、最近の公民教科書は、共同社会解体、国家解体、全体主義的民主主義、さまざまな贖罪意識の植え付けという四つの否定的特徴をもっている。そして、公民教科書においては、第二の国家解体、第四の贖罪意識の植え付けという二つの否定的特徴と関連して、日本国家は諸外国の下位に位置づけられた被差別国家と位置づけられている。安倍談話でも、二つの否定的特徴は如実にうかがわれるし、日本国家は下位に位置づけられた被差別国家である。

第二部は、第16段落の「こうした歴代内閣の立場は、今後も、揺るぎないものであります」までと、第17段落以下で二つの部分に分かれる。前半部分は、《日本は戦争の悪事を反省し、平和国家として、アジアの平和と繁栄に尽力してきたし、この立場は今後も変わらない》とするものである。後半部分は、《引揚者が帰還できたこと、中国人や米英豪蘭などの元捕虜の寛容の心によって国際社会に復帰できたことを感謝します》とするものである。

ここでは、日本だけが戦争時に悪事を行った悪者とされ、米国、オランダ、豪州、中国など諸外国は悪者の日本を国際社会に受け入れてくれた恩人であり、善意の存在とされている。日本だけが悪者であり、諸外国は善意の存在なのだから、日本さえ悪いことを控えれば、話し合いによって全ては解決するし世界は平和であるというのが、公民教科書の世界観である。このお花畑世界観がそのまま表現されているのである。公民教科書においても、安倍談話においてもも、共に日本国家は国際社会の属国であり、諸外国の下位に位置づけられた被差別国家なのである。

もっとも、前半部分は公民教科書の平和主義の箇所や国際社会編でも展開されている内容であるが、後半部分のような記述は公民教科書にも歴史教科書にも存在しない。安倍談話は、その意味では、歴史教科書や公民教科書以上に自虐的であることに注目されたい。

安倍談話第三部と公民教科書――諸外国に尽くすべき存在としての日本

続いて第三部を読むと、この部分は第25段落の「その大きな責任があります」までと、それ以下で二つの部分に分かれる。前半部分は、《子孫は謝罪しなくてよいが、日本人は過去の歴史に正面から向き合い、米豪欧の恩に報いるためにも、アジアと世界の平和と繁栄に尽くす責任があります》とするものである。子孫は謝罪しなくてよいとしつつも、ここでも、日本は諸外国の下位に位置する被差別国家とされており、ひたすら諸外国に尽くすべき存在としてのみ描かれている。つまり、前半部分の思想は、公民教科書と全く同一のものである。

後半部分の要旨は、《平和的・外交的解決の原則堅持、慰安婦問題などの問題解決、自由経済推進、「積極的平和主義」の四つの施策を通じて、世界の平和と繁栄に貢献していきます》

というものである。ここでも、公民教科書と同じように、日本は世界という名の外国に尽くすべき存在と位置づけられていることに注目すべきである。

しかし、今回の平成28～31年度版公民教科書と比べた場合、決定的に違う点がある。それは、安倍談話が価値観の共有する国と協同して、「積極的平和主義」を掲げるとしたことである。米豪欧の属国という立場からではあるが、明確に、法の支配を尊重しない中国との対峙を打ち出したのである。第二部ではお花畑世界観を打ち出していた安倍談話であるが、談話の最後の最後に、お花畑世界観を打ち破る姿勢を打ち出したことに注目しておきたい。

安倍談話が12月28日日韓合意を生み出した

以上、歴史教科書や公民教科書と安倍談話の内容を突き合わせてみた。すると、安倍談話と歴史教科書及び公民教科書の思想が互いに驚くほど類似していることに驚かされた。安倍談話で評価されてきた日露戦争のアジアへの影響に関する記述も、ブロック経済の記述も、今回の歴史教科書の多数派の記述と一致するものだった。安倍談話が直接に満州事変以降を侵略と規定しなかった点も、侵略記述が今回の歴史教科書で少数派になった事実と符合するものであった。そして、公民教科書でも安倍談話でも、日本は諸外国の下位に位置づけられていた。

結局、戦後レジーム解体を標榜した安倍首相さえも、基本的には、多数派の歴史教科書及び公民教科書と同様の思想しか展開できなかった。つまり、戦後レジームの枠内の意見表明しかできなかったのである。

戦後レジームとは、言ってしまえば、国際社会の言うことにはどんなに理不尽なことでも従えというものである。それゆえ、平成27年12月28日、安倍政権は極めて売国的な日韓合意を交わしてしまった。安倍談話で「世界をリードしてまいります」とまで恰好よく宣言した日本政府は、当然に韓国から、米国及び世界からどのようにリードしていくのか、どのように韓国人慰安婦の問題を解決するのかと問われ続けて何か手を打たなければならなくなり、日韓合意に至ったのであろう。

日韓合意は文書化もされておらず、果たして合意として有効なものとなっていくかも分からないものではある。だが、日韓合意を発表した12月28日、岸田外相は、日本政府を代表して、国家による慰安婦に対する強制性を認めた河野談話を追認した。いや、それどころか、「韓国政府が、元慰安婦の方々の支援を目的とした財団を設立し、これに日本政府の予算で資金を一括で拠出し、日韓両政府が協力し、全ての元慰安婦の方々の名誉と尊厳の回復、心の傷の癒やしのための事業を行うこととする」と声明した。つまり、「心の傷の癒やしのための事業」に日本政府の金をつぎ込むというのである。これは、日韓基本条約によって国家による補償は済んでしまっているとするこれまでの立場を放擲するものである。最も国家観・歴史観がしっかりしていると思われてきた安倍首相は、最も売国的な談話として有名な河野談話を超えることを行ってしまったのである。

そして、その背景には、大きく改善されたとは言うものの、未だ本質的には改善されていない歴史教科書及び公民教科書の思想が存在するのである。

振り返れば、教科書誤報事件以降、教科書内容が自虐史観の方向に著しく改悪され、世の中の思想自体を自虐史観の方向に悪化させてきた。しかし、平成9（1997）年に「つくる会」が設立されて教科書改善運動が始まって以来、ネット言論の影響も有り、世の中の思想が自虐史観から多少とも脱却していき、改善されてきた。そして、その影響を受けて、少しずつ教科書の思想も改善されてきた。極めて遅々たる動きである。

遅々たる動きの間に、平成27年には、朝鮮人徴用が強制労働であったかのように読める声明を日本のユネスコ大使が行う事態が発生し、「南京大虐殺」関係資料が世界記憶遺産に登録され、遂には慰安婦問題に関する日韓合意までなされてしまった。日本は、歴史戦に負け続けているのである。

3者ともとんでもない事態であり、安倍政権の責任は甚大である。だが、同時に、例えば、ほとんどの歴史教科書が「南京事件」を肯定している日本の思想状況からすれば、また、自由社と育鵬社以外の公民教科書が国益というものを肯定していない日本の思想状況からすれば、当然の事態ともいえるのである。

たかが歴史教科書であり、たかが公民教科書である。だが、もう一歩も二歩も、歴史教科書と公民教科書の思想を改善しなければ日本国家は滅亡していくだろうと理論的には予測できるところである。

■平成28～31年度版歴史教科書、各社分析項目ごとの五段階評価表…50件

何を明らかにするのか	分析項目	自由	育鵬	東書	日文	教出	清水	帝国	学び舎
Ⅰ原始古代									
メインストリート	1縄文時代	5	5	4	4	3	2	3	3
共産主義思想の度合い	2国家起源論	5	4	2	2	1	3	4	4
中韓隷属の度合い	3黄河文明	5	2	1	1	1	1	1	1
中韓隷属の度合い	4稲作開始	5	1	1	1	1	4	1	1
中韓隷属の度合い	5帰化人	4	3	1	1	1	2	1	1
中韓隷属の度合い	6聖徳太子	5	5	1	2	1	2	1	1
メインストリート・防衛観点	7律令国家形成	5	4	2	1	2	3	2	1
中韓隷属の度合い	8華夷秩序体制	5	4	1	1	2	1	2	1
メインストリート・天皇権威	9天皇論	5	4	2	1	1	1	1	1
日本の少数派の扱い方	10蝦夷	2	4	1	1	1	1	3	3
Ⅱ中世		自由	育鵬	東書	日文	教出	清水	帝国	学び舎
メインストリート・天皇権威	11鎌倉幕府	5	4	2	3	4	4	4	2
中韓隷属の度合い	12元寇	5	5	2	2	1	2	1	2
中韓隷属の度合い	13倭寇	5	4	3	4	4	2	5	2
メインストリート	14村自治	5	3	2	3	3	4	4	5
共産主義思想の度合い	15国一揆	4	2	2	2	2	2	2	2
Ⅲ近世		自由	育鵬	東書	日文	教出	清水	帝国	学び舎
メインストリート・天皇権威	16信長秀吉家康	5	4	4	3	3	3	4	1
メインストリート・防衛観点	17キリシタン追放	5	5	3	2	2	2	4	2
中韓隷属の度合い	18文禄慶長の役	3	3	1	1	1	1	3	1
日本の少数派の扱い方	19アイヌ史	3	2	2	1	1	1	1	1
日本の少数派の扱い方	20琉球史	4	2	2	2	2	2	2	2
メインストリート	21身分制	5	5	3	1	1	2	1	1
共産主義思想の度合い	22百姓一揆	4	5	3	2	3	4	4	3
メインストリート	23江戸文化	5	5	5	2	3	4	4	2
Ⅳ近代国内編		自由	育鵬	東書	日文	教出	清水	帝国	学び舎
共産主義思想の度合い	24市民革命	4	3	3	3	3	1	2	1
メインストリート・防衛観点	25植民地化危機	4	4	2	2	4	4	4	1
メインストリート	26明治維新	5	3	5	5	5	4	5	1
日本の少数派の扱い方	27琉球処分他	5	2	2	1	1	3	2	1
メインストリート	28自由民権	5	4	1	1	2	3	1	1
メインストリート・天皇権威	29明治憲法	4	3	2	2	3	2	2	2
メインストリート	30憲政の常道	4	4	4	3	3	2	4	1
共産主義思想の度合い	31ロシア革命	4	4	1	2	2	2	1	1
共産主義思想の度合い	32スターリン	5	4	2	2	2	3	1	2
Ⅴ近代戦争編		自由	育鵬	東書	日文	教出	清水	帝国	学び舎
中韓隷属の度合い	33朝鮮への国書	4	4	3	1	2	3	4	1
中韓隷属の度合い	34日清戦争	4	4	3	1	2	1	2	1
メインストリート・防衛観点	35日露戦争	5	5	2	1	4	3	2	1
メインストリート	36条約改正	5	4	2	2	2	3	3	1
中韓隷属の度合い	37韓国統治	4	2	1	1	2	1	2	1
欧米追随の度合い	38人種平等	4	4	2	1	1	2	5	1
中韓隷属の度合い	39満州事変	5	4	1	2	4	1	2	1
中韓隷属の度合い	40支那事変	5	4	1	2	2	1	2	1
中韓隷属の度合い	41「南京事件」	5	3	1	2	3	1	2	1
中韓隷属の度合い	42創氏改名他	4	2	2	2	2	3	2	1
欧米追随の度合い	43日米開戦	4	3	1	2	2	2	3	2
欧米追随の度合い	44東南ア進攻	4	4	2	2	2	3	3	1
欧米追随の度合い	45沖縄戦	4	3	1	1	1	1	1	1
Ⅵ戦後編		自由	育鵬	東書	日文	教出	清水	帝国	学び舎
欧米追随の度合い	46敗戦	5	4	2	1	3	1	1	1
欧米追随の度合い	47東京裁判	5	3	1	1	1	1	1	2
共産主義思想の度合い	48朝鮮戦争	3	3	3	3	2	1	2	3
メインストリート・防衛観点	49安保改定	4	3	3	3	1	2	1	1
メインストリート・防衛観点	50湾岸戦争	4	4	2	1	2	3	3	2
	合計	**222**	**179**	**105**	**93**	**107**	**110**	**121**	**77**
	平均	**4.4**	**3.6**	**2.1**	**1.9**	**2.1**	**2.2**	**2.4**	**1.5**

■メインストリート…18件

何を明らかにするのか	分析項目	自由	育鵬	東書	日文	教出	清水	帝国	学び舎
メインストリート	1縄文時代	5	5	4	4	3	2	3	3
メインストリート・防衛観点	7律令国家形成	5	4	2	1	2	3	2	1
メインストリート・天皇権威	9天皇論	5	4	2	1	1	1	1	1
メインストリート・天皇権威	11鎌倉幕府	5	4	2	3	4	4	4	2
メインストリート	14村自治	5	3	2	3	3	4	4	5
メインストリート・天皇権威	16信長秀吉家康	5	4	4	3	3	3	4	1
メインストリート・防衛観点	17キリシタン追放	5	5	3	2	2	2	4	2
メインストリート	21身分制	5	5	3	1	1	2	1	1
メインストリート	23江戸文化	5	5	5	2	3	4	4	2
メインストリート・防衛観点	25植民地化危機	4	4	2	2	4	4	4	1
メインストリート	26明治維新	5	3	5	5	5	4	5	1
メインストリート	28自由民権	5	4	1	1	2	3	1	1
メインストリート・天皇権威	29明治憲法	4	3	2	2	3	2	2	2
メインストリート	30憲政の常道	4	4	4	3	3	2	4	1
メインストリート・防衛観点	35日露戦争	5	5	2	1	4	3	2	1
メインストリート	36条約改正	5	4	2	2	2	3	3	1
メインストリート・防衛観点	49安保改定	4	3	3	3	1	2	1	1
メインストリート・防衛観点	50湾岸戦争	4	4	2	1	2	3	3	2
	合計	**85**	**73**	**50**	**40**	**48**	**51**	**52**	**29**
	平均	**4.7**	**4.1**	**2.8**	**2.2**	**2.7**	**2.8**	**2.9**	**1.6**

■共産主義思想…7件

何を明らかにするのか	分析項目	自由	育鵬	東書	日文	教出	清水	帝国	学び舎
共産主義思想の度合い	2国家起源論	5	4	2	2	1	3	4	4
共産主義思想の度合い	15国一揆	4	2	2	2	2	2	2	2
共産主義思想の度合い	22百姓一揆	4	5	3	2	3	4	4	3
共産主義思想の度合い	24市民革命	4	3	3	3	3	1	2	1
共産主義思想の度合い	31ロシア革命	4	4	1	2	2	2	1	1
共産主義思想の度合い	32スターリン	5	4	2	2	2	3	1	2
共産主義思想の度合い	48朝鮮戦争	3	3	3	3	2	1	2	3
	合計	**29**	**25**	**16**	**16**	**15**	**16**	**16**	**16**
	平均	**4.1**	**3.6**	**2.3**	**2.3**	**2.1**	**2.3**	**2.3**	**2.3**

■平成 28 ～ 31 年度版歴史教科書、対中韓隷属史観…15 件

何を明らかにするのか	分析項目	自由	育鵬	東書	日文	教出	清水	帝国	学び舎
中韓隷属の度合い	3黄河文明	5	2	1	1	1	1	1	1
中韓隷属の度合い	4稲作開始	5	1	1	1	1	4	1	1
中韓隷属の度合い	5帰化人	4	3	1	1	1	2	1	1
中韓隷属の度合い	6聖徳太子	5	5	1	2	1	2	1	1
中韓隷属の度合い	８華夷秩序体制	5	4	1	1	2	1	2	1
中韓隷属の度合い	12元寇	5	5	2	2	1	2	1	2
中韓隷属の度合い	13倭寇	5	4	3	4	4	2	5	2
中韓隷属の度合い	18文禄慶長の役	3	3	1	1	1	1	3	1
中韓隷属の度合い	33朝鮮への国書	4	4	3	1	2	3	4	1
中韓隷属の度合い	34日清戦争	4	4	3	1	2	1	2	1
中韓隷属の度合い	37韓国統治	4	2	1	1	2	1	2	1
中韓隷属の度合い	39満州事変	5	4	1	2	4	1	2	1
中韓隷属の度合い	40支那事変	5	4	1	2	2	1	2	1
中韓隷属の度合い	41「南京事件」	5	3	1	2	3	1	2	1
中韓隷属の度合い	42創氏改名他	4	2	2	2	2	3	2	1
	合計	**68**	**50**	**23**	**24**	**29**	**26**	**31**	**17**
	平均	**4.5**	**3.3**	**1.5**	**1.6**	**1.9**	**1.7**	**2.1**	**1.1**

■欧米追随の度合い…６件

何を明らかにするのか	分析項目	自由	育鵬	東書	日文	教出	清水	帝国	学び舎
欧米追随の度合い	38人種平等	4	4	2	1	1	2	5	1
欧米追随の度合い	43日米開戦	4	3	1	2	2	2	3	2
欧米追随の度合い	44東南ア進攻	4	4	2	2	2	3	3	1
欧米追随の度合い	45沖縄戦	4	3	1	1	1	1	1	1
欧米追随の度合い	46敗戦	5	4	2	1	3	1	1	1
欧米追随の度合い	47東京裁判	5	3	1	1	1	1	1	2
	合計	**26**	**21**	**9**	**8**	**10**	**10**	**14**	**8**
	平均	**4.3**	**3.5**	**1.5**	**1.3**	**1.7**	**1.7**	**2.3**	**1.3**

■少数派…４件

何を明らかにするのか	分析項目	自由	育鵬	東書	日文	教出	清水	帝国	学び舎
日本の少数派の扱い方	10蝦夷	2	4	1	1	1	1	3	3
日本の少数派の扱い方	19アイヌ史	3	2	2	1	1	1	1	1
日本の少数派の扱い方	20琉球史	4	2	2	2	2	2	2	2
日本の少数派の扱い方	27琉球処分他	5	2	2	1	1	3	2	1
	合計	**14**	**10**	**7**	**5**	**5**	**7**	**8**	**7**
	平均	**3.5**	**2.5**	**1.8**	**1.3**	**1.3**	**1.8**	**2**	**1.8**

■平成 24 ～ 27 年度版歴史教科書、各社分析項目ごとの五段階評価…50 件

何を明らかにするのか	分析項目	自由 +C2C2：J5	育鵬	東書	日文	教出	清水	帝国
Ⅰ原始古代								
メインストリート	1縄文時代	5	5	4	4	1	2	3
共産主義思想の度合い	2国家起源論	5	5	2	2	1	3	4
中韓隷属の度合い	3黄河文明	4	2	1	2	2	3	1
中韓隷属の度合い	4稲作開始	4	1	1	1	1	1	1
中韓隷属の度合い	5帰化人	4	3	1	1	1	2	2
中韓隷属の度合い	6聖徳太子	5	5	1	2	1	2	1
メインストリート・防衛観点	7律令国家形成	5	4	2	1	2	3	2
中韓隷属の度合い	8華夷秩序体制	5	4	1	1	2	1	2
メインストリート・天皇権威	9天皇論	5	4	2	1	1	1	1
日本の少数派の扱い方	10蝦夷	2	4	1	1	1	1	3
Ⅱ中世		自由	育鵬	東書	日文	教出	清水	帝国
メインストリート・天皇権威	11鎌倉幕府	5	4	2	3	4	4	4
中韓隷属の度合い	12元寇	5	5	2	1	1	2	1
中韓隷属の度合い	13倭寇	4	4	3	3	4	2	5
メインストリート	14村自治	5	2	2	3	3	4	4
共産主義思想の度合い	15国一揆	4	2	2	2	3	2	2
Ⅲ近世		自由	育鵬	東書	日文	教出	清水	帝国
メインストリート・天皇権威	16信長秀吉家康	5	4	4	3	3	3	4
メインストリート・防衛観点	17キリシタン追放	5	5	3	2	2	2	4
中韓隷属の度合い	18文禄慶長の役	3	3	1	1	1	1	1
日本の少数派の扱い方	19アイヌ史	2	2	2	1	1	1	1
日本の少数派の扱い方	20琉球史	2	2	2	2	2	2	2
メインストリート	21身分制	5	5	3	1	1	2	2
共産主義思想の度合い	22百姓一揆	4	5	3	2	3	4	4
メインストリート	23江戸文化	5	5	4	2	2	4	4
Ⅳ近代国内編		自由	育鵬	東書	日文	教出	清水	帝国
共産主義思想の度合い	24市民革命	4	3	2	3	4	1	2
メインストリート・防衛観点	25植民地化危機	4	4	2	2	4	4	4
メインストリート	26明治維新	5	4	5	5	5	4	5
日本の少数派の扱い方	27琉球処分他	3	2	2	1	1	3	2
メインストリート	28自由民権	4	4	1	2	3	4	1
メインストリート・天皇権威	29明治憲法	4	4	2	2	3	2	2
メインストリート	30憲政の常道	4	4	4	2	3	2	3
共産主義思想の度合い	31ロシア革命	4	4	1	2	2	2	2
共産主義思想の度合い	32スターリン	5	4	2	2	2	3	1
Ⅴ近代戦争編		自由	育鵬	東書	日文	教出	清水	帝国
中韓隷属の度合い	33朝鮮への国書	4	4	2	1	3	3	1
中韓隷属の度合い	34日清戦争	4	4	3	1	2	1	2
メインストリート・防衛観点	35日露戦争	5	5	2	1	4	3	2
メインストリート	36条約改正	5	4	2	2	2	4	2
中韓隷属の度合い	37韓国統治	4	2	1	1	2	1	1
欧米追随の度合い	38人種平等	4	4	2	2	1	2	2
中韓隷属の度合い	39満州事変	5	4	1	1	4	1	1
中韓隷属の度合い	40支那事変	5	4	1	1	2	1	2
中韓隷属の度合い	41「南京事件」	3	3	1	2	2	1	2
中韓隷属の度合い	42創氏改名他	3	2	2	2	2	3	2
欧米追随の度合い	43日米開戦	4	3	1	3	2	2	3
欧米追随の度合い	44東南ア進攻	4	4	2	2	2	3	1
欧米追随の度合い	45沖縄戦	5	4	1	2	2	2	1
Ⅵ、戦後編		自由	育鵬	東書	日文	教出	清水	帝国
欧米追随の度合い	46敗戦	4	4	1	2	3	1	1
欧米追随の度合い	47東京裁判	5	3	1	1	1	1	1
共産主義思想の度合い	48朝鮮戦争	3	3	3	3	2	1	2
メインストリート・防衛観点	49安保改定	3	3	3	2	1	2	1
メインストリート・防衛観点	50湾岸戦争	4	4	2	1	2	3	1
	合計	**209**	**182**	**101**	**93**	**109**	**112**	**108**
	平均	**4.2**	**3.6**	**2**	**1.9**	**2.2**	**2.2**	**2.2**

■平成24～27年度版歴史教科書、メインストリート…18件

何を明らかにするのか	分析項目	自由	育鵬	東書	日文	教出	清水	帝国
メインストリート	1縄文時代	5	5	4	4	1	2	3
メインストリート・防衛観点	7律令国家形成	5	4	2	1	2	3	2
メインストリート・天皇権威	9天皇論	5	4	2	1	1	1	1
メインストリート・天皇権威	11鎌倉幕府	5	4	2	3	4	4	4
メインストリート	14村自治	5	2	2	3	3	4	4
メインストリート・天皇権威	16信長秀吉家康	5	4	4	3	3	3	4
メインストリート・防衛観点	17キリシタン追放	5	5	3	2	2	2	4
メインストリート	21身分制	5	5	3	1	1	2	2
メインストリート	23江戸文化	5	5	4	2	2	4	4
メインストリート・防衛観点	25植民地化危機	4	4	2	2	4	4	4
メインストリート	26明治維新	5	4	5	5	5	4	5
メインストリート	28自由民権	4	4	1	2	3	4	1
メインストリート・天皇権威	29明治憲法	4	4	2	2	3	2	2
メインストリート	30憲政の常道	4	4	4	2	3	2	3
メインストリート・防衛観点	35日露戦争	5	5	2	1	4	3	2
メインストリート	36条約改正	5	4	2	2	2	4	2
メインストリート・防衛観点	49安保改定	3	3	3	2	1	2	1
メインストリート・防衛観点	50湾岸戦争	4	4	2	1	2	3	1
	合計	83	74	49	39	46	53	49
	平均	4.6	4.1	2.7	2.2	2.6	2.9	2.7

■共産主義思想…7件

何を明らかにするのか	分析項目	自由	育鵬	東書	日文	教出	清水	帝国
共産主義思想の度合い	2国家起源論	5	5	2	2	1	3	4
共産主義思想の度合い	15国一揆	4	2	2	2	3	2	2
共産主義思想の度合い	22百姓一揆	4	5	3	2	3	4	4
共産主義思想の度合い	24市民革命	4	3	2	3	4	1	2
共産主義思想の度合い	31ロシア革命	4	4	1	2	2	2	2
共産主義思想の度合い	32スターリン	5	4	2	2	2	3	1
共産主義思想の度合い	48朝鮮戦争	3	3	3	3	2	1	2
	合計	29	26	15	16	17	16	17
	平均	4.1	3.7	2.1	2.3	2.4	2.3	2.4

■対中韓隷属史観…15件

何を明らかにするのか	分析項目	自由	育鵬	東書	日文	教出	清水	帝国
中韓隷属の度合い	3黄河文明	4	2	1	2	2	3	1
中韓隷属の度合い	4稲作開始	4	1	1	1	1	1	1
中韓隷属の度合い	5帰化人	4	3	1	1	1	2	2
中韓隷属の度合い	6聖徳太子	5	5	1	2	1	2	1
中韓隷属の度合い	8華夷秩序体制	5	4	1	1	2	1	2
中韓隷属の度合い	12元寇	5	5	2	1	1	2	1
中韓隷属の度合い	13倭寇	4	4	3	3	4	2	5
中韓隷属の度合い	18文禄慶長の役	3	3	1	1	1	1	1
中韓隷属の度合い	33朝鮮への国書	4	4	2	1	3	3	1
中韓隷属の度合い	34日清戦争	4	4	3	1	2	1	2
中韓隷属の度合い	37韓国統治	4	2	1	1	2	1	1
中韓隷属の度合い	39満州事変	5	4	1	1	4	1	1
中韓隷属の度合い	40支那事変	5	4	1	1	2	1	2
中韓隷属の度合い	41「南京事件」	3	3	1	2	2	1	2
中韓隷属の度合い	42創氏改名他	3	2	2	2	2	3	2
	合計	62	50	22	21	30	25	25
	平均	4.1	3.3	1.5	1.4	2	1.7	1.7

■欧米追随の度合い…6件

何を明らかにするのか	分析項目	自由	育鵬	東書	日文	教出	清水	帝国
欧米追随の度合い	38人種平等	4	4	2	2	1	2	2
欧米追随の度合い	43日米開戦	4	3	1	3	2	2	3
欧米追随の度合い	44東南ア進攻	4	4	2	2	2	3	1
欧米追随の度合い	45沖縄戦	5	4	1	2	2	2	1
欧米追随の度合い	46敗戦	4	4	1	2	3	1	1
欧米追随の度合い	47東京裁判	5	3	1	1	1	1	1
	合計	26	22	8	12	11	11	9
	平均	4.3	3.7	1.3	2	1.8	1.8	1.5

■少数派…4件

何を明らかにするのか	分析項目	自由	育鵬	東書	日文	教出	清水	帝国
日本の少数派の扱い方	10蝦夷	2	4	1	1	1	1	3
日本の少数派の扱い方	19アイヌ史	2	2	2	1	1	1	1
日本の少数派の扱い方	20琉球史	2	2	2	2	2	2	2
日本の少数派の扱い方	27琉球処分他	3	2	2	1	1	3	2
	合計	9	10	7	5	5	7	8
	平均	2.3	2.5	1.8	1.3	1.3	1.8	2

■平成18～23年度版歴史教科書、各社分析項目ごとの五段階評価表…50件

何を明らかにするのか	分析項目	扶桑	日書	東書	大書	教出	清水	帝国	日文
Ⅰ原始古代									
メインストリート	1縄文時代	5	2	3	3	1	2	3	1
共産主義思想の度合い	2国家起源論	5	1	2	2	1	4	4	4
中韓隷属の度合い	3黄河文明	2	4	1	2	2	5	2	2
中韓隷属の度合い	4稲作開始	4	1	1	1	1	1	1	1
中韓隷属の度合い	5帰化人	3	1	1	1	1	1	1	1
中韓隷属の度合い	6聖徳太子	5	2	1	2	1	2	2	1
メインストリート・防衛観点	7律令国家形成	5	1	1	1	1	3	3	1
中韓隷属の度合い	8華夷秩序体制	3	2	1	1	2	1	2	2
メインストリート・天皇権威	9天皇論	4	1	1	1	1	1	1	1
日本の少数派の扱い方	10蝦夷	1	2	1	3	1	1	3	2
Ⅱ中世		扶桑	日書	東書	大書	教出	清水	帝国	日文
メインストリート・天皇権威	11鎌倉幕府	5	3	2	3	4	4	4	4
中韓隷属の度合い	12元寇	5	1	2	2	1	2	1	2
中韓隷属の度合い	13倭寇	4	1	2	4	1	3	5	2
メインストリート	14村自治	2	2	2	3	2	3	4	2
共産主義思想の度合い	15国一揆	2	2	2	2	2	2	2	4
Ⅲ近世		扶桑	日書	東書	大書	教出	清水	帝国	日文
メインストリート・天皇権威	16信長秀吉家康	5	1	3	3	2	3	4	2
メインストリート・防衛観点	17キリシタン追放	5	2	5	2	1	1	2	2
中韓隷属の度合い	18文禄慶長の役	3	1	1	1	1	1	1	1
日本の少数派の扱い方	19アイヌ史	2	1	2	1	1	1	1	1
日本の少数派の扱い方	20琉球史	2	1	3	2	2	2	2	2
メインストリート	21身分制	5	1	3	1	1	1	3	2
共産主義思想の度合い	22百姓一揆	4	1	3	2	2	4	4	4
メインストリート	23江戸文化	5	2	1	2	2	3	3	2
Ⅳ近代国内編		扶桑	日書	東書	大書	教出	清水	帝国	日文
共産主義思想の度合い	24市民革命	3	1	2	3	3	1	3	1
メインストリート・防衛観点	25植民地化危機	4	1	1	2	1	3	3	1
メインストリート	26明治維新	5	2	5	5	5	4	5	2
日本の少数派の扱い方	27琉球処分他	3	1	2	1	1	2	1	1
メインストリート	28自由民権	4	1	1	2	4	4	1	1
メインストリート・天皇権威	29明治憲法	4	1	2	2	3	2	2	1
メインストリート	30憲政の常道	4	3	4	2	3	1	3	2
共産主義思想の度合い	31ロシア革命	4	1	1	2	2	1	2	2
共産主義思想の度合い	32スターリン	5	2	2	2	2	3	1	1
Ⅴ近代戦争編		扶桑	日書	東書	大書	教出	清水	帝国	日文
中韓隷属の度合い	33朝鮮への国書	4	1	3	1	2	3	1	2
中韓隷属の度合い	34日清戦争	4	1	3	1	1	2	2	1
メインストリート・防衛観点	35日露戦争	5	1	3	3	3	3	2	3
メインストリート	36条約改正	5	1	2	2	2	3	2	3
中韓隷属の度合い	37韓国統治	2	1	1	1	1	1	1	1
欧米追随の度合い	38人種平等	4	2	1	1	1	1	1	1
中韓隷属の度合い	39満州事変	5	1	1	1	2	1	1	1
中韓隷属の度合い	40支那事変	3	1	1	1	2	1	2	1
中韓隷属の度合い	41「南京事件」	3	1	1	2	2	1	1	2
中韓隷属の度合い	42創氏改名他	2	1	2	2	2	2	1	2
欧米追随の度合い	43日米開戦	4	1	1	3	1	1	2	1
欧米追随の度合い	44東南ア進攻	4	1	1	2	2	2	1	1
欧米追随の度合い	45沖縄戦	4	1	4	2	3	2	1	4
Ⅵ戦後編		扶桑	日書	東書	大書	教出	清水	帝国	日文
欧米追随の度合い	46敗戦	4	1	1	2	3	1	1	2
欧米追随の度合い	47東京裁判	3	1	1	1	1	1	1	1
共産主義思想の度合い	48朝鮮戦争	3	3	3	3	2	2	2	2
メインストリート・防衛観点	49安保改定	3	1	2	1	1	1	1	2
メインストリート・防衛観点	50湾岸戦争	4	3	1	1	2	2	1	1
	合計	**188**	**72**	**96**	**96**	**91**	**102**	**103**	**89**
	平均	**3.8**	**1.4**	**1.9**	**1.9**	**1.8**	**2**	**2.1**	**1.8**

■メインストリート…18件

何を明らかにするのか	分析項目	扶桑	日書	東書	大書	教出	清水	帝国	日文
メインストリート	1縄文時代	5	2	3	3	1	2	3	1
メインストリート・防衛観点	7律令国家形成	5	1	1	1	1	3	3	1
メインストリート・天皇権威	9天皇論	4	1	1	1	1	1	1	1
メインストリート・天皇権威	11鎌倉幕府	5	3	2	3	4	4	4	4
メインストリート	14村自治	2	2	2	3	2	3	4	2
メインストリート・天皇権威	16信長秀吉家康	5	1	3	3	2	3	4	2
メインストリート・防衛観点	17キリシタン追放	5	2	5	2	1	1	2	2
メインストリート	21身分制	5	1	3	1	1	1	3	2
メインストリート	23江戸文化	5	2	1	2	2	3	3	2
メインストリート・防衛観点	25植民地化危機	4	1	1	2	1	3	3	1
メインストリート	26明治維新	5	2	5	5	5	4	5	2
メインストリート	28自由民権	4	1	1	2	4	4	1	1
メインストリート・天皇権威	29明治憲法	4	1	2	2	3	2	2	1
メインストリート	30憲政の常道	4	3	4	2	3	1	3	2
メインストリート・防衛観点	35日露戦争	5	1	3	3	3	3	2	3
メインストリート	36条約改正	5	1	2	2	2	3	2	3
メインストリート・防衛観点	49安保改定	3	1	2	1	1	1	1	2
メインストリート・防衛観点	50湾岸戦争	4	3	1	1	2	2	1	1
	合計	**79**	**29**	**42**	**39**	**39**	**44**	**47**	**33**
	平均	**4.4**	**1.6**	**2.3**	**2.2**	**2.2**	**2.4**	**2.6**	**1.8**

■共産主義思想…7件

何を明らかにするのか	分析項目	扶桑	日書	東書	大書	教出	清水	帝国	日文
共産主義思想の度合い	2国家起源論	5	1	2	2	1	4	4	4
共産主義思想の度合い	15国一揆	2	2	2	2	2	2	2	4
共産主義思想の度合い	22百姓一揆	4	1	3	2	2	4	4	4
共産主義思想の度合い	24市民革命	3	1	2	3	3	1	3	1
共産主義思想の度合い	31ロシア革命	4	1	1	2	2	1	2	2
共産主義思想の度合い	32スターリン	5	2	2	2	2	3	1	1
共産主義思想の度合い	48朝鮮戦争	3	3	3	3	2	2	2	2
	合計	**26**	**11**	**15**	**16**	**14**	**17**	**18**	**18**
	平均	**3.7**	**1.6**	**2.1**	**2.3**	**2**	**2.4**	**2.6**	**2.6**

■平成 18 ～ 23 年度版歴史教科書、対中韓隷属史観…15 件

何を明らかにするのか	分析項目	扶桑	日書	東書	大書	教出	清水	帝国	日文
中韓隷属の度合い	3黄河文明	2	4	1	2	2	5	2	2
中韓隷属の度合い	4稲作開始	4	1	1	1	1	1	1	1
中韓隷属の度合い	5帰化人	3	1	1	1	1	1	1	1
中韓隷属の度合い	6聖徳太子	5	2	1	2	1	2	2	1
中韓隷属の度合い	８華夷秩序体制	3	2	1	1	2	1	2	2
中韓隷属の度合い	12元寇	5	1	2	2	1	2	1	2
中韓隷属の度合い	13倭寇	4	1	2	4	1	3	5	2
中韓隷属の度合い	18文禄慶長の役	3	1	1	1	1	1	1	1
中韓隷属の度合い	33朝鮮への国書	4	1	3	1	2	3	1	2
中韓隷属の度合い	34日清戦争	4	1	3	1	1	2	2	1
中韓隷属の度合い	37韓国統治	2	1	1	1	1	1	1	1
中韓隷属の度合い	39満州事変	5	1	1	1	2	1	1	1
中韓隷属の度合い	40支那事変	3	1	1	1	2	1	2	1
中韓隷属の度合い	41「南京事件」	3	1	1	2	2	1	1	2
中韓隷属の度合い	42創氏改名他	2	1	2	2	2	2	1	2
	合計	**52**	**20**	**22**	**23**	**22**	**27**	**24**	**22**
	平均	**3.5**	**1.3**	**1.5**	**1.5**	**1.5**	**1.8**	**1.6**	**1.5**

■欧米追随の度合い…６件

何を明らかにするのか	分析項目	扶桑	日書	東書	大書	教出	清水	帝国	日文
欧米追随の度合い	38人種平等	4	2	1	1	1	1	1	1
欧米追随の度合い	43日米開戦	4	1	1	3	1	1	2	1
欧米追随の度合い	44東南ア進攻	4	1	1	2	2	2	1	1
欧米追随の度合い	45沖縄戦	4	1	4	2	3	2	1	4
欧米追随の度合い	46敗戦	4	1	1	2	3	1	1	2
欧米追随の度合い	47東京裁判	3	1	1	1	1	1	1	1
	合計	**23**	**7**	**9**	**11**	**11**	**8**	**7**	**10**
	平均	**3.8**	**1.2**	**1.5**	**18**	**1.8**	**1.3**	**1.2**	**1.7**

■少数派…４件

何を明らかにするのか	分析項目	扶桑	日書	東書	日文	教出	清水	帝国	日文
日本の少数派の扱い方	10蝦夷	1	2	1	3	1	1	3	2
日本の少数派の扱い方	19アイヌ史	2	1	2	1	1	1	1	1
日本の少数派の扱い方	20琉球史	2	1	3	2	2	2	2	2
日本の少数派の扱い方	27琉球処分他	3	1	2	1	1	2	1	1
	合計	**8**	**5**	**8**	**7**	**5**	**6**	**7**	**6**
	平均	**2**	**1.3**	**2**	**1.8**	**1.3**	**1.5**	**1.8**	**1.5**

■平成 28 ～ 31 年度版公民教科書、各社分析項目ごとの五段階評価表…26 件

何を明らかにするのか	分析項目	自由	育鵬	東書	日文	教出	清水	帝国
Ⅰ社会編								
共同社会維持の思想	1日本文化	5	3	2	2	2	3	4
共同社会維持の思想	2宗教	5	3	2	4	2	1	2
共同社会維持の思想	3家族	5	3	1	1	1	1	4
共同社会維持の思想	4公共の精神	4	3	1	1	2	1	2
共同社会維持の思想	5愛国心・愛郷心	5	4	1	1	1	1	1
Ⅱ政治編								
国家主権	6国家論	5	3	1	2	2	1	2
立憲主義と民主主義	7西欧政治思想	5	4	3	4	4	2	2
立憲主義と民主主義	8日本政治史	4	2	1	1	1	1	1
立憲主義と民主主義	9大日本帝国憲法	5	4	2	1	1	2	1
歴史偽造	10日本国憲法成立	4	2	1	1	2	1	1
立憲主義と民主主義	11日本国憲法原則	4	2	1	1	1	1	1
立憲主義と民主主義	12天皇	4	4	2	1	2	1	1
少数派	13法の下の平等	4	3	1	1	2	2	2
少数派・歴史偽造	14在日韓国朝鮮人	5	4	2	2	1	1	1
少数派・歴史偽造	15アイヌ	2	4	1	1	1	1	1
国家主権・歴史偽造	16平和主義	5	4	2	2	2	2	1
少数派・歴史偽造	17沖縄米軍基地	4	3	2	2	2	2	2
立憲主義と民主主義	18間接民主主義	4	3	2	2	1	1	1
Ⅲ経済編								
国家主権	19公共財	4	2	2	2	4	2	4
立憲主義と民主主義	20計画経済	5	3	1	2	1	2	2
Ⅳ国際社会編								
国家主権	21国旗・国歌	5	5	2	2	2	2	2
国家主権・歴史偽造	22領土問題	5	5	5	4	3	3	5
国家主権・歴史偽造	23国連	5	3	1	2	2	1	3
国家主権	24拉致問題	5	4	1	2	1	1	2
国家主権	25核兵器問題	4	2	1	2	3	1	3
国家主権	26持続可能	4	1	1	1	1	1	1
	２６件合計	116	83	42	47	47	38	52
	平均	4.5	3.2	1.6	1.8	1.8	1.5	2.0

■共同社会を維持するのか破壊するのか…５件

何を明らかにするのか	分析項目	自由	育鵬	東書	日文	教出	清水	帝国
共同社会維持の思想	1日本文化	5	3	2	2	2	3	4
共同社会維持の思想	2宗教	5	3	2	4	2	1	2
共同社会維持の思想	3家族	5	3	1	1	1	1	4
共同社会維持の思想	4公共の精神	4	3	1	1	2	1	2
共同社会維持の思想	5愛国心・愛郷心	5	4	1	1	1	1	1
	合計	24	16	7	9	8	7	13
	平均	4.8	3.2	1.4	1.8	1.6	1.4	2.6

■立憲主義的民主主義か全体主義的民主主義か…８件

何を明らかにするのか	分析項目	自由	育鵬	東書	日文	教出	清水	帝国
立憲主義と民主主義	7西欧政治思想	5	4	3	4	4	2	2
立憲主義と民主主義	8日本政治史	4	2	1	1	1	1	1
立憲主義と民主主義	9大日本帝国憲法	5	4	2	1	1	2	1
歴史偽造	10日本国憲法成立	4	2	1	1	2	1	1
立憲主義と民主主義	11日本国憲法原則	4	2	1	1	1	1	1
立憲主義と民主主義	12天皇	4	4	2	1	2	1	1
立憲主義と民主主義	18間接民主主義	4	3	2	2	1	1	1
立憲主義と民主主義	20計画経済	5	3	1	2	1	2	2
	合計	35	24	13	13	13	11	10
	平均	4.4	3	1.6	1.6	1.6	1.4	1.3

■日本の主権を維持するのか破壊していくのか…９件

何を明らかにするのか	分析項目	自由	育鵬	東書	日文	教出	清水	帝国
国家主権	6国家論	5	3	1	2	2	1	2
国家主権・歴史偽造	16平和主義	5	4	2	2	2	2	1
国家主権	19公共財	4	2	2	2	4	2	4
国家主権	21国旗・国歌	5	5	2	2	2	2	2
国家主権・歴史偽造	22領土問題	5	5	5	4	3	3	5
国家主権・歴史偽造	23国連	5	3	1	2	2	1	3
国家主権	24拉致問題	5	4	1	2	1	1	2
国家主権	25核兵器問題	4	2	1	2	3	1	3
国家主権	26持続可能	4	1	1	1	1	1	1
	合計	42	29	16	19	20	14	23
	平均	4.7	3.2	1.8	2.1	2.2	1.6	2.6

■逆差別思想に陥ってないか…４件

何を明らかにするのか	分析項目	自由	育鵬	東書	日文	教出	清水	帝国
少数派	13法の下の平等	4	3	1	1	2	2	2
少数派・歴史偽造	14在日韓国朝鮮人	5	4	2	2	1	1	1
少数派・歴史偽造	15アイヌ	2	4	1	1	1	1	1
少数派・歴史偽造	17沖縄米軍基地	4	3	2	2	2	2	2
	合計	15	14	6	6	6	6	6
	平均	3.8	3.5	1.5	1.5	1.5	1.5	1.5

■平成24～27年度版公民教科書、各社分析項目ごとの五段階評価表…26件

Ⅰ社会編								
共同社会維持の思想	1日本文化	5	3	2	2	2	3	3
共同社会維持の思想	2宗教	5	3	2	4	2	1	3
共同社会維持の思想	3家族	5	1	1	1	1	1	3
共同社会維持の思想	4公共の精神	4	2	1	1	1	1	2
共同社会維持の思想	5愛国心・愛郷心	5	2	1	1	1	1	1
Ⅱ政治編								
国家主権	6国家論	5	3	1	2	2	4	1
立憲主義と民主主義	7西欧政治思想	5	4	2	4	3	3	2
立憲主義と民主主義	8日本政治史	4	2	1	1	1	1	1
立憲主義と民主主義	9大日本帝国憲法	5	4	2	1	1	2	1
歴史偽造	10日本国憲法成立	4	2	1	1	2	1	1
立憲主義と民主主義	11日本国憲法原則	4	2	1	1	1	1	1
立憲主義と民主主義	12天皇	4	4	1	1	1	1	1
少数派	13法の下の平等	4	2	1	1	2	2	1
少数派・歴史偽造	14在日韓国朝鮮人	5	4	1	1	1	1	1
少数派・歴史偽造	15アイヌ	2	4	1	1	1	1	1
国家主権・歴史偽造	16平和主義	5	4	1	1	2	2	2
少数派・歴史偽造	17沖縄米軍基地	4	2	2	2	2	2	2
立憲主義と民主主義	18間接民主主義	4	3	2	1	1	1	1
Ⅲ経済編								
国家主権	19公共財	4	2	1	2	4	2	3
立憲主義と民主主義	20計画経済	5	3	1	2	1	2	1
Ⅳ国際社会編								
国家主権	21国旗・国歌	5	5	2	2	2	2	2
国家主権・歴史偽造	22領土問題	5	4	4	1	3	2	1
国家主権・歴史偽造	23国連	5	3	1	2	1	1	1
国家主権	24拉致問題	4	4	1	1	1	1	2
国家主権	25核兵器問題	4	2	1	2	3	1	3
国家主権	26持続可能	4	1	1	1	1	1	1
	２６件合計	115	75	36	40	43	41	42
	平均	4.4	2.9	1.4	1.5	1.7	1.6	1.6

■共同社会を維持するのか破壊するのか…５件

何を明らかにするのか	分析項目	自由	育鵬	東書	日文	教出	清水	帝国
共同社会維持の思想	1日本文化	5	3	2	2	2	3	3
共同社会維持の思想	2宗教	5	3	2	4	2	1	3
共同社会維持の思想	3家族	5	1	1	1	1	1	3

■立憲主義的民主主義か全体主義的民主主義か…８件

立憲主義と民主主義	7西欧政治思想	5	4	2	4	3	3	2
立憲主義と民主主義	8日本政治史	4	2	1	1	1	1	1
立憲主義と民主主義	9大日本帝国憲法	5	4	2	1	1	2	1
歴史偽造	10日本国憲法成立	4	2	1	1	2	1	1
立憲主義と民主主義	11日本国憲法原則	4	2	1	1	1	1	1
立憲主義と民主主義	12天皇	4	4	1	1	1	1	1
立憲主義と民主主義	18間接民主主義	4	3	2	1	1	1	1
立憲主義と民主主義	20計画経済	5	3	1	2	1	2	1
	合計	35	24	11	12	11	12	9
	平均	4.4	3	1.4	1.5	1.4	1.5	1.1

■日本の主権を維持するのか破壊していくのか…９件

何を明らかにするのか	分析項目	自由	育鵬	東書	日文	教出	清水	帝国
国家主権	6国家論	5	3	1	2	2	4	1
国家主権・歴史偽造	16平和主義	5	4	1	1	2	2	2
国家主権	19公共財	4	2	1	2	4	2	3
国家主権	21国旗・国歌	5	5	2	2	2	2	2
国家主権・歴史偽造	22領土問題	5	4	4	1	3	2	1
国家主権・歴史偽造	23国連	5	3	1	2	1	1	1
国家主権	24拉致問題	4	4	1	1	1	1	2
国家主権	25核兵器問題	4	2	1	2	3	1	3
国家主権	26持続可能	4	1	1	1	1	1	1
	合計	41	28	13	14	19	16	16
	平均	4.6	3.1	1.4	1.6	2.1	1.8	1.8

■逆差別思想に陥ってないか…４件

何を明らかにするのか	分析項目	自由	育鵬	東書	日文	教出	清水	帝国
少数派	13法の下の平等	4	2	1	1	2	2	1
少数派・歴史偽造	14在日韓国朝鮮人	5	4	1	1	1	1	1
少数派・歴史偽造	15アイヌ	2	4	1	1	1	1	1
少数派・歴史偽造	17沖縄米軍基地	4	2	2	2	2	2	2
	合計	15	12	5	5	6	6	5
	平均	3.8	3	1.3	1.3	1.5	1.5	1.3

■平成 18 ～ 23 年度版公民教科書、各社分析項目ごとの五段階評価表…26 件 (25件)

何を明らかにするのか	分析項目	扶桑	日書	東書	大書	教出	清水	帝国	日文
Ⅰ社会編									
共同社会維持の思想	1日本文化	3	1	1	1	1	1	1	1
共同社会維持の思想	2宗教	1	1	1	3	1	1	1	1
共同社会維持の思想	3家族	3	3	2	2	1	3	4	3
共同社会維持の思想	4公共の精神	3	2	1	1	2	2	2	2
共同社会維持の思想	5愛国心・愛郷心	2	1	1	1	1	1	1	1
Ⅱ政治編									
国家主権	6国家論	2	1	1	2	2	4	1	1
立憲主義と民主主義	7西欧政治思想	3	2	2	4	3	2	2	3
立憲主義と民主主義	8日本政治史	1	1	1	1	1	1	1	1
立憲主義と民主主義	9大日本帝国憲法	4	1	2	2	1	2	1	3
歴史偽造	10日本国憲法成立	2	1	1	1	2	1	1	1
立憲主義と民主主義	11日本国憲法原則	1	1	1	1	1	1	1	1
立憲主義と民主主義	12天皇	2	1	1	1	1	1	1	1
少数派	13法の下の平等	3	2	1	1	2	1	1	1
少数派・歴史偽造	14在日韓国朝鮮人	3	1	1	2	1	1	1	1
少数派・歴史偽造	15アイヌ	2	2	2	1	1	1	1	1
国家主権・歴史偽造	16平和主義	3	2	1	1	3	2	2	2
少数派・歴史偽造	17沖縄米軍基地	2	2	2	2	2	2	2	2
立憲主義と民主主義	18間接民主主義	2	1	1	1	1	1	1	1
Ⅲ経済編									
国家主権	19公共財	2	1	1	2	1	4	2	2
立憲主義と民主主義	20計画経済	3	1	1	2	1	2	1	1
Ⅳ国際社会編									
国家主権	21国旗・国歌	5	2	2	2	2	2	2	1
国家主権・歴史偽造	22領土問題	2	1	3	1	1	1	1	1
国家主権・歴史偽造	23国連	2	1	1	1	1	1	1	1
国家主権	24拉致問題	2	1	1	1	1	1	1	1
国家主権	25核兵器問題	2	1	1	1	1	1	1	1
国家主権	26持続可能	——	——	——	——	——	——	——	——
	２６件合計	60	34	33	38	35	40	34	35
	平均	2.4	1.4	1.3	1.5	1.4	1.6	1.4	1.4

■共同社会を維持するのか破壊するのか…５件

何を明らかにするのか	分析項目	扶桑	日書	東書	大書	教出	清水	帝国	日文
共同社会維持の思想	1日本文化	3	1	1	1	1	1	1	1
共同社会維持の思想	2宗教	1	1	1	3	1	1	1	1
共同社会維持の思想	3家族	3	3	2	2	1	3	4	3
共同社会維持の思想	4公共の精神	3	2	1	1	2	2	2	2
共同社会維持の思想	5愛国心・愛郷心	2	1	1	1	1	1	1	1
	合計	12	8	6	8	6	8	9	8
	平均	2.4	1.6	1.2	1.6	1.2	1.6	1.8	1.6

■立憲主義的民主主義か全体主義的民主主義か…８件

何を明らかにするのか	分析項目	扶桑	日書	東書	大書	教出	清水	帝国	日文
立憲主義と民主主義	7西欧政治思想	3	2	2	4	3	2	2	3
立憲主義と民主主義	8日本政治史	1	1	1	1	1	1	1	1
立憲主義と民主主義	9大日本帝国憲法	4	1	2	2	1	2	1	3
歴史偽造	10日本国憲法成立	2	1	1	1	2	1	1	1
立憲主義と民主主義	11日本国憲法原則	1	1	1	1	1	1	1	1
立憲主義と民主主義	12天皇	2	1	1	1	1	1	1	1
立憲主義と民主主義	18間接民主主義	2	1	1	1	1	1	1	1
立憲主義と民主主義	20計画経済	3	1	1	2	1	2	1	1
	合計	18	9	10	13	11	11	9	12
	平均	2.3	1.1	1.3	1.6	1.4	1.4	1.1	1.5

■日本の主権を維持するのか破壊していくのか…９件（８件）

何を明らかにするのか	分析項目	扶桑	日書	東書	大書	教出	清水	帝国	日文
国家主権	6国家論	2	1	1	2	2	4	1	1
国家主権・歴史偽造	16平和主義	3	2	1	1	3	2	2	2
国家主権	19公共財	2	1	1	2	1	4	2	2
国家主権	21国旗・国歌	5	2	2	2	2	2	2	1
国家主権・歴史偽造	22領土問題	2	1	3	1	1	1	1	1
国家主権・歴史偽造	23国連	2	1	1	1	1	1	1	1
国家主権	24拉致問題	2	1	1	1	1	1	1	1
国家主権	25核兵器問題	2	1	1	1	1	1	1	1
国家主権	26持続可能	——	——	——	——	——	——	——	——
	合計	20	10	11	11	12	16	11	10
	平均	2.5	1.3	1.4	1.4	1.5	2	1.4	1.3

■逆差別思想に陥ってないか…４件

何を明らかにするのか	分析項目	扶桑	日書	東書	大書	教出	清水	帝国	日文
少数派	13法の下の平等	3	2	1	1	2	1	1	1
少数派・歴史偽造	14在日韓国朝鮮人	3	1	1	2	1	1	1	1
少数派・歴史偽造	15アイヌ	2	2	2	1	1	1	1	1
少数派・歴史偽造	17沖縄米軍基地	2	2	2	2	2	2	2	2
	合計	10	7	6	6	6	5	5	5
	平均	2.5	1.8	1.5	1.5	1.5	1.3	1.3	1.3

【主要参考文献】

〈全般〉

小山常実『歴史教科書の歴史』草思社、2001年

小山常実『「日本国憲法」無効論』草思社、2002年

小山常実『公民教科書は何を教えてきたのか』展転社、2005年

小山常実『歴史教科書が隠してきたもの』展転社、2009年

小山常実『公民教育が抱える大問題』自由社、2010年

西村幸祐『教科書は「天皇」と「自衛隊」をどう教えているか』総和社、2011年

〈第一章関係〉

朴慶植『朝鮮人強制連行の記録』未来社、1965年

鄭大均『在日・強制連行の神話』文藝春秋社、2004年

東中野修道『再現　南京戦』草思社、2007年

松木国俊「世界遺産登録は日本外交の大失態」『史』平成27年9月号、2015年

藤岡信勝「中国は世界をナメている　ガラクタばかりの『南京』記憶遺産資料」『正論』2016年1月号

〈第二章、第三章関係〉

旭川人権擁護委員連合会『コタンの痕跡』旭川人権擁護委員連合会、1971年
勝俣鎮夫『一揆』岩波書店、1982年
小山常実『天皇機関説と国民教育』アカデミア出版会、1989年
クリストファー・ソーン『太平洋戦争とは何だったのか』草思社、1989年
中村粲『大東亜戦争への道』展転社、1990年
藤木久志『雑兵たちの戦場』朝日新聞社、1995年
稲生典太郎『東アジアにおける不平等条約体制と近代日本』岩田書院、1995年
濱下武志『朝貢システムと近代アジア』岩波書店、1997年
伊波普猷『沖縄歴史物語』平凡社、1998年
秦郁彦『慰安婦と戦場の性』新潮社、1999年
ステファヌ・クルトワ、ニコラ・ベルト『共産主義黒書　ソ連篇』恵雅堂出版、2001年

佐藤洋一郎『稲の日本史』角川書店、２００２年
菅原裕『東京裁判の正体』国書刊行会、１９６１年初版、２００２年復刻版
黄文雄『韓国は日本人がつくった』徳間書店、２００２年
伊波勝雄『世替わりにみる沖縄の歴史』むぎ社、２００３年
ステファヌ・クルトワ他著『共産主義黒書　コミンテルン・アジア篇』恵雅堂出版、２００６年
坂野潤治・田原総一朗『大日本帝国の民主主義』小学館、２００６年
瀬川拓郎『アイヌの歴史』講談社、２００７年
勝岡寛次『沖縄戦集団自決虚構の「軍命令」』明成社、２００７年
今谷明『封建制の文明史観』ＰＨＰ研究所、２００８年
渡辺京二『日本近世の起源』洋泉社、２００８年
北村稔・林思雲『日中戦争　戦争を望んだ中国、望まなかった日本』ＰＨＰ研究所、２００８年
的場光昭『「アイヌ先住民族」その真実』展転社、２００９年
長浜浩明『日本人ルーツの謎を解く』展転社、２０１０年
水間政憲『朝日新聞が報道した「日韓併合」の真実』徳間書店、２０１０年
松木国俊『ほんとうは「日韓併合」が韓国を救った！』ワック出版、２０１１年

的場光昭『アイヌ先住民族、その不都合な真実20』展転社、2014年改訂増補版
太平洋戦争研究会編著『東京裁判の203人』ハート出版、2015年
杉原誠四郎「朝日に載った教科書検定審委員の許されざる〝暴言〟」『正論』2015年7月号
井上寶護「許せぬ自由社教科書狙ひ撃ちの企み」『史』平成27年9月号、2015年
茂木弘道『戦争を仕掛けた中国になぜ謝らなければならないのだ！』自由社、2015年

〈第四章、第五章、第六章関係〉

佐藤功『君主制の研究』日本評論社、1957年
C・ボルンハーク著、山本浩三訳『憲法の系譜』法律文化社、1961年
大石義雄『日本国憲法の法理』有信堂、1965年
エドマンド・バーク著、半沢高麿訳『フランス革命の省察』みすず書房、1997年
伊藤哲夫『憲法かく論ずべし』日本政策研究センター発行、高木書房発売、2000年
中川八洋『正統の憲法　バークの哲学』中央公論新社、2001年
八木秀次『反「人権」宣言』筑摩書房、2001年
長谷川三千子『民主主義とは何なのか』文藝春秋社、2001年

長尾一紘『日本国憲法〔全訂第4版〕』世界思想社、2011年
小山常実『公民教科書検定の攻防――教科書調査官と執筆者との対決』自由社、2013年

〈第七章関係〉

江藤淳『閉された言語空間』文藝春秋社、1989年
菅原裕『東京裁判の正体』国書刊行会、1961年初版、2002年復刻版
小山常実「日本人差別『憲法』」『インテリジェンスレポート』2014年2月号
高橋史朗『日本が二度と立ち上がれないようにアメリカが占領期に行ったこと』致知出版、2014年
関野通夫『日本人を狂わせた洗脳工作』自由社、2015年

〈第八章関係〉

渡邊正廣『MADE IN USA　日本国憲法』新人物往来社、1973年
佐伯敬思「戦後70年と安倍談話」『史』平成27年9月号、2015年
渡部昇一「安倍談話は百点満点だ！」『WILL』2015年10月号

伊藤隆・中西輝政「『安倍談話懇談会』驚愕の内幕と歴史問題のこれから」『正論』２０１５年11月号
西尾幹二「安倍総理へ、『戦後七十五年談話』を要望します」『正論』２０１５年11月号

あとがき

昨年は、夏頃まで平成28～31年度版教科書の比較分析を行い、9月から原稿を書きだした。年が明けてようやく、脱稿することができた。

原稿を書き上げて二つのことを感じた。真っ先に感じたことは、歴史教科書も公民教科書も、この20年間乃至10年間で相当大きく改善されたことである。その改善度合いは、研究を始めた当初の予想を超えるものであった。歴史教科書においては、侵略記述の減少、縄文土器の制作年代が数千年遡ったこと、「ジャポニスム」記述の広がりなどの改善が見られた。公民教科書においても、領土問題及び領土をめぐる問題が日本側の立場から記されるようになったこと、政治権力の必要性をほとんどの教科書が認めるようになったこと、警察を全教科書が公共財と認めるようになったことなどの改善が見られた。

次いで同時に感じたことは、矛盾するようではあるが、本質的な改善は全くなされていないことである。歴史教科書では、侵略とはしなくなったものの、相変わらず、日本側が悪いから戦争になったとされ、日本側の「悪行」が一方的に断罪されているし、古代史関係では対中韓隷属史観はより強固になっている。公民教科書では、家族論は悪化の一途を辿っているし、国家論は相変わらず存在せず、愛国心も説かれず、国益の思想もないまま、国際社会への一方的奉仕だけが国際貢献として推奨されている。教科書改善運動は、道なかばである。

では、何ゆえに、本質的な改善がなされないのか。それは、日本が国連憲章、東京裁判、「日本国憲法」の三者に縛り付けられた被差別国家であるからである。国連の敵国条項の存在、「日本国憲法」の作られ方や第9条の存在から端的に知られるように、日本は、国連憲章と「日本国憲法」上では三階層の中の最下層国家である（拙著『「日本国憲法」無効論』草思社、２００２年）。他方で、サンフランシスコ平和条約、日韓基本条約や日中平和条約などは日本を普通の主権国家として位置づけてはいるが、日本の学校教育では、もっぱら国連と「日本国憲法」のことばかりが教えられてきた。そして、第9条という異常な条項を合理化するために、東京裁判に由来する侵略戦争史観と日本犯罪国家観が歴史教育と公民教育によって国民全般に注入されてきた。それゆえ、日本人は、「優等生」ほど、自らを差別する意識を持って大人になっていく。被差別は日本の「優等生」にとって自然なことであり、差別されているとの感覚さえも持たなくなっている。あるいは、慰安婦問題などの虚構の「悪行」までこしらえて、日本人を一生懸命に叩いてきた。これが戦後レジームというものであろう。

　この日本人差別体制から抜け出すには、あるいは戦後レジームから抜け出すには、自尊の感情を回復しなければならない。また同時に、三階層世界秩序の認識を持ち、被差別国家日本という認識を持たなければならない。そして、被差別国家日本という体制を打ち壊すべきものと認識しなければならない。

　では、どのように打ち壊していくか。もちろん慰安婦問題等について事実関係を明らかにすることも重要であるが、最も日本人に不足しているのは戦時国際法を中心にした国際法の知識であり、国際法を使いこなす能力である。

　日本を下層国家に位置づけるために、大きく、満州事変以降の戦いについて三つのことが学校教育では教えられている。一つは、日本は侵略戦争を行い、「南京事件」や慰安婦問題、朝鮮人「強制連行」などの悪事を行ったという物語である。二つは、連合国が戦争を仕掛けた事実を正当に評価せず、連合国が行った原爆投下や東京大空襲、数多くの強姦事件等を不問にする物語である。三つは、戦闘終了後ではあるが、戦争中に行われた東京裁判と「日本国憲法」を合法なものと位置づける物語である。

　この三つの物語を解体しなければ、日本は永遠に下層国のままであり、教科書の本質的な改善はなされないであろう。三つの物語を解体して、第一に日本は戦時国際法に照らして侵略戦争を行っておらず、「南京事件」などは冤罪であるということ、第二に連合国は原爆投下などの戦時国際法違反の行為を行ったこと、第三に東京裁判と「日本国憲法」は戦時国際法に反する違法なものであること、以上3点のことを日本国民の前に明らかにしていくべきである。

三つの物語を解体し、3点のことを明らかにしていくためには、戦時国際法に関する研究が最重要である。戦時国際法を中心にした法を物差しにして、連合国の行為も日本国の行為も平等に評価を下し、三つの物語について正しいかどうか切ってみることである。しかし、日本には、「日本国憲法」第9条の影響ゆえに、本当に戦時国際法学者が圧倒的に不足している。一人でも二人でも多くの戦時国際法学者が生まれることを期待するものである。今後、私自身も、素人ながら、戦時国際法を研究、というよりも勉強に取りかかっていく予定である。

平成二十八年一月

小山常実

小山常実（こやま　つねみ）

昭和 24 年　石川県金沢市生まれ
昭和 53 年　京都大学大学院教育学研究科博士課程単位取得
大月短期大学名誉教授
専攻　日本教育史、日本憲法史、日本政治思想史

問題意識

1、明治維新から今日まで、天皇や国家をめぐる思想はどのように変遷してきたか
2、「大日本帝国憲法」と教育勅語とは何か
3、「日本国憲法」の成立と内容をどうとらえるか
4、「日本国憲法」は、戦後の言語思想空間と教育にどのような影響を与えたか
5、戦後の公民教育と歴史教育はどのように変遷してきたか
6、戦後の公民教育と歴史教育は、戦後の言語思想空間にどのような影響を与えたか

これまで研究してきた課題

上記６点の問題意識から、以下のことを研究してきた。

戦前戦後の憲法解釈史、戦前戦後の公民教科書史、戦前戦後の歴史教科書史、教育勅語解釈史と修身教科書史、南北朝正閏問題と上杉美濃部論争、天皇機関説事件、井上毅の思想、大正期の国家主義思想、「日本国憲法」成立過程史

主な著書・論文

『天皇機関説と国民教育』アカデミア出版会、1989 年
『戦後教育と「日本国憲法」』日本図書センター、1992 年
『歴史教科書の歴史』草思社、2001 年
『「日本国憲法」無効論』草思社、2002 年
『公民教科書は何を教えてきたのか』展転社、2005 年
『歴史教科書が隠してきたもの』展転社、2009 年
「北一輝と美濃部達吉の国家思想」
（『季刊日本思想史』１５号）、1980 年

ブログ名　「日本国憲法」、公民教科書、歴史教科書

安倍談話と歴史・公民教科書

平成 28 年 4 月 25 日
第 1 刷

著　者　小山 常実
発行所　株式会社 自由社
〒 112-0005 東京都文京区水道２－６－３
TEL03-5981-9170　FAX03-5981-9171
発行者　加瀬英明
印　刷　シナノ印刷株式会社
装　丁　榎本司郎

ISBN 978-4-915237-90-4 C3037
URL http://www.jiyuusha.jp/　Email　jiyuuhennsyuu@goo.jp